新时代的教师学习——
汤丰林 ◎ 总主编

阅读学习径与策略

胡春梅 等 ◎ 著

北京师范大学出版集团
北京师范大学出版社

图书在版编目(CIP)数据

大阅读学习路径与策略/胡春梅等著.—北京：北京师范大学出版社，2024.8(2025.1 重印)

(新时代的教师学习/汤丰林总主编)
ISBN 978-7-303-29816-7

Ⅰ.①大… Ⅱ.①胡… Ⅲ.①师资培养–研究 Ⅳ.①G451.2

中国国家版本馆 CIP 数据核字(2024)第 034181 号

出版发行：北京师范大学出版社 https：//www.bnupg.com
　　　　　北京市西城区新街口外大街 12-3 号
　　　　　邮政编码：100088

印　　刷：	北京虎彩文化传播有限公司
经　　销：	全国新华书店
开　　本：	787 mm × 1092 mm　1/16
印　　张：	15.25
字　　数：	238 千字
版　　次：	2024 年 8 月第 1 版
印　　次：	2025 年 1 月第 3 次印刷
定　　价：	66.00 元

策划编辑：张筱彤　郭　翔		责任编辑：杨磊磊	
美术编辑：焦　丽		装帧设计：焦　丽	
责任校对：陈　荟		责任印制：马　洁	

版权所有　侵权必究

读者服务电话：010-58806806
如发现印装质量问题，影响阅读，请联系印制管理部：010-58806364

"新时代的教师学习"系列丛书
编委会名单

总 主 编：汤丰林
副总主编：钟亚妮　李　军　胡春梅　梁文鑫
编　　委：（按姓氏笔画）
　　　　　　王志明　汤丰林　孙美红　李　军
　　　　　　李怀源　杨建伟　沈彩霞　郑蔚青
　　　　　　胡春梅　胡淑均　钟亚妮　曹　杰
　　　　　　梁文鑫
本卷作者：胡春梅　孙美红　卢　杨　靳　伟
　　　　　　石双华　吕　鹏　于晓雅

总 序
Preface

让教师因学习而绽放生命之绚烂

当我在洒满人性光辉的教育之路上孜孜以求那份由理想和浪漫编织的教育人生的时候，蓦然回首，看到这条路上留下了三个清晰的印记：做教师、想教师、为教师。做教师，即自己作为教师的行动之路，那儿有迷茫、有苦恼、有喜悦、有绽放，终因教师而品味了人生的酸甜苦辣。想教师，即身为教师的元思考，古往今来，师者为尊，可是那个师者本该什么样？换言之，什么样的师者方可为尊？什么样的师者方可为师之大者？为教师，即师者之师的理想与追求，我们该为师者做些什么？充当师者之师？与师者为伴？做师者之舟？

畅想至此，我想起了法国哲学家吕克·费希（Luc Ferry）的观点。他认为，哲学有三个面向，即对事物的理解力、对正义的渴望和对救赎的寻找，分别对应着理论、道德与智慧。循着这样的思路，如果我们对教师做一个形而上的思考，那么一个以灵魂塑造为追求的真正的教师，首要的不是简单地教书教人，也不是简单地把握教育教学的艺术，而是在持续的自我修炼中，建构并完善以信念、道德、智慧为支柱的灵魂系统。这样一个以自我完善为根基、以人际互动为桥梁、以灵魂塑造为目标的教师灵魂系统的形成，根本手段绝非培训，而是要靠教师自身持续的学习反思。正是基于这样的思考，我们建构了教师学习的研究体系。在这个研究体系中，我们力图建构教师成为师者的信念、道德与智慧三大支柱，此为"本"；探寻促进教师学习的方法与途径，此为"相"，"本"与"相"的有机结合是我们希望实现的目标。

教师学习作为一个概念，我们要做研究，就必须给它下一个精确的定义，否则按惯例看就是不严谨的学术研究。但通过查阅各种文献，我们发现研究者们几乎都是按照自己的研究取向对其做出解释的，甚至在一定意义上看，各种解释之间并没有实质性的不同，总体上只是表述不同或视角不同而已。正因此，我们避开了寻求概念界定的精准，而切换了一个视角——从教师培训出发，站在教师学习的现实立场，寻找影响教师有效学习的现实因素和促进教师学习的现实途径，并以此确定我们实践取向的教师学习研究体系。本丛书的四册作品便是这样一个思考的大体模样，也是这项课题研究的阶段性成果。

《教师学习论》。这是研究的总纲，立足于新时代教师学习的现实问题，我们要做如下三个方面的研究。

一是探寻新时代教师学习的内涵及变革。其一是明确教师学习研究的背景及概念内涵，从教师学习内容、方式和情境等方面探讨教师学习的核心议题，分析新技术赋能教师学习变革的发展趋势；其二是明确教师学习研究的理论基础，从教师个体、学校情境与制度情境等方面探讨教师学习的影响因素。

二是探寻现实中的教师学习要关注的核心问题。我们试图对三个方面的关键问题进行讨论：其一是教师学习共同体，我们的实践观察和问卷调查得出的结果显示，教师大多认为由同伴和专家构成的学习共同体是最受欢迎的学习途径，这样的共同体无论是在虚拟环境还是真实环境，都广受欢迎；其二是教师学习动机问题，这也是我们多年来始终想在培训中破解的核心问题；其三是教师学习转化，我们试图从核心概念、教师核心素养及学习迁移等方面做一些讨论，其目的是让教师的学习真正发生。

三是教师学习的现状与建议。针对教师的学习现状，我们从教师学习动力、学习投入、学习阻碍及影响因素等方面，既做了理论上的梳理，也进行了问卷调查。我们的调研取样覆盖了北京市各区及不同学段的教师，最后获得有效问卷1066份。教师学习的现状与分析就是在这个调查数据的基础上得出的，目的是想形成基于现状的改进建议，为教育高质量发展提供优质师资保障。

《特级教师的学习叙事》。特级教师是"师德的表率、育人的模范、教学的专家"。从这个荣誉称号诞生之日起，特级教师就始终是基础教育系统的领军人物，在教育教学中发挥着示范引领作用，在广大教师的成长中发挥着表率作用，同时也是社会关注的焦点。如何有效发挥他们的作用，多年来，学术界做过大量的研究，既有对其教育教学经验的总结，也有对其教育思想与教学特色的研究，形成了大量有益的成果。但如何从学习的角度深入挖掘他们的经验，并使之上升为理性的结论，甚至形成理论，我们并没有看到太多有影响力的研究。正是在这样的背景下，我们基于教师学习研究的基本设计，想针对特级教师这个群体，从其成长史出发，运用叙事研究的方法，通过访谈和相关文献的分析，希望能够找到每位特级教师的学习经验，并能够使其上升为具有理论价值的学习策略。为此，我们从北京市特级教师中选取了12位不同学科、不同学段的优秀特级教师，由课题组研究专家对他们进行深入的访谈与研究，运用叙事的写作方式，形成了具有个性化的学习案例。同时，我们还选取了2位特级教师进行了自我叙事分析，就其自己的学习历程和学习特色进行反思式总结。总体来讲，我们12+2的特级教师学习叙事研究基本围绕学习动力、学习投入、学习阻碍、学习需求及影响因素进行分析，但在不同个案的研究中，又充分尊重研究者的学科基础、生活背景和价值取向，希望每个分析都能既有共同遵循的原则，又有个性化的特点。我们希望这项研究能为更多教师的成长提供有价值的学习借鉴。

《大阅读学习路径与策略》。教师作为成人，其学习更有效的方式无疑是持续性的阅读。长期以来，人们在教师的读书学习方面做了大量的尝试与探索，形成了许多有益的成果。但随着信息化社会的到来，人们的阅读方式已经发生了很大变化，传统的文本阅读已经不是教师获取知识、提升技能的唯一途径，并且正如我们前面已经谈到的基于信念、道德与智慧的灵魂系统的建构，单靠传统的阅读方式也远远不能满足教师成长的要求。正是在这个意义上，我们借鉴文学评论的泛文本概念，立足于中国传统的"读万卷书，行万里路"的观念，运用具身学习的思路，提出了教师学习的广义阅读或大阅读观。

首先，我们认为从教师综合素养提升的角度来看，阅读应该是一个眼、耳、鼻、舌、身多官能综合运用的过程，且在这个过程中，需要有感知、有理解、有体验、有思考，更需要有行动。正因此，如果从阅读的主客体来看，教师作为阅读者是阅读的主体，文本则是阅读的客体，并且这个客体应该有多种存在形态，它既可能是传统的文本，包括纸质文本与电子文本；也可能是人、社会事件、艺术作品等。由此，我们从教师职业的角度出发，确定了与其教育教学工作息息相关的"文本"作为阅读的客体或对象，具体包括七大"文本"，分别是学生、课例、名师、名著、时事、艺术和教育数字化。

其次，从大阅读的实践操作来看，我们确定了两个层面的分析路径。其一，内部结构路径，重点从符号、结构、意义三个层面进行分析；其二，外部结构路径，重点从作者、背景、读者三个方面进行分析。这是一个总体的分析路径，但我们并不要求研究者套公式般地分析，而应该充分体现不同"文本"的特点、研究者的专业取向和相应的话语体系要求。我们希望能够给一线教师提供"大阅读"所必需的基本认识和必要的操作策略。

《构建教师智慧学习新生态》。近年来，混合式学习、人工智能赋能学习已经成为一种新潮流，因此，研究教师学习，就必须研究混合式学习。这既是一种新时代有效的学习途径，更是一种全面的学习生态转变。由此，我们将教师的混合式学习定义为教师学习的新生态，试图从学习生态建构的角度来解读混合式学习。这个部分的研究，我们从四个方面进行：第一是政策分析，重点针对"十三五"以来国家在混合式学习方面的政策推动进行探讨；第二是学习理论分析，重点针对现有学习理论和成人学习理论，分析学习理论研究的生态取向；第三是混合式学习的基本形态研究，从历史演进的视角，看混合式学习发展的过程及未来走向，特别就当前流行的虚拟现实与增强现实场景下的学习变革做必要的梳理探讨；第四是教师开展混合式学习的现状研究，主要针对当前基础教育教师开展混合式学习的情况进行问卷调研和访谈，以了解教师开展混合式学习的需求、存在的困难以及典型特征。我们希望通过这样一些探讨来研究混合式学习所带来的教师学习生态的变革。近两年来，人工智能，特别是生成式人工智能蓬勃发展，教师在人工智能背景下的学习已经发生了许多变化。我们的这项研究形成于两年前，虽稍有滞后，但对教师学习仍有重要的现实意义。

本课题是北京教育学院针对干部教师培训主业，从提升培训效果入手，抓住教师学习这个根本性问题而确立的重大攻关性课题。我们在课题研究过程中想努力达成如下几个目标。

一是理想与现实的结合。我们做这项研究并未按照一项任务去完成，而是作为一个理想去追求。这个理想不是什么宏大的愿景，只是立足于现实的两个简单的追求：其一是希望能够为我们心中所描绘的那个教师形象铺就一条成长之路，本丛书就是在探寻这条路；其二是希望能够让所有参加课题研究的教师都能在这项研究中找到自己的专业结合点，这也是我们长期以来的价值追求，我们的目标不是集中一批教师完成一项组织或领导安排的任务，而是要让每个成员都能找到最佳的专业切入点，进而促进其自身的专业成长。

二是理论与实践的结合。我们在研究中梳理了相关的主要理论，也在努力构建我们自己的一个理论框架，但我们并没有为理论而理论，而是为实践而理论。正因此，我们在理论选取与理性思考中，始终考量实践的要求，把握实践的路径。比如，在教师学习的理论问题上，我们对国内外研究做了必要的梳理，但在核心内容上，我们没有做系统构建，而是着重考虑了教师培训中需要关注的一些关键问题，诸如教师学习动力、教师的学习转化、教师学习共同体等。还有，在特级教师的学习叙事研究中，我们也没有完全按照叙事研究的格式去套用每个步骤，而是充分发挥了叙事研究的独特性和生成性特点，追求理论为实践服务，并通过实践来优化理论。

三是研究与培训的结合。研训一体是我们的工作范式，也是我们的研究范式。因此，我们在课题研究中注重学术的规范性，更注重培训的有效性。这样的价值追求也与我们对教师培训的理解直接相关，近年来，我们始终在推动培训目标的转变，提出要把培训的核心目标从知识的更新与技能的提升转向促进教师自主学习的动力与行动。这样的认识，既是时代发展的要求，也是我们多年来对教师培训不断反思的结果。正是在这个意义上，我们希望这项研究能为进一步推动培训变革、提高培训效能提供一些支持。

四是继承与创新的结合。学习问题是一个古老的研究选题，从经典学习理论到现代学习科学的研究，已经取得了许多极具影响力的研究成果。近几十年来，从成人学习到教师学习的研究也取得了引人注目的成果。因此，我们的研究首先是学习与继承，需要对已有研究成果做个必要的综述，为我们继续前行奠定基础。但我们的最终目标是通过理论创新更好地解决现实问题。正因此，我们在四个子课题的研究中都建立了自己的基本立场，并围绕这样的基本立场做了必要的理性建构，期待能为广大中小学教师的高效学习提供理论借鉴与实践支持。在此，我们有必要对四个子课题的基本立场再做一次明确的表述：教师学习子课题，我们重点解决教师学习最关心的三大核心问题，即学习动力、学习投入和学习共同体；特级教师学习叙事子课题，我们试图为广大教师提供优秀教师终身成长的学习秘诀；教师大阅读子课题，我们拓宽了教师阅读的意义，提出了大阅读概念，期待能用一种学术的视角解读"读万卷书，行万里路"的学习价值；混合式学习子课题，我们立足于技术变革带来的社会生活方式的变化，提出了建构教师学习新生态的思路，希望能够超越方法去看这个重大的时代命题。

课题研究历时四年，课题组全体成员付出了艰辛的努力，其中既有创新的喜悦、思想交流交锋的畅快，也有一些核心问题难以破解的苦恼，以及研究与繁忙的工作相冲突带来的困窘，但无论遇到什么样的困难，大家都没有退缩，始终保持着积极的研究状态，贡献着自己的努力与智慧。无疑，每一位成员都值得我们深深地尊敬！课题研究得到了学院领导、科研处同志和广大教职工的大力支持与帮助，得到了院内外专家的关心与指导，在此，一并致谢！本丛书的出版得到了北京师范大学出版集团领导的关注与支持。值此出版之际，还要特别感谢策划编辑郭翔老师，他极具慧眼，在课题研究过程中就提出了成果出版的建议，并提供了持续性的支持。

汤丰林

2023 年 10 月

前 言
Foreword

教师大阅读的理论探讨

　　教师要成为终身学习者，阅读是一种重要且有效的学习方式。教师的阅读素养，体现在教师的阅读面、阅读量、阅读品质和阅读能力四个方面。阅读面，指阅读的范围。对于教师而言，不是教什么就读什么，想要教得好还需要有更广阔的阅读范围。阅读量，指阅读的数量。教师仅仅读几本教学参考书远远不够。教师或许应当将阅读视作一种生活方式，这样阅读的数量自然不会少。阅读品质，"是对非智力因素在人的阅读活动中产生作用和影响的提炼、概括，是各种非智力因素之功能的整合和集成"[①]，具体体现为在阅读活动中表现出来的阅读习惯、阅读心理、阅读兴趣、阅读策略等。阅读能力，包括阅读者的理解能力、鉴赏能力、评价能力等。需要强调的是，只有在阅读活动中才能提升阅读能力。

　　本书主要关注的是阅读面，倡导一种教师的大阅读观。与大阅读相对应的便是"泛文本"，其超越了对文本——纸质印刷品的通常理解。文本是一个比较复杂的概念。在《说文解字》中，"文"的释义为"错画也，象交文"，即交错刻画以成花纹，后又引申为文字、文饰、文武、天文等。在

---

① 邓少滨、阎光霞：《刍议小学生阅读品质培养策略》，载《图书馆论坛》，2007(4)。

英文中，"文本"一词的词根"texere"表示编织的东西，如在"纺织品(textile)"一词中；还表示制造的东西，如在"建筑师(architect)"一类的词中。在一般的意义上，批评家认为："每一种文学活动的以及每一种言语行为的结果，都是一段文本。"①语言学、符号学、哲学等对"文本"有不同的界定。"现代批评家使用的文本概念已不限于文学的、书写下的文本，既适用于电影、绘画、音乐等其他艺术文本，也可以指一切具有语言—符号性质的构成物，如服装、饮食、仪式乃至于历史等等。"②随着人们对文本理解的不断深入，文本的内涵也在不断扩大。依据"文本"的词源以及各理论流派的阐释，大阅读观下的"泛文本"包含三个关键词：符号、结构、意义。符号，指文本基本的构成元素；结构，指这些构成元素之间的组织关系；意义，是通过符号与结构的多重表征，告诉读者文本究竟在说什么。符号、结构、意义是文本构成的三个关键词，也是解读文本内涵的三个层次。

在"泛文本"的思路下，对于教师而言，促进其专业发展的关键在于"文本"有哪些。也就是说，一名教师最应该阅读哪些"文本"。以教师的工作环境与社会环境为典型语境，按照与教师教育教学工作的相关程度，本书选择了以下七类教师阅读的文本——与教学工作密切相关的学生、课例、名师，与社会生活密切相关的名著、时事、艺术、教育数字化——构成本书的七章内容，用以共同探讨教师的大阅读策略。

学生、课例、名师、名著、时事、艺术、教育数字化这七类文本，原本属于不同的学科领域，以不同的形态存在。在以教师为中心的阅读中，这七类文本组成一个系统，一个教师的大阅读系统。对于不同的文本应该如何理解？英国哲学家怀特海在《思维方式》一书中指出，理解包括内在的理解与外在的理解。"如果被理解的事物是结构的，那就可以按照这一事物的因素以及将这些因素构成这一整个事物的交织方式，来理解这一事

---

① 王先霈、王又平：《文学批评术语词典》，167页，上海，上海文艺出版社，1999。
② 王先霈、王又平：《文学批评术语词典》，168页，上海，上海文艺出版社，1999。

物。"①内在的理解显示这一事物为什么是这一事物，回答了"是什么"的问题。"把事物看作是一个统一体，并获得关于它对其环境起作用的能力的证据"②，这种方式可称作外在的理解。外在的理解揭示这一事物怎样成为这一事物，回答了"为什么是"的问题。因此，对于大阅读观下的七类文本，本书均从两方面进行解读。一方面是文本内部的阅读，主要是文本自身的性质与特征，包括此类文本的符号、结构、意义三个要素；另一方面是文本外部的阅读，主要是以文本与外部要素之间的关联为文本解读提供视角，包括环境、制作者、接受者三个要素。可以图1进行表示。

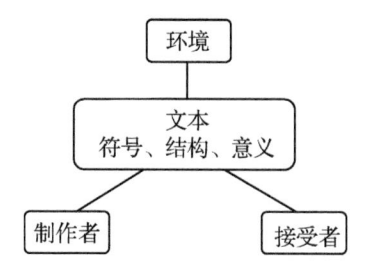

图1　大阅读观下的文本解读模式

本书以教师为中心，文本是目标，突出时代性、学术性和可操作性，力图构建教师的大阅读观，为一线教师提供大阅读所必需的基本认识和必要的操作策略。

让我们共读奥地利诗人里尔克的诗歌《阅读者》③，一起感受文本内外彼此融通的奇妙瞬间。

阅读者

我已经读了很久，
自打这雨声潺潺的下午
躺卧在我的窗口。

---

① ［英］怀特海：《思维方式》，刘放桐译，42页，北京，商务印书馆，2004。
② ［英］怀特海：《思维方式》，刘放桐译，42页，北京，商务印书馆，2004。
③ ［奥］里尔克：《里尔克抒情诗选》，杨武能译，18~19页，北京，商务印书馆，2023。

室外的风声
　　我充耳不闻：
我的书又重又厚。
书页对于我
　　像一张张面孔，
沉思时，神情严肃，
读着它们，时光便在我身边
　　淤积、滞留。
蓦地，书中一片光明，
书页上遍写着：黄昏，黄昏……
我未及眺望窗外，
长长的文句已经断了线，
　　四散逃奔……
于是我知道：在一处处
　　繁花怒放的花园顶头，
天空开阔、明朗；
太阳又再次光临。——
而此刻，夏夜将至：
目力所及，景物稀疏、凌乱，
长街上移动着憧憧人影；
只是远处，好似意味深长地，
听得见还有一些什么在发生。
这当儿，我从书中抬起眼来，
一切都已变得伟大，
没有任何景象再令人吃惊。
在书中，我体验着外界的事物；
这儿那儿，自然都广大无垠。

只要更多地将身心织入其中，
我的双眼便能适应世界万物，
适应芸芸众生严肃的单纯，——
于是大地超越自身，
　　继续生长，
仿佛将包容整个天空：
大地上的最后一所房子
　　　就像是天空中的
第一颗星星。

目 录
Contents

第一章　读懂学生 001

　　第一节　为什么要读懂学生 003

　　第二节　如何读懂学生 007

第二章　读懂课例 035

　　第一节　为什么要读懂课例 037

　　第二节　如何读懂课例 039

　　第三节　阅读课例的案例分析 057

第三章　读懂名师 065

　　第一节　为什么要读懂名师 067

　　第二节　如何读懂名师 076

　　第三节　读懂名师的案例分析 082

第四章　读懂名著 089

　　第一节　为什么要读名著 091

第二节　如何读懂名著　　　　　　　　　　093

　　　第三节　教师读书会　　　　　　　　　　　111

第五章　读懂时事　　　　　　　　　　　　119

　　　第一节　为什么要读懂时事　　　　　　　　121

　　　第二节　如何读懂时事　　　　　　　　　　127

　　　第三节　时事阅读的案例分析　　　　　　　141

第六章　读懂艺术　　　　　　　　　　　　149

　　　第一节　找到读懂艺术的途径　　　　　　　154

　　　第二节　教师如何读懂艺术　　　　　　　　165

　　　第三节　教师读懂艺术，提升课堂教学　　　171

第七章　读懂教育数字化　　　　　　　　　183

　　　第一节　为什么要读懂教育数字化　　　　　185

　　　第二节　如何读懂教育数字化　　　　　　　194

　　　第三节　读懂教育数字化案例分析　　　　　209

参考资料　　　　　　　　　　　　　　　　217

后　记　　　　　　　　　　　　　　　　　223

第一章
读懂学生

本章概述

　　读懂学生不仅是提升教师育人能力的前提与基础,而且是落实立德树人根本任务的出发点。本章包括两节:第一节"为什么要读懂学生",重点从"何谓读懂学生","教师为何需要读懂学生",以及"教师读懂学生了吗?"三个方面进行梳理,回答了"为什么"的问题;第二节"如何读懂学生",重点从"读懂新时代对学生的发展要求","读懂学生自身的发展规律","读懂影响学生发展的关系链"三个关键点,回答了"怎么读"的问题,重点分析了读懂学生的方法,如访谈法、观察法、作品分析法等,回答了"如何读懂"的问题。

第一节　为什么要读懂学生

百年大计，教育为本。教育大计，教师为本。教育是民族振兴、社会进步的基石，而教师正是奠基者。教师的职责是教书育人。要把成长中的、具有主观能动性的学生培养成德智体美劳全面发展的社会主义建设者和接班人，首先就要了解他们，也就是要读懂他们。

一、何谓读懂学生

美国教育心理学家奥苏伯尔说，假如让我把全部教育心理学仅仅归结为一条原理的话，那么我将一言以蔽之：影响学习的唯一重要因素就是学生已经知道了什么。要探明这一点，并应据此进行教学。[①] 他用精辟的语言概括了教育教学的真谛——读懂学生。读懂学生不仅要求教师从寻常的教育现象中发现学生成长中的问题，读出学生的成长需求，而且要求教师找到蕴藏在其中的学生内在的发展资源。读懂学生的前提是教师要了解学生的思想行为与品德发展、已经掌握和尚未掌握的知识、已经拥有和尚未拥有的生活经验，等等。

读懂学生需要教师"看见"学生，需要教师在教育教学中能够以专业的工作态度观察学生完整且丰富的日常生活。读懂学生需要教师"明白"学生，需要教师思考学生为什么要这样做，为什么会发生这样的变化。读懂学生需要教师"理解"学生，需要教师站在学生的立场上看问题，进而去理解学生的行为。读懂学生需要教师"引导"学生，需要教师判断用什么样的方法和途径帮助学生，并使学生获得情绪情感体验，从而为学生的全面发展提供内在动力。

---

① 参见[美]D. P. 奥苏伯尔等：《教育心理学——认知观点》，佘星南、宋钧译，北京，人民教育出版社，1994。奥苏伯尔，又译奥苏贝尔。

二、教师为何需要读懂学生

（一）读懂学生是落实立德树人根本任务的出发点

"教育是民族振兴、社会进步的重要基石，是功在当代、利在千秋的德政工程"，其中，"培养什么人，是教育的首要问题"。习近平总书记强调"坚持把立德树人作为根本任务"，并且"要把立德树人融入思想道德教育、文化知识教育、社会实践教育各环节，贯穿基础教育、职业教育、高等教育各领域，学科体系、教学体系、教材体系、管理体系要围绕这个目标来设计，教师要围绕这个目标来教，学生要围绕这个目标来学"。做教师，就要执着于教书育人，而教书育人必然需要"读懂学生"。只有读懂学生，教师才能掌握学生的发展规律，知道在什么阶段重点培养学生的哪些核心素养；只有读懂学生，教师才能抓住学生发展的关键期，找到最近发展区，帮助学生坚定理想信念、厚植爱国主义情怀、加强品德修养、增长知识见识、培养奋斗精神、增强综合素质，才能培养德智体美劳全面发展的社会主义建设者和接班人。

（二）读懂学生是提升教师育人能力的前提与基础

2014年5月，习近平总书记在北京大学师生座谈会上指出："教师要时刻铭记教书育人的使命，甘当人梯，甘当铺路石，以人格魅力引导学生心灵，以学术造诣开启学生的智慧之门。"2018年全国教育大会上，习近平总书记对教师如何培养和培养怎样的社会主义建设者和接班人提出了"六个下功夫"的具体要求。

随着信息化时代的发展，学生获取知识的渠道越来越多，教师面临的挑战也越来越大。德国哲学家雅斯贝尔斯说：教育是关乎灵魂的事情，而非理性知识和认知的堆积。教育的本质意味着：一棵树摇动另一棵树，一朵云推动另一朵云，一个灵魂唤醒另一个灵魂。教师要做好教书育人工作，前提就是读懂学生。只有读懂学生，才可能把比较抽象的教育方针与要求转化为科学有效的育人目标；只有读懂学生，才可能针对这些育人目标制订出科学有效的育人策略；只有读懂学生，才可能有针对性地实施育人策略。现代心理学的研究成果表明，学生作为成长中的个体，对外在世界的认知是积极主动的,他们是在与周围环境的相互作用中认识自己、发展自己的。从这个角度来说,如果在教书育人过程中,不能考虑学生的内在感受,那么教育的效果是非常有限的。所以,读懂学生是教书育人工作的前提与保障。

(三)读懂学生是扎实推进教学改革的现实需求

随着教育教学改革的全面推进,"以学生为本""关注每一名学生的发展"的教育理念已经深入人心。《中共中央 国务院关于深化教育教学改革全面提高义务教育质量的意见》明确提出:"突出学生主体地位,注重保护学生好奇心、想象力、求知欲,激发学习兴趣,提高学习能力。"实践表明,研究学生、读懂学生,是落实学生主体地位的根本保证。

读懂学生是教师职业的基本功。"使人不由其诚,教人不尽其材。其施之也悖,其求之也佛"(《礼记·学记》),便是要求教师要了解不同学生的情况,根据不同情况指导学生学习。只有读懂学生的身心发展规律,读懂学生的实际需求,读懂学生的关系链带给他们的影响,教师才能因材施教,进而促使学生的方方面面得到实实在在的提高。

三、教师读懂学生了吗?

在新的历史时期,教师要深入理解育人价值,落实育人目标。促进学生良好发展需要实现五个转变:其一,从教书向育人转变;其二,从以学科为中心向以学生为中心转变;其三,从关注知识向关注学生全面发展转变;其四,从关注学生某一学段发展向关注学生一生发展转变;其五,从关注为学生做了什么向关注学生的实际获得转变。要实现这五个转变,就需要教师读懂学生。然而,目前我们实际教学中尚存在缺乏"读懂学生"的现象。

第一,缺乏主动了解学生的意识,课堂上学生主体地位实际缺失。例如,在一节数学课上:

老师:孙悟空说,"我3秒能飞1260千米";猪八戒说,"我3秒能飞960千米";沙和尚说,"我4秒能飞1004千米"。请大家认真想一想,谁飞得最快。

学生:老师,孙悟空飞得最快!

老师：你回答得这么快，你认真算了吗？算一算再回答。

学生：老师，我是……

老师：你先坐下，认真算一算……①

在上述案例中，这位数学教师出题的主要目的是希望学生通过计算得出结论，所以当学生没有计算便进行回答时，教师没有让学生表达自己的想法，而是直接要求学生坐下认真算一算。而通过交流可以知道，学生之所以没有进行计算就直接回答，是因为：其一，教师并没有强调必须通过计算得出结论；其二，学生可以根据已有的经验，或者直接通过比较得出结论。该生先以时间为比较维度，相同的3秒，谁飞得远，谁就快，所以孙悟空与猪八戒比较，自然孙悟空快；然后以距离为比较维度，孙悟空3秒就能飞1260米，而沙和尚4秒才能飞1004米，那么自然孙悟空更快。因此，并不需要动笔计算，学生就能得出孙悟空飞得最快的结论。虽然学生答案准确，但并非教师预设和期待的场景，因此教师没有让学生表达自己的想法，而是直接予以否定，当然也就没有发现自己在教学中存在给予学生指令不明的问题。

第二，教学内容或者教育方式违背学生身心发展规律。"敬业爱生，为人师表"是全社会对教师的殷切希望，同时也是教师的基本准则。然而现实教育教学过程中仍存在不适当的或者过激的教育行为。这些不适当的或者过激的教育行为主要表现为如下两个方面：其一，教育方式与教师的社会责任相违背；其二，教育内容本身违背学生身心发展规律。

第三，课堂无效暗示甚至消极暗示过多。暗示教学法是指在无对抗条件下，教师运用恰当的暗示方法，潜移默化地对学生加以影响，使其在不知不觉中自愿接受自己的某一观点、意见或按暗示的意图进行活动，从而提高教学效果的教学方法。② 合理地使用教学暗示能够更好地激发学生的生理和心理潜能，使学生的无意识感觉、无意识知觉、无意识想象等能力被全面激活，从而形成与意识之间的有效联结，最终促进学生整体发展。然而现实教育教学过程中存在选择的暗示方法无效甚至产生消极影响的现象。具体表现为：其一，使用的暗示方法刻板、

---

① 参见宋君等：《读懂学生》，14页，郑州，大象出版社，2019。

② 马文琦：《初中思想品德课暗示教学探析》，硕士学位论文，苏州大学，2013。

单一，不能体现教学目标的多层次性或者不利于教学目标的实现；其二，使用的暗示方法不适合教学内容；其三，使用的暗示方法不符合学生的年龄特点和心理发展水平。

第四，存在"读懂学生"关键点与策略缺乏的现实困难。在2017年河南省名师、骨干教师培育项目中进行的教师调查显示：约90%的数学教师认为读懂学生存在的最大问题是要读懂学生在哪些方面存在困惑，约10%的数学教师认为读懂学生很复杂，他们不知道如何读懂学生，也不关注读懂学生。[1] 当前教师对学生进行了解主要有两个渠道，同时也存在相应的问题。一是凭经验进行预测，这样可能会忽略学生情况的差异性、复杂性，不能做到因材施教。二是教师会利用一些简单的调查手段，常见的是利用调查表进行课前调查，但是由于表格项目、调查时间等限制，教师日常进行学生调查存在心有余而力不足的现象。[2]

第二节 如何读懂学生

一、明确关键点

教育的目的是促进学生全面发展。要促进学生全面发展，首先就要读懂学生。读懂学生要求我们读懂时代对学生的发展要求，读懂学生自身的发展规律，读懂影响学生发展的关系链。只有读懂学生，我们才会反思自身的学生观、育人观、质量观和成才观；只有读懂学生，我们才能制定出科学有效的育人目标和育人策略。读懂学生是教书育人工作开展的基础，是一切教育教学行为的依据，是教师自我发展的基本依据，自然也是教师教学基本功之基本。

---

[1] 参见宋君等：《读懂学生》，4页，郑州，大象出版社，2019。
[2] 参见郑乐安：《初中思想品德课"读懂学生"的思与行》，4页，杭州，浙江大学出版社，2017。

(一)读懂新时代对学生的发展要求

1. 读懂教育方针对学生的发展要求

党的教育方针是党在一定历史阶段提出的有关教育事业的总方向和总指针,确定教育事业发展方向,是教育改革发展的指导思想、价值取向和根本要求,是教育基本政策的总概括,是指导整个教育事业发展的战略原则和行动纲领。① 第十三届全国人民代表大会常务委员会第二十八次会议决定对《中华人民共和国教育法》进行修改,其中,将第五条修改为:"教育必须为社会主义现代化建设服务、为人民服务,必须与生产劳动和社会实践相结合,培养德智体美劳全面发展的社会主义建设者和接班人。"这就将党的教育方针落实为国家法律规范。

新的教育方针体现了社会发展和人的发展的现实需要,更加注重人的全面发展,更加注重教育与生产劳动和社会实践相结合,把教育的重点转向学生本身,在教育过程中把学生的全面发展放在中心位置,第一次把"劳"写进党的教育方针,提出了德智体美劳"五育"并举的人才培养新要求。作为落实立德树人根本任务的主要力量,教师必须了解我国的教育方针及其对学生发展的诸项要求,以在工作中有章可循,有据可依。

2. 读懂新时代教育评价改革对学生的发展要求

教育评价事关教育发展方向。学生是接受教育的主体,学生评价是教育评价的基础环节,而教师是实施学生评价的主体之一。因此,教师要切实落实立德树人根本任务,做到"构建教育良好生态","促进学生全面发展、健康成长",就必须读懂新时代对学生评价的改革导向与要求。

2020年10月,中共中央、国务院印发《深化新时代教育评价改革总体方案》,这是中华人民共和国成立以来第一份关于教育评价改革的系统性文件,其中就新时代教育评价改革中的学生评价重点做了说明,这为教师在教育教学中进一步明确育人目标提供了重要政策依据。其一,新时代学生的成才观是以德为先、能力为重、全面发展。教师要重点关注并引导学生坚定理想信念、厚植爱国主义情怀、加强品德修养、增长知识见识、培养奋斗精神、增强综合素质。其二,学生培养目标是五

---

① 翟博:《新时代教育工作的根本方针》,载《中国教育报》,2019-09-16。

育并举，德育处于优先和核心地位。教师要"根据学生不同阶段身心特点，科学设计各级各类教育德育目标要求，引导学生养成良好思想道德、心理素质和行为习惯，传承红色基因，增强'四个自信'，立志听党话、跟党走，立志扎根人民、奉献国家"。其三，评价学生的方式由原来注重结果评价转为"改进结果评价，强化过程评价，探索增值评价，健全综合评价"。"改进结果评价"，既要改变过去只重结果不重过程的一次性学生评价模式，也要对学生的结果性评价本身进行改革；"强化过程评价"，既要改变过去忽视学生成长过程评价的状况，也要通过过程评价深入探索学生成长成才的复杂性和规律性；"探索增值评价"，主要任务是关注和评价学生的成长性和成就的可持续性，考查学生学业成就的净增值；"健全综合评价"，就是以系统的观点对学生的成长成才进行全面考察和评价。①

2022年，教育部印发《义务教育课程方案和课程标准（2022年版）》，再次强调要全面落实新时代教育评价改革要求，并且提出教师要注重对学生正确价值观、必备品格和关键能力的考查，开展综合素质评价，同时提出教师要注重提高学生自我评价、自我反思的能力。

从教育评价改革对学生的发展要求可以看出，目前我们的教育要求教师必须关注学生全面发展，必须关注学生一生的发展，必须关注学生的实际获得，而要达到这些育人目标的前提就是读懂学生。因此，读懂教育评价改革对学生发展的要求，能帮助教师进一步深入理解育人价值、落实育人目标，从而"做学生锤炼品格的引路人，做学生学习知识的引路人，做学生创新思维的引路人，做学生奉献祖国的引路人"。

3. 读懂新时代学生应具备的核心素养

核心素养是学生通过课程学习逐步形成的正确价值观、必备品格和关键能力，是课程育人价值的集中体现。2014年，《教育部关于全面深化课程改革落实立德树人根本任务的意见》（以下简称《意见》）明确提出着力推进关键领域和主要环节改革，其中"研究制订学生发展核心素养体系和学业质量标准"是首要改革内容。《意见》明确指出："教育部将组织研究提出各学段学生发展核心素养体系，明确学生应具备的适应终身发展和社会发展需要的必备品格和关键能力，突出强调个人修

---

① 廖小平：《对学生全面发展的评价改革要把握好六大关系》，载《光明日报》，2021-11-26。

养、社会关爱、家国情怀,更加注重自主发展、合作参与、创新实践。"

2022年,教育部印发了新修订的义务教育课程方案和道德与法治、语文、历史、数学、英语、日语、俄语、地理、科学、物理、化学、生物学、信息科技、体育与健康、艺术、劳动共计16门课程标准,其中改革重点之一,就是强调素养导向,注重培育学生终身发展和适应社会发展所需要的核心素养,特别是在真实情境中解决问题的能力。

新修订的课程方案主要变化之一就是结合义务教育性质及课程定位,从有理想、有本领、有担当三个方面,明确了义务教育阶段时代新人培养的具体要求。教师既要了解各课程的学生核心素养,也要了解同一内容主题的不同课程间的育人价值,以便更好地落实立德树人根本任务(见表1-1)。

表1-1 各课程的学生核心素养

课程	核心素养
道德与法治	政治认同、道德修养、法治观念、健全人格、责任意识
语文	文化自信、语言运用、思维能力、审美创造
历史	唯物史观、时空观念、史料实证、历史解释、家国情怀
数学	会用数学的眼光观察现实世界(含抽象能力、几何直观、空间观念与创新意识)、会用数学的思维思考现实世界(运算能力、推理意识或推理能力)、会用数学的语言表达现实世界(数据意识或数据观念、模型意识或模型观念、应用意识)
英语	语言能力、文化意识、思维品质、学习能力
日语	语言能力、文化意识、思维品质、学习能力
俄语	语言能力、文化意识、思维品质、学习能力
地理	人地协调观、综合思维、区域认知、地理实践力
科学	科学观念、科学思维、探究实践、态度责任
物理	物理观念、科学思维、科学探究、科学态度与责任
化学	化学观念、科学思维、科学探究与实践、科学态度与责任
生物学	生命观念、科学思维、探究实践、态度责任
信息技术	信息意识、计算思维、数字化学习与创新、信息社会责任
体育与健康	运动能力、健康行为、体育品德

续表

课程	核心素养
艺术	审美感知、艺术表现、创意实践、文化理解
劳动	劳动观念、劳动能力、劳动习惯和品质、劳动精神

(二)读懂学生自身的发展规律

1. 学生的学习发展规律

(1)学生的学习受特定情境下所激活的经验影响

学习是一种认识过程，思维是这个过程的核心。人的大脑皮层最为发达，是思维的器官，主导机体内一切活动过程，并调节机体与周围环境的平衡，所以大脑皮层是高级神经活动的物质基础。目前与学习相关的神经生理和心理研究表明，人类拥有与生俱来的学习欲望，学习本身是主动的过程，核心是理解外部世界。[1]

信息从一个神经元向另一个传递的接合点被称为突触。突触通过两种方法连接大脑，一是突触产出过剩，然后选择性地消失；二是添加新的突触。出生时，人脑仅拥有万亿个突触中的很少一部分。剩下的突触在出生后形成，这一进程部分地受经验的指引。突触产出过剩和消失是大脑用以吸收经验信息的基本机制，通常出现在发展的早期。动物实验的研究显示，出现在突触产出过剩和消失阶段的"修剪"类似于雕刻行为。神经系统建立起大量的连接，然后由经验作用于这个连接网络，选择合适的连接，去除不恰当的连接，剩下来的是经过精雕细琢的最终成品，由此便构成了感觉也许还有后期认知发展的基础。不同于突触的过剩和消失，突触添加过程涵盖了人的一生。这一过程事实上是由经验驱动的。[2] 所以，即便到了成年，建立新连接、剪除旧连接和生成新的脑细胞的过程仍在持续，连接和剪除的过程使得大脑得以适应周围环境，进而使我们能够记住新事物，忘记旧事物，学习如何做新的事情以及想出新的点子。

---

[1] 参见[澳]迈克尔·C. 纳格尔：《生命之始：脑、早期发展与学习》，王治国等译，11 页，北京，教育科学出版社，2016。

[2] 参见[美]约翰·D. 布兰思福特、安·L. 布朗、罗德尼·R. 科金等：《人是如何学习的——大脑、心理、经验及学校》，程可拉、孙亚玲、王旭卿译，131~132 页，上海，华东师范大学出版社，2002。

（2）学生学习的一般特点

其一，学生的学习发展从以学习直接经验为主逐步转向以学习间接经验为主。随着学生的思维从以具体形象思维为主要形式逐渐过渡到以抽象逻辑思维为主要形式，学生的学习也开始不受时间、空间等的限制，跨过直接经验这一阶段，进入以间接经验为主的阶段。这一阶段，学生能够较为迅速地把精华知识通过教师讲解、自学等多种方式提炼出来并学到手。

其二，学生的学习发展是一个循序渐进的、从量变到质变的过程。学生的学习活动遵循序进累积规律。所谓序是指任何知识结构都必须有的层次和序列，它包括知识的发展和深化以及知识的相互联系、相互渗透两个方面。学生要按照知识的逻辑系统有序地学习，如此才能符合认知规律和思维发展规律。学习不是一蹴而就的，而是一个循序渐进的过程，也是知识经验不断积累，从量变到质变的过程。

其三，学生的学习发展是一个理解、记忆和运用相互渗透的过程。例如，学生在阅读时就有理解参与其中，而在理解的同时也就加深了记忆，这两个环节不断作用，就产生了理解性记忆，而运用是理解过程的继续和发展，同时又是对在理解过程中所取得的知识是否真正被掌握的检验。

（3）把握学生的最近发展区

最近发展区是指学习者独立解决问题的实际发展水平与在教师指导下或与能力更强的同龄人合作中所体现出的潜在发展水平之间的距离。[1] 教师需要找准学生的最近发展区。

首先，教师要准确把握学生的"已知"与"未知"。从教师的角度而言，教学就是教师在把握所教课程核心素养的不同能力层级的前提下，准确掌握能力层级之下的核心概念与知识，并找准学生概念与知识的"固着点"和"增长点"，通过教育支持，帮助学生不断实现对已掌握知识的"理解—应用—迁移"，从而不断创设新的最近发展区的过程（见图1-1）。

---

[1] 参见[苏]列夫·维果茨基：《社会中的心智——高级心理过程的发展》，麻彦坤译，89页，北京，北京师范大学出版社，2018。

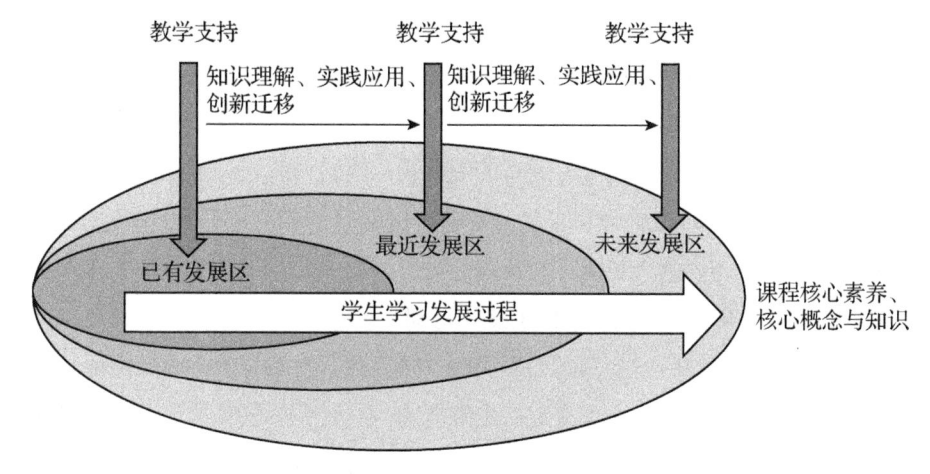

图 1-1 学生学习发展过程

其次，教师要提供机会帮助学生跨越最近发展区。其一，为学生创设认知冲突情境。教师可以在教育教学过程中为学生提供不同的思维方式，引发其观点的碰撞，从而激发其思考的动力，推进其知识的获得与发展。其二，为学生提供参与对话、交流见解的机会。学生与他人交流的过程，就是将自己认为已经学会弄懂的内容向他人解释的过程。这本身就是一种自我反思。在这个过程中，学生能加深对自身观点的思考从而获得对自己思维与理解的清晰认识。其三，为学生提供合作学习的机会。合作学习往往是双向的、多维的、灵活的。在合作学习的过程中，学生需要根据实际需要，互相提供解决问题的思路与方法，最终获得独立完成学习任务的能力。这个过程有利于学生跨越最近发展区，获得更高层次的认知能力。

2. 学生创造性思维的发展

要发展学生的创造力，就必须重视创造性思维的培养。创造性思维是以感知、记忆、思考、联想、理解等能力为基础的高级心理活动。

（1）创造性思维具有五大特征

创造性思维具有突破性、新颖性、灵活性、程序上的非逻辑性和对象的潜在性五大特征。突破性是创造性思维最明显的特征。创造性思维要求学生在思考问题时突破原有的思维框架。新颖性是创造性思维的第二大特征。从人才培养角度而言，新颖性是指学生在解答问题、进行实验或科技制作时，不是根据教师和书本经验，而是经过独立思考得到新方法、新方案或新结果。灵活性是创造性思维的关键，其表现在学生思考问题时思维的变通性、发散性和跳跃性等方面。程序上的非逻辑性是指学生在进行创造性思维活动时，需要用到直觉思维，而这种思维需要以丰富的知识和经验为基础，往往表现为从逻辑的中断到思想的飞跃。对象的潜在性是指创造性思维虽然是从现实的活动和客体出发的，但是它的指向不是现实的活动和客体，而是一个潜在的、尚未被认识和实践的对象。①

（2）批判性思维是创造性思维的前提和基础

批判性思维是指对所学的东西的真实性、精确性、性质与价值进行判断，从而对相信什么或者做什么做出合理决定的思维能力。② 创造性思维源于问题，而问题源于批判性思维。创造性思维需要强有力的批判性思维去不断地激发，因此要培养学生的创造性思维，就必须同时培养其批判性思维。我们一般从清晰性、准确性、精确性、相关性、深刻性、宽广性、逻辑性、重要性和公平性九个方面来评估学生是否具有批判性思维。教师要培养学生良好的思维品质，帮助学生掌握逻辑探究原则和推理方法，注重学生实践能力的提升。

（3）学生的创造性思维随年龄增长而不断发展，但呈现不匀速状态

一般而言，学生创造性思维的发展过程有五个阶段：定向阶段、准备阶段、酝酿阶段、顿悟阶段和验证阶段。③ 其中，定向阶段是创造性思维的开始阶段，是对问题进行定义和确定问题中的重要维度的阶段；准备阶段的重点在于尽可能多地收集与问题有关的信息；酝酿阶段则表现为问题被移入潜意识中，看似不再去想，实际上仍在思考；顿悟阶段是思想火花的闪现阶段，其产生标志着酝酿阶段的结束，即发现问题解决的办法；验证阶段在于检验并批判性地评价在顿悟阶段获得的问题解决的办法。

---

① 参见沈彩霞：《学习与思维：基础理论》，109~111页，北京，北京师范大学出版社，2021。
② Ennis, R. H., "A Logical Basis for Measuring Critical Thinking Skills," *Educational Leadership*, 1985(2).
③ 参见[美]D. 库恩：《心理学导论——思想与行为的认识之路》(第9版)，郑钢等译，423页，北京，中国轻工业出版社，2004。

学生的创造性思维是随着年龄的增长而不断发展的。学前阶段，幼儿的思维处于具体形象思维阶段，这时创造性想象是创造性思维的主要组成部分和表现形式。小学阶段，学生的思维品质不断发展，具体体现在思维的敏捷性、灵活性、深刻性、独创性和批判性五个方面，特别是思维的灵活性和独创性稳步发展。灵活性的发展表现在三个方面：一题多解的解题数量在增加，灵活解题的精细度在发展，组合分析水平在不断提高。独创性的发展主要表现在独立性、发散性和有价值的新颖性上。一是从对具体形象材料的加工发展到对语词抽象材料的加工，二是先模仿，经过半独立性的过渡阶段，最后发展到独创性。① 中学阶段，创造性思维处于高度发展阶段，主要表现为创造性想象已经成为创造性思维表现形式的一种，学生的发散思维、顿悟、类比迁移及假设检验等均有所发展。需要特别指出的是，学生创造性思维发展是不匀速的。研究表明，高二是创造性思维发展的高潮，高三和初一是创造性思维发展的低潮。随着年龄的增长，高中生的创造性思维流畅性呈下降趋势，变通性平稳发展，独特性逐渐提高。②

（4）创造性思维的培养可以从强化学生形象思维入手

传统教育的重点是使学生记忆和理解学科理论的概念和内在逻辑，这在一定程度上训练了其归纳、演绎、分析和综合等逻辑思维能力，但是对其创造性思维的培养稍显欠缺。在日常教学过程中，教师可以从强化形象思维入手，培养学生的创造性思维。具体途径有二：第一，以顿悟为着力点，培养学生的创新思维品质。教师可以着力训练学生在知识材料不充分的条件下推测结论的能力。例如，可以采用项目教学法，创设具有四维空间的学习任务，将学生置于真实情境中，使其围绕针对性问题展开学习。当然，在这个过程中，教师要帮助学生突破思维定式，合理引导和保护其非线性知觉猜测。第二，以建构思维图像为重点，培养学生的创造性想象能力。思维图像的建构是一个经由表象到意象的复合加工过程，是创造性想象力的最高层级。在教学中，教师要让学生通过想象在头脑中把概念和符号等的意义表征转化为一种思维图景，要挖掘想象思维目标，精心设计教学方法，以实现想象思维

---

① 林崇德：《发展心理学》，309~310页，北京，人民教育出版社，1995。
② 张景焕、张广斌：《中学生创造性思维发展特点研究》，载《当代教育科学》，2004（5）。张德琇：《青少年创造性思维能力的探测》，载《心理科学》，1985（2）。童秀英、沃建中：《高中生创造性思维发展特点的研究》，载《心理发展与教育》，2002（2）。

培养目标。

(5) 鼓励学生学会提问,并通过提问拓宽思路,培养创新意识

苏格拉底说,问题是接生婆,它能帮助新思想诞生。爱因斯坦也认为,提出一个问题比解决一个问题更为重要。提问是积累知识的先导,抛出问题、解决问题的过程使人们不断加深认识并完善自我。教师要引导学生观察事物的本质。只有深入本质才能够提出疑问。提出疑问对学生进行创新活动具有重要意义。教师要培养学生敢于提问、善于提问的意识与能力。教师要教给学生一些提问的技巧,以提高学生的思维品质。

5W2H 分析法[①]

5W2H 分析法由"二战"中美国陆军兵器修理部首创。我国著名教育家陶行知先生写过一首名为"5W2H 法"的小诗介绍此方法。此方法适合对问题进行系统思考,有助于培养学生的问题意识,明确分析问题的思路,掌握解决问题的技巧。5W2H分析法内涵与具体步骤如下:

(1) What——是什么?目的是什么?做什么工作?

(2) Why——为什么?为什么要这么做?可不可以不做?理由何在?原因是什么?为什么会造成这样的结果?

(3) Who——由谁来做?

(4) When——何时?什么时间完成?什么时间做最适宜?

(5) Where——在哪里做?从哪里入手?

(6) How——怎么做?如何提高效率?如何实施?方法是什么?

(7) How Much——做到什么程度?数量如何?质量水平如何?产出如何?

3. 学生情绪管理能力的发展

学生情绪管理能力是指学生对自己的情绪进行认识和控制,从而保持良好的状态的一种能力。情绪管理能力包括情绪理解能力、情绪表达能力和情绪调节能力。情绪理解能力指学生能够根据情绪线索和情境信息进行解释的能力,即学生能够察觉和识别自己与他人的情绪状态的能力。情绪表达能力指学生感受到情绪时,其面部表情、声音和身体动作出现的他人可观察到的变化。情绪调节能力指学生能够用

[①] 参见《5W2H 分析法》,载《财务与会计(理财版)》,2012(5)。

社会认可和接受的方式，对各种情绪做出反应的能力。①

(1) 不同的情绪状态会对学生产生不同影响

情绪是指伴随着认知和意识过程产生的对外界事物态度的体验，是人脑对客观外界事物与主体需求之间关系的反应，是以个体需要为中介的一种心理活动。情绪没有好坏之分，然而由情绪引发的行为或行为的后果则有好坏之分。

积极的情绪不仅能使学生保持乐观、愉快的心情，而且可以提高其免疫力；消极的情绪则可能影响其身心健康。医学研究表明，情绪不好时，人体内的自然杀伤细胞的活性就会下降，因而可能导致人体免疫力减弱，进而形成疾病。长期处于焦虑或应激状态等消极情绪中，个体的记忆和学习能力将会下降。因为杏仁核产生情绪，识别情绪和调节情绪，并帮助海马体储存这些事件与经历。但是杏仁核对于恐惧、焦虑以及与应激相关的事件非常敏感，所以当人体长期处于消极情绪中时，大脑会处于求生状态，个体认知能力会降低。②

(2) 教师的情绪管理能力对学生的情绪管理能力的发展有重要影响

情绪具有传染性，每个人的情绪都会受到身边人的影响。对于学生而言，教师是其成长路上的重要他人，对其情绪社会化及情绪管理能力的发展具有重要作用。教师情绪对学生情绪具有示范作用，教师展现适当的情绪行为，有利于学生获得正向的情绪体验。

(3) 教师要帮助学生正确识别并恰当表达情绪，掌握情绪调节策略

教师要帮助学生做好情绪管理：第一步要帮助学生了解自己，正确觉察自己的情绪，如果学生能够察觉到情绪的产生并认知情绪的种类，那么就能对它进行有针对性的管理；第二步要帮助学生掌握常见的情绪表达策略（见表1-2）；第三步要帮助学生掌握常见的情绪调节策略（见表1-3），并鼓励学生进行自我情绪调节。

---

① 参见边玉芳等：《读懂学生——三~四年级学生成长规律与育人策略》，157页，北京，北京师范大学出版社，2021。

② 参见[澳]迈克尔·C.纳格尔：《生命之始：脑、早期发展与学习》，王治国等译，31~32页，北京，教育科学出版社，2016。

表 1-2　学生常见的情绪表达策略①

表达策略	策略内容	示例
平静化	面部没有任何表情，很平静的样子	跟同学玩耍时不小心摔倒了，明明很疼，但是为了面子，还是强忍着疼痛，一脸平静地说"没事"
掩饰	表现出不同于真实情绪的表情	收到不喜欢的礼物，但出于礼貌，还是笑着向对方表示感谢
弱化	减少真实情绪的强度	参加比赛得了一等奖，明明很高兴，但是害怕没有得奖的好朋友伤心，强压住自己的兴奋，表现得比较平静
夸大	增加真实情绪的强度	不小心摔倒了，为了引起妈妈的注意，使劲大哭并一直喊"妈妈，好疼"

表 1-3　学生常见的情绪调节策略②

类型	策略	定义	示例
以情绪为中心的应对方式	远离	与导致情绪产生的事物保持距离	与朋友吵架后，躲着朋友
	转移注意力或宣泄	将注意力转移到令自己开心的事情上，或者采用跑步、大喊、吃东西等方式宣泄	不开心时买东西、玩玩具、吃大餐
	伪装	隐藏真实的情绪，试图通过表现出另一种情绪来调节情绪	考试失败，假装若无其事，躲避别人的询问
以问题为中心的应对方式	内化	接受情绪，为情绪寻找一个合理的理由	与好朋友吵架后感到很愤怒，试着从好朋友角度理解其苦衷，以减少自己的愤怒
	解决问题	直接解决产生情绪的根源	考试失利后很伤心，但是马上好好复习，努力准备下一次考试
	寻求支持	向他人寻求帮助与支持	考试失利后，向父母、朋友寻求安慰

---

① 参见边玉芳：《读懂孩子——心理学家实用教子宝典(6~12岁)》，111 页，北京，北京师范大学出版社，2014。

② 参见边玉芳：《读懂孩子——心理学家实用教子宝典(6~12岁)》，116 页，北京，北京师范大学出版社，2014。

4. 学生道德品质的发展

"道德是调整人们相互关系的行为准则和规范的总和。道德品质，又称品德，是一个人依据社会的道德规范和行为准则在行动时表现出来的一些经常的、稳固的特性。"[1]从心理学角度来看，道德品质包括三个基本成分：道德认知、道德情感和道德行为。引导学生认识道德，建立适当的道德情感，从而采取相应的道德行为是教师义不容辞的责任。

(1) 学生道德品质随着思维发展而发展

学生对道德的理解水平与其思维发展水平密切相关。婴儿已经能初步理解什么是"好"，什么是"坏"，同时道德感开始萌芽，如初步的同情心等。幼儿时期，其道德品质有了进一步发展，道德判断被自身之外的价值标准所支配，因而具有从他性和情境性的特点。幼儿晚期，其道德认知开始向自律阶段转化。小学时期，学生道德品质发展的基本特点是具有协调性，主要表现为能够逐步自觉地运用道德认识来评价和调节自己的行为。这一阶段，自觉纪律也逐步形成，并获得发展。中学时期，学生道德品质开始从前习俗水平向习俗水平转变，具体表现为学生开始真正关注父母特别是权威人物提出的道德标准，并逐步把道德品质看作身份特征的一个重要组成部分。表1-4为科尔伯格提出的儿童道德发展阶段理论。

表1-4 科尔伯格的儿童道德发展阶段理论

发展水平	水平特征	阶段顺序	命名	基本特征
前习俗水平 (0~9岁)	由外在要求判断道德价值(主要着眼于自身的具体结果)	第一阶段	服从与惩罚定向	服从规则以及避免惩罚
		第二阶段	天真的利己主义	遵从习惯以获得奖赏
习俗水平 (9~15岁)	以他人期待和维持传统秩序判断道德价值(主要满足社会期望)	第三阶段	"好孩子"定向	遵从陈规，避免他人不赞成、不喜欢
		第四阶段	维护权威和秩序的道德观	遵从权威，避免受到谴责

---

[1] 林崇德：《发展心理学》，247页，北京，人民教育出版社，1995。

续表

发展水平	水平特征	阶段顺序	命名	基本特征
后习俗水平（15岁以后）	以自觉守约、行使权利、履行义务判断道德价值（主要履行自己选择的道德准则）	第五阶段	社会契约定向	遵从社会契约，维护公共利益
		第六阶段	普遍的伦理原则	遵从良心式原则，避免自我责备

（2）学生道德行为学习过程模式

陈琦参照国外认知理论的生成学习模式，提出了学生道德行为学习过程模式（见图1-2）。该模式认为，学生在接受道德教育之前，具有不同的道德认知结构和道德需要。在接受道德教育时，外部新的道德要求与原有道德认知结构相互作用。如果学生接受了道德教育，就会结合新旧需要形成符合社会要求的道德需求，做出符合社会要求的道德行为，并进一步强化其道德认知结构。反之，就会促使认知结构向负面发展。[1]

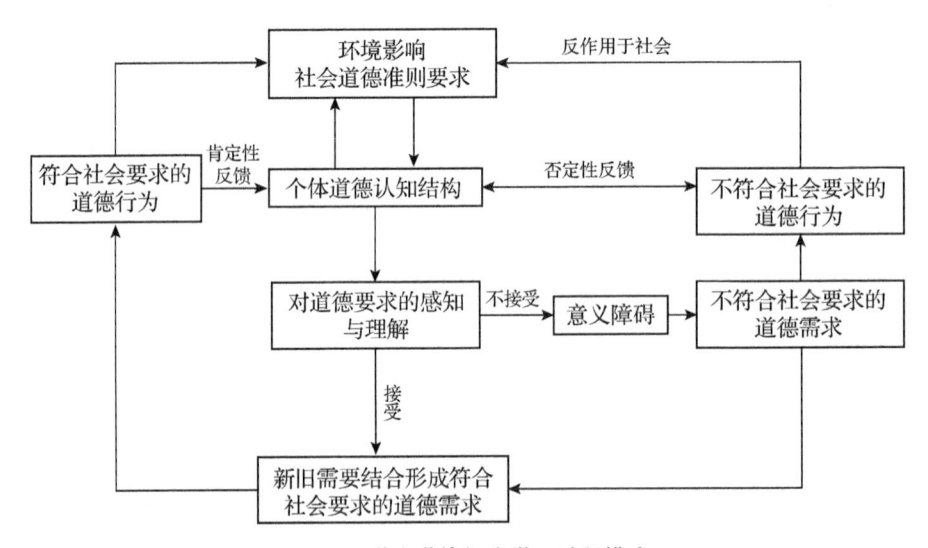

图1-2　学生道德行为学习过程模式

---

[1]　金盛华：《社会心理学》第2版，79页，北京，高等教育出版社，2010。

(三)读懂影响学生发展的关系链

1. 亲子关系

父母是孩子的第一任教师,良好的亲子关系能够促进孩子积极心理品质的发展,减少消极情绪和问题行为。教师作为中间人,需要帮助家长和孩子建立良好的亲子关系。

(1)亲子关系与教养方式密切相关

研究表明,教养方式对儿童的认知发展、性格形成、道德发展以及自我概念的建立等具有不可忽视的影响。美国心理学家鲍姆林德研究发现,教养方式对儿童的社会化有着重要的影响。鲍姆林德将教养方式分为权威型、专制型、溺爱型和放任型四种(见图1-3)。

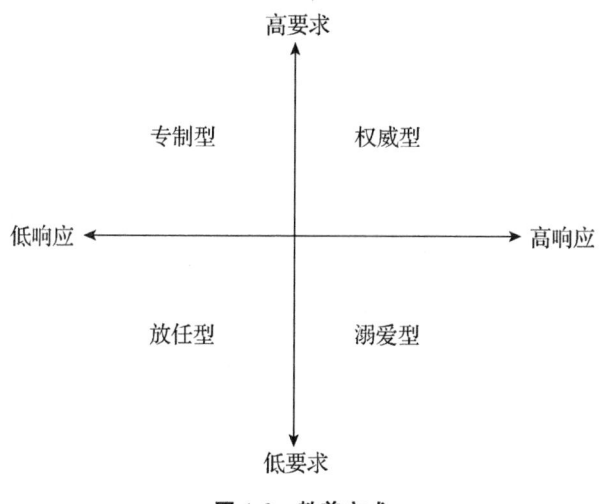

图 1-3 教养方式

权威型教养方式(高要求、高响应):父母对孩子要求明确,并允许孩子参与相关标准的讨论,标准一般建立在理性基础之上。采用权威型教养方式的家庭,亲子间充满温情,亲子关系融洽。权威型教养方式也是相对理想的教养方式。

专制型教养方式(高要求、低响应):父母严格要求孩子,一般自行根据经验制定标准,认为孩子服从高于一切。采用专制型教养方式的家庭,亲子间缺乏温情,亲子关系冷漠,孩子容易产生退缩、焦虑等行为。

溺爱型教养方式（低要求、高响应）：父母对孩子没有要求，孩子自己制定标准，自己控制自己的行为，父母满足孩子的所有要求，当孩子做错事时，父母也很少干预。采用溺爱型教养方式的家庭，孩子一般控制能力较弱，固执、任性，不懂得体谅和理解他人。

放任型教养方式（低要求、低响应）：父母不愿意或者不花时间与精力在孩子身上，忽视孩子的需求，也不会给孩子提任何要求。采用放任型教养方式的家庭，亲子关系冷淡，孩子容易出现各种行为问题，如易冲动，好攻击，自由散漫等。

（2）教师是亲子交往的重要桥梁

教师是学生成长中的重要权威型他人。教师在如何培养学生、如何与学生相处等方面的做法具有较强的说服力。因此，教师是亲子交往的重要桥梁，积极的教师评价有利于良好亲子关系的建立。

第一，教师可以帮助家长转变教育观念，引导家长尊重孩子并建立合理的期望。教师可以引导家长发现并尊重孩子的心理发展需求，定期开展高质量的亲子互动，以增进亲子感情。教师还可以帮助家长和学生分析双方发生冲突的原因，寻找解决的办法。

第二，教师可以借助教育手段，引导学生感受亲情、感受家长不易，帮助学生提升与家长的沟通能力。

第三，教师可以通过积极的评价帮助家长与学生建立良好的亲子关系。家长往往比较在意孩子在学校的表现，教师可以通过对学生德智体美劳等方面的客观、积极的评价，促使家长在日常教育中给予孩子正面评价，从而改善亲子关系。[1]

2. 同伴关系

同伴关系是指同龄人之间或者心理发展水平相当的不同个体间在交往过程中建立和发展起来的一种人际关系。教师一定要重视发展学生的同伴关系，着重培养学生与同伴交往的技能，为其建立良好的人际关系奠定基础。

（1）同伴交往模式

随着年龄的增长，学生逐渐从家庭走入社会，在这个过程中，同伴对学生的影

---

[1] 边玉芳等：《读懂学生——五~六年级学生成长规律与育人策略》，73页，北京，北京师范大学出版社，2021。

响逐渐增加。心理学家塞尔曼提出儿童的友谊发展可分为五个阶段。

第一阶段(3~7岁)：尚不稳定的友谊阶段。这一阶段的儿童的脑海中还没有友谊的概念，对他们来说，朋友就是暂时的玩伴。这一阶段的友谊是不稳定的，容易受到外界特别是物质的影响。例如，这一阶段的儿童很喜欢和有很多玩具的小朋友一起玩。

第二阶段(4~9岁)：单向帮助阶段。这一阶段的儿童要求朋友能够服从自己的愿望和要求。顺从自己的就是朋友，反之则不是朋友。例如，这一阶段的儿童觉得能在一起玩就是朋友，但是可能出现今天和这个同学一起玩，明天和另外一个同学一起玩的现象。

第三阶段(6~12岁)：双向帮助阶段。这一阶段的儿童对友谊的相互性有了一定的了解，但还不能共患难。例如，这一阶段的儿童懂得帮助有需要、有困难的朋友，但是这个立场不稳定，一旦自己有事情要忙，可能就会对朋友置之不理。

第四阶段(9~15岁)：亲密共享阶段。这一阶段的儿童认为朋友之间可以相互分享，保持信任和忠诚，能够同甘共苦。例如，在遇到事情时，朋友成为自己的第一倾诉对象。

第五阶段(12岁以后)：自主的共存阶段。这一阶段的儿童能为对方提供心理支持和精神力量，了解对方的性格特征，包括优缺点。例如，这一阶段的儿童可能会希望同伴与自己保持行动上的一致。

(2)同伴接纳

同伴接纳程度指学生被同龄人关注和喜欢的程度，它反映了个体在同伴群体中的社交地位，是群体对个体态度的体现。谢弗分析了不同被接纳学生的行为特征，如表1-5所示。

表1-5 不同被接纳学生的行为特征

类型	受欢迎的学生	被拒绝的学生	被忽视的学生
行为特征	积极、快乐的性情	好争论	容易害羞
	无攻击性行为	攻击性行为多	攻击性行为少
	与很多人保持双向联系，能坚持与他人交往	偏好单独活动，反复试图接近他人	经常单独活动

续表

类型	受欢迎的学生	被拒绝的学生	被忽视的学生
	懂得与他人合作,愿意分享	较少与人合作,不愿分享	较少与别人进行深入交往,更多地隐藏在人群中
	具有领导力	极度活跃,说话过多	不敢表现自我

(3)同伴交往的影响因素

良好的同伴关系能为学生提供安全感和归属感,为学生提供情感和社会支持。同伴交往受多种因素的影响,且不同年龄段影响因素也不同。

由于身心发展特点,幼儿园和低年级学生容易以自我为中心,即只考虑自己的需求而忽略他人的需求,因此在交往时可能会显得比较"自私",容易推卸责任,经常与同伴发生矛盾。

中高年级学生的同伴交往主要受交往意愿和交往技能的影响。交往意愿指学生主动积极与他人进行交往的意识。交往技能是指学生具有一定的交往技巧,能够遵守人际交往中的规则,发生冲突时,能够积极妥善地解决。同时,进入青春期,有的学生容易出现情绪失控的情况,或者出现好争论、易攻击等行为,如此也容易被同伴排斥,甚至被孤立。表1-6为塞尔曼的儿童观点采择能力发展理论。

表1-6 塞尔曼的儿童观点采择能力发展理论

发展阶段	典型性行为表现
自我中心或未分化的观点(3~6岁)	儿童只知道自己的观点,意识不到别人的观点,一切以自我为中心,认为别人的想法和自己的一样
社会信息的观点采择(6~8岁)	知道因为每个人所获得的信息是不同的,所以别人与自己的观点可能并不相同。儿童开始初步克服自我中心主义,但仍不能准确判断他人的想法,也不能很好地预测他人对自己行为的反应
自我反省的观点采择(8~10岁)	儿童知道即使接收的信息相同,自己和他人的观点也可能不同。儿童不但能考虑对方的观点,而且能认识到对方也会站在自己的角度看问题,能够预测对方对自己行为的反应。但此时,儿童不能同时考虑自己和他人的观点

续表

发展阶段	典型性行为表现
相互的观点采择 （10~12岁）	儿童能够同时考虑自己和他人的观点，能够站在他人的角度看问题。此时，儿童在做出某种反应前不但能从他人的角度看问题，而且能从他人的角度看待自己，开始考虑"如果我这么做，别人会怎么想"
社会和习俗系统的 观点采择 （12岁以上）	儿童试图通过生活在其中的社会系统来理解另一个人的观点和意图。儿童能考虑社会群体中大多数人所持的观点，能够自觉根据不同场合调整自己的行为

3. 师生关系

师生关系是学生社会化进程中重要的人际关系之一，也是最基本的教育关系，直接影响学生的学习质量、身心健康，甚至影响学生一生的发展。

(1) 师生关系的类型

相关研究指出，师生之间存在六种交往模式，具体描述见表1-7。[①]

表1-7 师生交往模式及其主要特点

交往模式	主要特点
积极参与型	学生和教师关系亲密，学生在与教师的交往中能够感受到温暖，并且能与教师进行良好的交流，师生交往中发生冲突的可能性较小
依赖型	学生和教师之间是一种依赖关系，师生交往中发生冲突的可能性不大
功能型	教师和学生之间仅为教和学的关系，师生之间有交流但往往限于学业上的交流
恼怒型	学生与教师之间虽然是一种冲突的关系，但师生之间存在一定的交流，并且两者之间的冲突并不尖锐
功能障碍型	学生和教师之间是一种冲突的关系，师生交往中缺少语言和情感交流，同时师生之间的冲突尖锐且很难调和
不参与型	学生和教师之间不存在相互作用关系

---

① 参见边玉芳等：《读懂学生——一~二年级学生成长规律与育人策略》，256页，北京，北京师范大学出版社，2021。

在这六种师生交往模式中，积极参与型是最为良好的师生关系模式。在这种关系中，师生相互信任、相互支持，双方能够平等地进行交流，教师能够热爱、关心、尊重和信任学生，学生也能信任、依赖教师。在教育教学中，教师应该努力与学生构建积极参与型的交往模式。

（2）教师期望与评价的作用

教师期望指教师在学生的认知基础上，对学生未来行为和学习表现的判断和期待。教师评价是教师根据一定的标准和系统的信息对学生进行价值判断的过程。

第一，教师对学生的期望与评价会影响其对待学生的方式，从而对学生产生影响。随着社会认知能力的提高，学生对教师的认知也更具批判性，他们开始客观地评价教师的行为。一方面，他们可能会感知教师对自己的期望，并朝着这个目标努力；另一方面，一旦感知教师期望与其期望相左，他们也可能会产生叛逆心理。

第二，教师期望对低年级学生的影响更大。研究表明，低年级的学生更渴望获得教师的肯定，非常在乎教师的评价；高年级的学生对教师肯定自己的期望降低，但是更渴望教师尊重自己、平等对待自己。这就需要教师在教育教学过程中，全面地、客观地、正确地认识学生发展的整体性、差异性和独立性。

二、找准方法

教师要切实读懂学生，除了需要了解必要的理论知识、掌握丰富的教学实践经验，还需要掌握一些科学的方法。读懂学生的方法很多，如访谈法、观察法、作品分析法、问卷法、测验法等。我们将结合案例重点介绍读懂学生的一些比较常用的方法。需要特别指出的是，教师选择的方法要与学生已有知识和生活经验相关，符合学生的年龄特点和认知发展规律。

（一）访谈法

访谈法是一种通过和学生面对面交谈以了解学生的生活经验和学习经验、学习兴趣点和困难点、思维水平和潜在能力、学生之间的差异等的基本研究方法，是了解和分析学生思考过程的常用方法之一。

在运用访谈法之前，教师需要设计访谈提纲，根据具体情境及时调整访谈内容。访谈法的关键是有效控制访谈过程,重点注意提问方式与行为方式。在提问时,教师要从简单问题入手,保持客观中立,适时追问,及时追问,并能用复述的方式进行引导。在访谈的过程中,教师一定要注重营造和谐、平等、民主的氛围,语言表达方式要恰当,转换题目的时候要自然,要善于运用表情和动作控制访谈进程。访谈对象可以随机抽样,也可以进行目的性抽样,还可以与问卷调查相结合,在问卷调查的基础上进行抽样。

1. 访谈的主要类型

根据不同的标准,我们可以将访谈划分为不同的类型(见表1-8)。

表1-8 访谈的主要类型

分类标准	类型
依据访谈内容的标准化程度	结构访谈、非结构访谈和半结构访谈
依据访谈人数	个别访谈和团体访谈
依据访谈时间或次数	一次性访谈和重复性访谈
依据访谈沟通方式	直接访谈和间接访谈

(1)根据访谈内容的标准化程度分类

根据访谈内容的标准化程度,可以将访谈划分为结构访谈、非结构访谈和半结构访谈三种。结构访谈是指按照事先统一设计的、有一定结构的访谈问卷进行的访谈。这种访谈是一种高度标准化的访谈。非结构访谈,又被称作深度访谈或自由访谈,是根据一定的访谈主题或范围,由访谈者与被访谈者围绕这个主题或范围进行的比较自由的交谈。半结构访谈,又被称作半标准化的访谈或引导式访谈,是介于结构访谈与非结构访谈之间的一种访谈,是指按照粗线条式的访谈提纲而进行的非正式的访谈。在整个访谈过程中,访谈者不必根据访谈提纲的顺序来进行访问工作。通常,访谈者可以依据实际情况,对询问程序、提问方式,甚至访谈的具体内容做出弹性调整。

(2)根据访谈人数分类

根据访谈人数多少,可以将访谈划分为个别访谈和团体访谈。个别访谈是指对访谈对象进行单独访谈,是最基本和最常用的访谈类型。团体访谈是指访谈者把多名被访谈者安排组成团体,同时进行访谈的一种访谈类型。

（3）根据访谈时间或次数分类

根据访谈时间或次数，可以将访谈划分为一次性访谈和重复性访谈。一次性访谈是指在同一时段对某一问题进行的一次性收集资料的访谈。重复性访谈，也被称作跟踪访谈，是指要经过多次才能完成的访谈。

（4）根据访谈沟通方式分类

根据访谈沟通方式，可以将访谈划分为直接访谈和间接访谈。直接访谈是指访谈者与被访谈者面对面地交流的访谈。间接访谈是指访谈者和被访谈者不直接见面，而是通过辅助工具进行信息交流的访谈。

2. 访谈法的适用条件

教师在运用访谈法的时候需要注意以下几个方面。第一，学生的语言表达能力。由于教师想要获取的材料主要来自与学生的交谈，因此访谈取得的结果是否准确、全面，很大程度上取决于学生的语言表达能力。第二，学生的感知理解能力。访谈要求学生的语言表达必须围绕教师提出的问题来组织，所以教师要想通过访谈获得对学生的准确了解，前提就是学生能正确理解教师提出的问题。第三，访谈资料的可及性。教师要想从学生处获得所需的信息，基本的前提就是学生有话可说，即教师需要收集的材料是学生完全能够得到和提供的。学生的记忆、情绪和拥有的信息等都可能影响材料的可及程度。

3. 访谈法的实施步骤

访谈法的实施主要分为三个步骤：准备、实施和整理分析。准备包括明确访谈目的，确定访谈维度，编制访谈提纲，选取访谈对象，准备辅助工具；实施包括初步接触，提问，记录，访谈结束；最后要对访谈的结果进行整理分析。

4. 访谈法的具体应用案例[1]

郭淑红老师在教授五年级下册"万以内数比大小"时，为了了解学生的知识储备，把握学生的起点，就采用访谈法对6名学生进行课前访谈。

访谈提纲：

（1）比较这两组数的大小：3659○3669，9999○10000。

（2）你会比较万以内数的大小吗？你是用什么方法进行比较的？

---

[1] 参见宋君等：《读懂学生》，25~26页，郑州，大象出版社，2019。

(3)你认为学习本节课内容应该采取什么样的学习方式?

访谈结果分析：学生对于这部分内容已经有了初步的了解，能够自觉地利用知识迁移的方法比较万以内数的大小。但是，大部分同学对于其中的算理还不了解，对于比较的方法表述得还不准确或不完整。

教学内容调整：把四位数和三位数的比大小整合为一节课，使知识融入情境，把比较万以内数大小的方法作为重点。通过解决实际问题，理解两个数的位数不同或相同时如何进行比较，突出数位顺序和计数单位。

(二)观察法

观察法即教师通过观察教学现场，对学生的学习情况做出判断并对教学预设进行有针对性调整的一种研究方法。这种方法对教师的课堂调控能力要求比较高，一般需要教师有比较丰富的教学经验。

1. 观察的主要类型

根据不同的标准，我们可以将观察划分为不同的类型(见表1-9)。

表1-9 观察的主要类型

分类标准	类型
依据观察的情境条件	自然情境中的观察和人为情境中的观察
依据观察的实施程序	结构观察和无结构观察
依据观察者的角色	完全观察者、参与的观察者、观察的参与者和完全参与者
依据观察的媒介	直接观察和间接观察

(1)根据观察的情境条件分类

根据观察的情境条件，可以将观察分为自然情境中的观察和人为情境中的观察两种类型。自然情境中的观察包括自然行为的偶然的现象观察和系统的现象观察。这种观察能收集客观、真实的材料，但收集的材料往往是观察对象的外部行为表现。人为情境中的观察由实验法的特点决定。这种观察有严密计划，有利于发现与确定教育因素间的因果联系。

(2)根据观察的实施程序分类

根据观察的实施程序，可以将观察分为结构观察和无结构观察。结构观察是指有明确目标、问题和范围，有详细的观察计划、步骤和合理设计的可控性观察。结构观察又可以分为行为事件取样观察、时间取样观察和等级量表观察。无结构观察是指对研究问题的目标、范围采取弹性态度，观察内容与观察步骤不预先确定，亦无具体记录要求的非控制性观察。

（3）根据观察者的角色不同分类

根据观察者的角色，可以将观察者分为完全观察者、参与的观察者、观察的参与者和完全参与者。完全观察者是指观察者对事件发生过程做纯粹观察而并不打算成为这个过程的一部分。参与的观察者是指观察者以研究者的身份出现，与事件过程的参与者交往，而并不装扮为参与者。观察的参与者是指观察者在参与全部活动的同时说明自己在做研究。完全参与者是指观察者真正参与或者装扮为一个真正的参与者。

（4）根据观察的媒介分类

根据观察的媒介，可以将观察分为直接观察和间接观察。直接观察是指凭借人的感官，在现场直接对观察对象进行感知和描述的观察。间接观察是指利用辅助手段，作为中介对观察对象进行考察。

2. 观察法的适用条件

当教学中出现如下两种情况时，适宜采用观察法。第一，研究对象的语言表达能力不佳。第二，研究对象是学生在自然状态下的行为表现。一般情况下，观察法普遍应用于学前教育教学中。

3. 观察法的实施步骤

观察法的实施一般分为三个步骤：准备、实施和整理分析。准备包括明确观察目的，确定观察内容，选择观察对象与场所，消除观察者效应，做好记录准备工作等。实施包括进入观察现场，建立友善关系，观察与记录，处理观察中的突发事件等。整理分析即对观察结果进行整理和分析。

4. 观察法的具体应用案例[1]

观察法被普遍应用于学前教育教学，因此本案例以幼儿的游戏行为为观察对

---

[1] 参见蔡春美、洪福财、邱琼慧等：《幼儿行为观察与记录》，187~188页，上海，华东师范大学出版社，2013。

象，对幼儿的游戏行为进行普遍性的观察与记录。在观察对象方面，只对特定幼儿的游戏行为加以观察，采用固定时间间隔取样的方式进行。

观察法示例：

1. 观察目的：借由观察幼儿与他人互动时的行为，了解幼儿的发展以及幼儿与他人互动时会做出什么类型的游戏行为，以此为辅导之依据。

2. 观察主题：幼儿游戏行为的类别。

3. 观察对象：幼儿园大班2名幼儿（括号内为代号）。

第一名幼儿（C1）：5岁2个月（5-2）。

第二名幼儿（C2）：5岁11个月（5-11）。

4. 不同行为类别的定义如表1-10所示。

表1-10 不同行为类别的定义

行为范畴	行为类别	行为定义
非社会行为	无所事事行为	不玩且不加入他人游戏之中，东张西望
	旁观者行为	看着别人玩，和别人说话或问问题
	单独游戏	独自一人玩，与其他幼儿无互动
社会行为	平行游戏	和身旁的幼儿玩着一样的游戏，但不干预他人
	联合游戏	在团体活动中，幼儿们玩着类似的游戏
	合作游戏	一起为完成某个作品或某一目标共同努力

5. 观察工具：自制"幼儿社会游戏行为观察表"（见表1-11）。

表1-11 幼儿社会游戏行为观察表

幼儿姓名：	日期：
年龄：	观察者：
观察时间： 观察者角色： 观察时距： 观察情境：	

续表

期程	行为类别					
	非社会行为			社会行为		
	无所事事行为	旁观者行为	单独游戏	平行游戏	联合游戏	合作游戏
1						
2						

说明：各类别行为可采用画记方式记录，必要时可于栏位内辅以简要说明。

6. 观察者角色：参与的观察者。

7. 观察时间

（1）观察次数：每名幼儿每日观察3次，轮流观察2名幼儿。

（2）观察期程：每名幼儿观察5分钟。

8. 观察情境：在每日的区域游戏时间，教师开放各活动区域，让幼儿自由选择活动区域，自由与其他幼儿游戏。

9. 分析评定：依据前述观察与记录结果，逐一分析幼儿的行为。

（三）作品分析法

作品分析法是在内容分析法的基础上发展起来的，是在对研究对象的作品进行定量和定性分析的基础上，了解研究对象的心理活动，揭示作品背后隐藏的研究对象的行为、态度和价值观的一种研究方法。[1]

1. 作品分析法的适用条件

作品分析法比较适用于小样本研究。就研究材料的性质而言，它既可以用于文字记录类型的材料，又可以用于非文字记录类型的材料；就研究材料的来源而言，它既可以对现有的材料如学生的日记、作品等进行分析，又可以对专门收集的材料如观察记录、错题集等进行分析；就分析的侧重点而言，它既可以注重材料的内容，又可以注重文本的结构、形式；等等。

---

[1] 吴恢銮：《如何读懂学生：基于学生实证研究的小学数学学与教的探索》，39页，杭州，浙江大学出版社，2017。

2. 作品分析法的实施步骤

作品分析的实施步骤如下：明确具体研究目标，确定分析指标，选择作品抽查方法，实施操作，统计与分析研究资料，得出结论。其中重点与难点是实施操作，这一步骤的主要工作是布置任务，分析作品，填写指标、项目及分析表。

3. 作品分析法的具体应用案例①

作品分析法是学前教育阶段常用的方法之一。以下以安吉游戏中幼儿绘画作品为例介绍作品分析法的具体应用。

背景说明：本案例呈现的作品（见图1-4）即幼儿一起玩"模特T台秀"后，用绘画方式记录的游戏过程。

图1-4 幼儿绘画作品

幼儿（一一）作品自述：

我和雪儿、芊芊、悠悠还有媛媛一起走T台（手指着小人的区域）。现在雪儿在给花浇水，我在练习，芊芊在化妆，悠悠在泡温泉，媛媛在换衣服。我们走着走着发现，我们应该用不同的方法来走模特，我们试着三个人一起走模特（指着直直的部分），然后芊芊往这边走（右边），我往这边走（正前方），雪儿往这边走（左边）。我们觉得应该手拉手走，我们就手拉手走。然后又觉得应该一个一个地走，又一个一个地走。我们觉得哪种办法好呢？然后我对大家说："我们还是用三个人一起走的方法吧。"她们不同意。然后芊芊又说，要不我们一个一个排队走好了，最后我们只能一个一个排队走了。

---

① 参见王满霞：《安吉"游戏故事"作品分析及其课程价值》，硕士学位论文，福建师范大学，2017。

作品分析：从整体上看，一一小朋友的绘画作品构图布局合理，形象饱满，颜色鲜亮，表现出她对走模特游戏的喜爱与在游戏过程中的愉快体验。从她绘画作品的大胆用色，特别是喜欢用红色、粉色、黄色等颜色上能感受到，一一小朋友性格外向、活泼。作品中的小伙伴雪儿在给花浇水，芊芊在化妆，悠悠在泡温泉，媛媛在换衣服，而她自己则在练习，表达了她对走模特的重视，同时也反映出她对同伴较为关注。另外，一一的绘画作品注意到了相应物体颜色的表达，并且能抓住女孩子的性别特征，如穿裙子、扎辫子等，这符合该年龄段幼儿绘画能力发展的水平。从一一的表述中，我们可以了解到在游戏过程中她们遇到不同的意见时能够协商解决，且最终圆满地完成了游戏。这表现了幼儿在游戏过程中具备良好的人际交往能力，并且具备一定的问题解决能力。此外，一一的作品自述充分显示出其突出的语言表达能力。

第二章
读懂课例

本章概述

　　课例是教师研究课堂、改进教学、促进专业发展的有效载体之一。课例可分为现场教学课例、多媒体课例、文本课例等。现场教学课例即教师常说的观摩课或研究课，多媒体课例主要是课堂教学的录像资料，文本课例是反映真实的课堂情境的文字材料。根据形式与内容，还可以进一步将文本课例分为课堂教学实录型课例、教学设计型课例、问题解决型课例等。本章"读懂课例"聚焦于文本课例的阅读。通过观摩或学习优秀课堂教学案例，教师对课例中的教学经验加以分析与提炼，优化教学经验；对课例中的教学过程进行复盘、分析与挖掘，提升反思意识。"读懂课例"能够帮助教师读懂课堂，优化教师教学经验，促进教师专业发展。但在实际操作中，由于缺少有效路径，课例阅读易陷入碎片化、浅表化、盲目化的误区，导致读和懂之间产生较大差距。本章旨在帮助教师缩短读和懂之间的差距，为教师实现读懂课例提供有效路径。一是读懂课例的内在结构，包括课例的形式结构及内容结构；二是读懂课例的外在结构，包括时代背景、授课背景以及观评背景。

第一节 为什么要读懂课例

教学模仿在教师专业发展过程中起着举足轻重的作用。[1] 教学模仿指教师通过对他者教学的观察、效仿、内化、表现和创新，促进自身专业成长，并提升教学合目的性与合理性的交往活动。课例是教师观摩他者教学、学习间接经验、获取动态的学科教学知识的有效载体之一。观摩或阅读课例的过程往往是教师结合自己的实践经验，有目的地模仿他人，调整自我，实现自我提升的过程。阅读课例在帮助教师读懂课堂、优化教学经验、促进专业发展方面发挥着重要作用。

一、帮助教师读懂课堂

钟启泉教授指出，读懂课堂是教师成长的标识。"读"和"懂"之间有一段距离，缩短这一段距离，要靠教师的学习。阅读课例是教师研究课堂、改进教学、促进专业发展的途径之一。观摩优秀课堂，反思自己的课堂，不断改善，跟进提高，这个过程就是教师学习的过程。特级教师褚树荣老师认为，会上课与会评课密切相关。评课能够切中肯綮，又能够建设性地提出改善意见的教师，其课堂教学的大方向就不会偏到哪里去；同样一个课堂教学优秀的教师面对一堂课，也马上能够掂出分量，指出优劣。上课与评课之间的密切关系恰恰说明了阅读课例对促进教师读懂课堂的作用。许多专家学者对课堂教学的构成要素进行了分析。例如，钟启泉教授认为构成课堂情境的要素大体包括教学内容、教学主体和人际关系；崔允漷教授则从学生学习、教师教学、课程性质、课堂文化四个维度建构了课堂观察框架。教育研究者对课堂要素的分析为一线教师读懂课堂提供了理论基础及思维工具。当然，从教师实践知识生成角度来看，读懂课堂，缩短"读"和"懂"之间的距离也是一个循

---

[1] 参见胡春梅：《新教师教学模仿的主要特征、关键内容与认知过程》，载《教育科学研究》，2021(1)。

序渐进的过程。这一过程既需要教师进行模仿式的学习，又需要教师在"做中学"，即在课堂教学实践中将实践经验与科学知识相结合，进行专业的洞察与判断，进而在复杂的课堂情境中做出合宜的行为。

二、优化教师教学经验

在教学实践中，教师难免会产生困惑。通过阅读课例，教师不亲临现场就能对不同教师的课堂教学实践进行观摩。课例阅读的本质是对课例中的教学经验进行学习。理想的课例阅读是通过对课例中教学经验的分析与提炼，实现自身教学经验的优化。教师要有意识地提取课例中的教学经验，并使其系统化、条理化，进而生成实践性理论，最终提升自身的专业化水平。典型的课例往往隐含某种带有普遍意义的思想观念，包含解决具体教学问题的方法等，经过提炼，这些思想观念、教学方法等可以上升为某种带有规律性的教学认识。因此，阅读课例在一定意义上可以优化教师教学经验。

三、促进教师专业发展

无论哪个阶段的教师，都应该根据自身的实际需求，有选择性地进行课例阅读，并从中获得实践性的知识。波斯纳总结出一个教师成长的公式：经验+反思=成长。他指出，没有经过反思的经验是狭隘的，只能形成肤浅的认识。阅读课例可以优化教师的教学经验，促进教师形成反思意识，进而促进教师的专业发展。教师的职业自觉能够促使其进行反思。除此之外，专业技术的支持也是促使其进行反思的重要因素之一。阅读课例是推动教师专业技术发展的途径之一。教师通过阅读课例不断复原整个教学过程，在挖掘与分析的基础上，形成教育教学敏感性，再通过不断反思自己的课堂教学，提升教学技能，丰厚专业素养。

第二节　如何读懂课例

对于广大教师而言，阅读文本课例，单单从字面的疏通与理解方面并不存在太多困难，困难在于如何通过阅读课例优化教学经验，形成反思意识，进而实现改进教学、促进专业发展的目的。要想实现这一目的，就要避免常见的阅读误区，就要读懂课例的内在结构与外在结构。

一、课例阅读的常见误区

(一)碎片化阅读倾向

碎片化阅读即只关注课例中某一个教学环节或教学片段，忽略课堂的整体效果和师生互动的整体情境，忽略教学环节之间、教学片段之间以及课堂环境、教师行为、学生行为之间的联系，导致"只见树木不见森林"。

(二)浅表化阅读倾向

浅表化阅读即只关注课例中显性的课堂教学行为，忽视课堂教学行为背后隐含的带有普遍意义的教学理念以及解决具体教学问题的方法，缺乏提取课例中教学经验的意识与策略，因此，难以获得有规律性的教学认识。

(三)盲目化阅读倾向

盲目化阅读即阅读目的不明确，缺乏问题意识，简单照搬课例中的做法，忽视课堂教学的情境性和丰富的生成性；缺乏自我意识，没有将自己的问题带入对课例的阅读与思考中；缺乏批判性思考，难以吸收课例中的教学经验。

二、读懂课例的路径

碎片化、浅表化、盲目化的阅读起不到优化教师教学经验、促进其专业成长的作用。教师要想通过课例改进教学、促进专业发展，就需要深入理解课例。

英国哲学家怀特海关于"何为理解"的模型为教师掌握读懂课例的有效路径提供了借鉴。他指出，理解包括内在的理解与外在的理解。"如果被理解的事物是结构的，那就可以按照这一事物的因素以及将这些因素构成这一整个事物的交织的方式，来理解这一事物。"内在的理解揭示一事物为什么是一事物，回答了"是什么"的问题。"把事物看作是一个统一体，并获得关于它对其环境起作用的能力的证据"，这种方式可称作外在的理解。外在的理解揭示一事物怎样成为一事物，回答了"为什么是"的问题。[1]深入理解就是对理解的对象建立内在与外在的联系。

要实现对课例的深入理解，教师需要从内在与外在两种模式的相互作用中去理解。课例的内在结构包括课例的形式结构及内容结构。课例的形式结构因类型不同而有所不同，如教学实录型课例以师生对话为主要形式，教学设计型课例则以教学环节为主要形式。课例的内容结构主要指课堂教学的构成要素及要素间的关系。（见图2-1）课例的外在结构可从课例背景、授课背景以及观评课背景三个方面去考虑。教师要从上述两个维度去把握课例，并理解维度之间、维度各要素之间的关系。

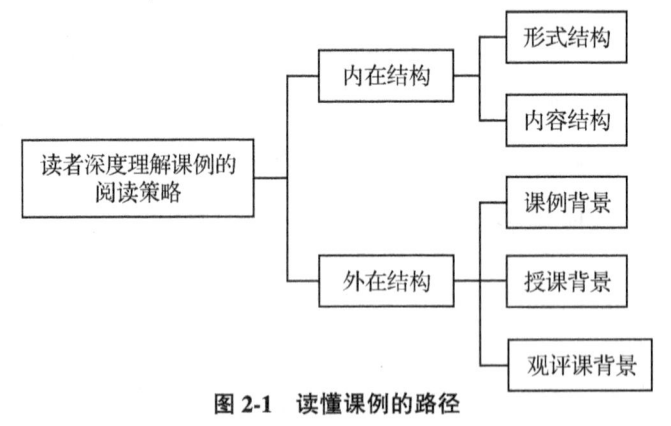

图 2-1　读懂课例的路径

---

[1] [英]怀特海：《思维方式》，刘放桐译，44页，北京，商务印书馆，2010。

(一)读懂课例的内在结构

1. 形式结构

文本课例的类型多样,不同类型的文本课例有不同的形式结构。教师要根据不同的文本类型,把握不同的形式结构。

(1)教学实录型课例的形式结构

教学实录型课例的形式结构以课堂教学流程为主,包括导入环节、新授课环节、复习巩固环节、作业环节、板书等基本要素。

①导入环节

导入通常也叫教学开场白、教学开场语。导入的目的表现在导入课题、新旧衔接、激发兴趣、说明目的、暗透动机、创造氛围、营造情境等方面。

②新授课环节

新授课环节是教师向学生讲授新的教学内容,帮助学生构建新的认知体系的环节。

③复习巩固环节

复习巩固指教师在讲授新的教学内容的基础上,有目的、有意识地延伸教学活动,旨在帮助学生梳理知识,加深记忆,构建学习价值体系的环节。

④作业环节

作业指教师为帮助学生理解、掌握知识与技能而设计的学习活动。

⑤板书

板书指教师依据教学活动的需要,在教学用具上,以书面语言或符号进行表情达意的活动。

(2)教学设计型课例的形式结构

教学设计型课例的形式结构以教学设计流程为主,包括确定教学目标、分析教学任务、选择教学方法、开展教学评价等基本要素。

①确定教学目标

教学目标是指在教学活动中所期待的学生的学习结果,应该尽量用具体、可测量的术语来精确地陈述。

②分析教学任务

教学任务是指在教学过程中为实现教育目的所提出的不同层次的要求。

③选择教学方法

这里的教学方法和教学策略同义，包括对教与学的形式、活动、资源等方面的选择和设计。

④开展教学评价

教学评价是依据教学目标对教学过程及结果进行价值判断的活动，其目的是修正教学设计，以实现更有效的教学。

上述四个基本要素相互联系、相互制约，形成逻辑循环过程。大多数教学设计都是在这四个基本要素的基础上建立起来的。

(3) 问题解决型课例的形式结构

问题解决型课例指课例文本至少包含一个疑难问题的实际教学情境和解决上述疑难问题的具体方法。课例研究报告包含的所需解决的课堂教学问题更为复杂。问题解决型课例的形式结构以问题解决过程为主，包括背景、问题的提出、问题的解决、反思与讨论等基本要素。

①背景

这里的背景指的是教学背景，是有关课程、教材、教学、教师、学校、学生等的教育环境信息。背景可分为间接背景与直接背景。间接背景是与事件相关，但关联程度并不高的背景。直接背景指直接导致事件发生的或与事件联系密切的背景。

②问题的提出

问题的提出主要涉及指出教学问题，讲明问题产生的原因有哪些，等等。

③问题的解决

问题的解决主要展现问题解决的过程、步骤，以及在问题解决过程中遇到的困难，也可能涉及对问题解决的初步成效的描述等。

④反思与讨论

反思与讨论主要涉及在问题解决过程中有哪些利弊得失，发现了哪些新的问题，在以后的教育教学中如何解决这些新的问题，以及在问题解决过程中有哪些体会，等等。

2. 内容结构

课例以课堂教学为对象，要把握课例的内容结构最重要的策略是了解课堂教学的构成要素及构成要素间的关系，在阅读中建构课堂教学的基本结构，这样才能从整体上把握课堂教学，避免认识的片面化。此外，在教学实录及教学设计基础上提炼出的问题解决型课例或课例研究报告，从形式与内容上都呈现出比较清晰的问题提出与问题解决的结构。

（1）读懂课堂教学结构

①课堂教学的四维结构

要读懂课例就要了解课堂教学结构。关于课堂教学结构有诸多论述，在此我们借鉴崔允漷教授课堂观察四个维度理论。课程观察四个维度具体包括学生学习维度、教师教学维度、课程性质维度、课堂文化维度。[1]

学生学习维度主要关注怎么学或学得怎么样的问题。学生是课堂学习活动的主体，他们是课堂学习的积极参与者、主动建构者。学生能否有效学习是课堂成败的关键。

教师教学维度主要关注怎么教的问题。教师是课堂教学的组织者、引导者、促进者。教师灵活运用各种教学资源、教学方式等的教学行为在很大程度上影响着课堂教学的有效性。

课程性质维度主要关注教和学的内容是什么的问题。课程是师生在课堂中共同面对的教与学的客体。

课堂文化维度主要关注整个课堂怎么样的问题。课堂文化是课堂中的各种要素经过多重对话、互相交织、彼此渗透而形成的一个场域。

学生学习和教师教学通过课程发生联系，在整个互动的过程中形成了课堂文化。（见图2-2）

---

[1] 崔允漷、沈毅、吴江林等：《课堂观察Ⅱ：走向专业的听评课》，28页，上海，华东师范大学出版社，2013。

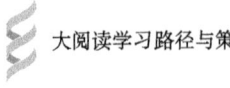

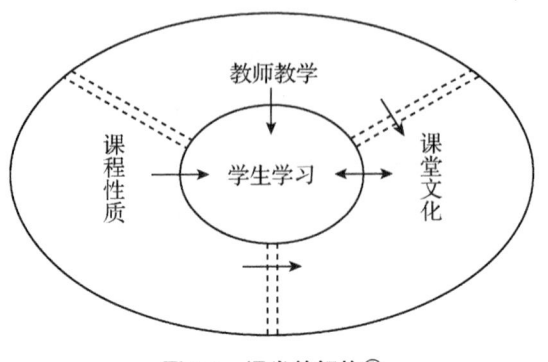

图 2-2 课堂的解构①

上述四个维度可以转换为四个问题：第一，学生在课堂中是怎样学习的？是否有效？第二，教师是如何教学的？哪些教学行为是适当的？第三，这堂课的教学内容是什么？学科性表现在哪里？第四，课堂整体气氛如何？

②读懂课堂教学结构的路径与策略

一线教师更习惯从教师教的角度关注课例。当然，阅读时，教师可以依据个人的专业需求与习惯，从四个维度中的任意维度切入。但无论从哪一个维度切入，最终都会涉及其他三个维度，因为这四个维度在课堂教学中是一个整体。因此，要想避免碎片化、浅表化、盲目化阅读，教师不能仅仅满足于课例呈现的表层内容，而是要在对上述四个问题的反复追问中挖掘课例的深层内容。在课堂教学结构中，学生学习始终是课堂的核心，是课堂教学的归宿。下面就从教师教学这一维度切入，以语文学科课例为例进行结构化的阅读。

第一，从教学环节入手解读课例的路径与策略。

教学环节是指教师根据一定教学目标、学情及教学内容，设计并组织实施的系列教学活动。从教师教学的维度切入课堂教学结构，首先要关注教师如何教学，关注教师教学首先可关注教师对于教学环节的安排。

从教学环节入手解读课例的路径为：教师教学（环节安排）—课程性质—课堂文化。教学环节的安排与教师对课程性质的认识和理解密切相关。不同的课程有不

---

① 崔允漷、沈毅、吴江林等：《课堂观察Ⅱ：走向专业的听评课》，28页，上海，华东师范大学出版社，2013。

同的特点，其关系到教学活动在课堂中的实施与教学方法在课堂中的使用。通过教师设计的教学活动，我们可以推测课堂的教学氛围及师生关系。由此，读懂课堂教学结构的路径为：教师所安排的教学环节—课程性质的思考—课堂文化维度的思考。

从教学环节入手解读课例的策略集中体现为两个关键字：整、全。从整体上把握课例的教学环节，从全局看教师的教学安排、教学目标的设计以及对课程特点的理解。下面以《散步》课例[1]为例谈一谈如何从教学环节入手、以四个维度为结构框架读懂课例的课堂教学结构。

《散步》课例中教师安排了五个环节。这些环节是否围绕教学目标展开？是否体现了学科特点？回答这两个问题需要透过表层内容探寻环节背后的学科教学特点，即回答这样设计背后的学科依据。这样，就由教学环节进入课程层面。

根据课例内容，可将上述五个环节进行如下提炼。

环节一：情境导入—浸润情感—预读文本

多媒体播放《妈妈洗脚》公益广告。

师：同学们，每当看到这则公益广告时，老师眼中总是蓄满泪水，你看后有何感想呢？

生1：我感受到母爱的伟大。

生2：我明白了父母是孩子最好的老师……

师：是啊，爱是社会的主旋律，社会因为有爱而温暖，家庭因为有爱而温馨，让我们陪同莫怀戚先生一家去散步，去感受他们一家人的互敬互爱吧！

第一个环节运用公益广告来创设情境，引发学生的情感体验，为预读文本做好情感铺垫。

环节二：初读感知—触摸情感—读文本

多媒体播放《春江花月夜》乐曲。

师：请同学们伴着优美的音乐朗读课文，要读得准确、清楚、连贯，同时想一想文章讲了一件什么事。（生专注地朗读，师巡视全班）

生1：我读出了一家人散步并且发生了争执的事。

---

[1] 参见程雪燕：《〈散步〉教学案例》，载《语文教学与研究》，2010(19)。

师：你读得很用心，那么发生了什么争执呢？

生2：母亲要走大路，儿子要走小路。后来"我"决定听母亲的，走了大路。

师：你读得很认真，而且理解得很深刻。

生3："我们在田野散步：我，我的母亲，我的妻子和儿子。"老师，我认为这句话能概括文章内容。

师：你真是慧眼如炬，善于抓住中心句来概括全文，值得表扬。让我们一起朗读这段话。（生齐读感悟）

在这一环节中，教师运用"文章讲了一件什么事"这一关键问题帮助学生形成对文章的整体感知。为什么把握事件梗概有助于整体感知？这与本文的文体密切相关。《散步》是一篇叙事性散文，作者的思想情感是通过散步中发生的事件来展示的，把握文章中的事件是阅读叙事性散文的一种有效方法，同时通过把握事件也能够把握文章的情感基调。这一环节通过一个关键问题引导学生读文本，同时渗透阅读这类文章的方法。

环节三：品读人物—体会情感—读作者

师：同学们，走进《散步》，我们仿佛置身于花的海洋，这花虽不名贵却很雅致。如果你手中有一束花，你会送给文中的哪个人物？请同学们再次动情地朗读课文，并结合文章内容说一说你最喜欢哪个人物。（教师话音未落，学生已兴致勃勃地品读课文，准备交流）

生1：我喜欢作者，因为作者孝敬母亲，从文中"我决定委屈儿子，因为我伴同他的时日还长。我说：'走大路'"可以看出。

师："我"伴同儿子的时日长，言外之意是"我"伴同母亲的时日怎么样？

生（齐答）：短。

师：从哪里可以看出来？

生2：从第3段"今年的春天来得太迟，太迟了……我的母亲又熬过了一个严冬"可以看出。

师：哪个字最能打动你的心？

生2："熬"。"熬"不仅写出了母亲度过严冬的艰难，而且表现出我高兴的心情。

师：你能读出作者的这种情感吗？

生2(读)：我的母亲又熬过了一个严冬。

师：能否把声调读得低沉些，读出那种煎熬？

生2(再读)：我的母亲又熬过了一个严冬。

师：读出了作者的情感，真好！谁接着送花？

生3：我想把花送给文中的母亲，因为母亲爱她的孙子。

师：仅仅是爱吗？能不能用一个更准确的词语表达？

生3：疼爱。

师：从文中哪些语句可以看出？请刚才那名同学接着说吧。

生3：从第7段"母亲摸摸孙儿的小脑瓜，变了主意"。

师：哪个字最能表现母亲的性格？

生4："摸"。

师：是啊，多么温柔的动作。

师：文中的儿子呢，谁喜欢？

生5：我喜欢他的聪明。从第5段"小家伙突然叫起来：'前面也是妈妈和儿子，后面也是妈妈和儿子！'"可以看出。

师：你读出了儿子的天真活泼，瞧，这一家人真可谓和和美美、互敬互爱呀！

这一环节通过让学生结合文章内容说一说自己最喜欢的人物这一任务展开教学。从阅读方法上看，这一环节通过细读文本，品析人物，使学生更深入地理解文本表达的思想情感。

环节四：质疑问难—深化情感—读自己

师：是啊，在散步中我们感受了沁人心脾的花香。那么，在反复朗读中，我们有什么困惑吗？说一说吧！

生6：为什么说"我背上的同她背上的加起来，就是整个世界？"

师：谁能为他解惑呢？

生7：我认为一家人和睦，所以是整个世界。

师：是啊，一个家庭就是一个世界。"我"作为中年人上有老下有小，责任重大呀！

生8：为什么说"这一切都使人想着一样东西——生命"？

师：描写初春的景色与生命有关系吗？

生9：这段话描写了新绿、嫩芽儿、冬水，表现了春天的生气勃勃，所以让人想到生命。

师：由此，我想起了朱自清先生《春》中的几句话，我们一起背一背吧！

生（齐背）："春天像刚落地的娃娃，从头到脚都是新的，他生长着。春天像小姑娘，花枝招展的，笑着，走着。春天像健壮的青年，有铁一般的胳膊和腰脚，他领着我们上前去。"

师：同学们的记忆力真好，在合作中我们收获了成功的喜悦，感受到了众人团结有力量！

环节二与环节三重在运用读事件、读人物的方法引导学生阅读文本。这一环节通过让学生提出问题，使其更进一步地理解文本。此外，提问者由教师转向学生，体现教师对学生主体性的尊重，凸显学生作为阅读主体的作用。

环节五：爱的表达—升华情感—读生活

师："百善孝为先"，生活处处有风景，让我们做个有心人，讲讲自己身边动人的亲情故事吧！

生10：我读了朱自清的《背影》，文中父亲为儿子买橘子的情节很感人。

师：你很善于积累！

生11：一位妈妈担心天冷儿子睡觉时冷，天天为儿子提前暖被窝。

师：多么感人，真可谓"谁言寸草心，报得三春晖"呀！

生12：地震后，救援人员发现一位母亲躬着身体，怀里藏着孩子。

师：母亲是最无私的。

……

师：是啊，亲情无价，爱心永存。此刻你想对家人说些什么？

生13：爸爸妈妈，我爱你们！

师：让我们不要吝啬自己的语言，每天对爸爸妈妈说一句"我爱你们"吧！同学们，你们就是祖国的未来，愿你们将中华民族尊老爱幼的传统美德发扬光大！（多媒体播放歌曲《让爱天天住我家》）……

环节五通过讲讲自己身边动人的亲情故事这一任务，鼓励学生表达对亲情的感受，将对文本的理解与生活经验连接，帮助学生升华情感，提升认识。这一环节是语文教学落实学科育人、以文化人的重要的环节。

这五个环节的安排让学生在读中思考，在读中感悟，在读中升华情感。教学环节围绕语文阅读教学目标展开，遵循了语文阅读教学的原则，体现了人文性和工具性统一的语文学科课程特点。人文性体现在引导学生通过阅读，感受作品中蕴含的情感、理想、道德等文化精神；工具性体现在通过指导学生正确、清楚、连贯地朗读课文，整体把握文意，品词析句，分析人物等，帮助学生由浅入深地触摸作者丰富的内心，感受作者跳动的思想，揣摩作者思维的过程，体认文学作品中的语言所蕴含的情感等。

在课堂教学过程中，学生学习是主动的还是被动的？课堂整体气氛是积极上进的还是师生对立的？回答这些问题时，课例的解读就由显在的教学环节层面进入深度的课堂文化层面。在环节一中，教师善于调动学生的情感，从学生最动情处谈起，巧妙引导学生体会爱的重要性，并自然过渡，导入新课，让学生有走进文本的欲望。在环节四中，教师精心设计质疑环节，让学生读出自己的理解，提出自己的疑问，并借助文本自主探究。由此看出教师珍视学生独特的感受、体验和理解，积极鼓励学生主动思索、探究，师生互动表现出良好的态势，课堂氛围是踊跃上进的。教师的主导作用和学生的主体作用得到充分发挥。

第二，从教学指导入手解读课例的路径与策略。

教学指导指的是在课堂教学中围绕具体的教学任务，师生展开的互动。在文本课例中，教学指导主要体现在师生问答与教师的反馈中。

从教学指导入手解读课例的路径为：教学指导—学生学习—课程性质（学科知识）—课堂文化。由关注教学指导可以进一步关注在教师指导下学生的学习，由学生学习的效果反思教师指导中隐含的学科知识、对学情的把握以及对学科课程的认识等，再由此理解何为课堂教学中更健康的师生关系及课堂文化。

关注教学指导有助于把握课堂教学的细节，在师生互动中体会教师对学生的指导是否指出了学习中的困惑与盲点、解决了学习中的难点，是否能够帮助学生举一反三、有效迁移，教师对教学内容的把握是否准确、到位，等等。

从教学指导入手解读课例的策略包括辨识学生的认知起点及认知困难、辨识学生认知上的误区与困惑、关注教师如何进行指导与反馈、反思教师的指导与反馈。

下面以上文课例中的环节二为例，从局部来深入解读教师是如何进行指导的。这一环节师生围绕"文章讲了一件什么事"这一问题展开互动，有三名学生回答了教师的提问，相应地教师给出了三次指导。

策略一：辨识学生的认知起点及认知困难。

"文章讲了一件什么事"这一问题，师生们再熟悉不过，在叙事文教学中"把握事件"环节必不可少，但具体到某一篇课文，会呈现出复杂的情况。生1抓住了散步事件中的"争执"，生2沿着生1的思维路径，回答"后来'我'决定听母亲的，走了大路"。前者把握了事件的起因，后者意识到了事件的结果。但显然，两名学生的回答从事件结构上看还不太完整，表述上也都有与原文不一致的地方。比如，生1说散步中一家人发生了"争执"，而原文是"分歧"，"争执"表示双方矛盾的程度要重一些；生2归纳最后一家人"走了大路"，但原文是最后一家人"走了小路"。这表明学生用自己的语言建构文章所写的事件并不容易，需要一个在反复阅读中不断厘清与完善的过程。

由两名学生的回答可以看出，学生已有的认知起点是通过阅读能够初步把握事件的起因与结果，困难是对事件的把握并不准确。教师指导的着力点应该放在此处。

策略二：辨识学生认知上的误区与困惑。

生3认为，文章开头一句话"我们在田野散步：我，我的母亲，我的妻子和儿子"能概括文章内容。生3的思维路径与生1、生2出现了"严重分歧"。生3将"文章讲了一件什么事"转换成"概括文章内容"，并认为"概括文章内容"的话直接出现在文章里。那么，《散步》一文的"事件"到底是用文章开头一句话来归纳还是如前两名学生所归纳的？此刻，学生最需要的就是解决认知矛盾，即厘清《散步》一文中的事件到底要怎样概括以及为什么要这样概括。此处是学生认知上的误区与困惑，教师的指导是非常必要的，而教师的恰当指导来自对学科知识的认识和理解。

策略三：关注教师如何进行指导与反馈。

教师在与三名学生的互动中首先注重对学生的回答给予肯定，其次教师对生1不完整的回答给予了追问，对生2的回答既没有追问，也没有补充。从教师反馈"你读得很认真，而且理解得很深刻"，似乎可以推断教师对生2的回答是肯定的，但生2的回答是不完整的，完整的事件应该再加上："后来母亲改了主意，最后一家人走了小路，在不好走的地方，'我'背起母亲，'我'的妻子背起儿子。"对生3的回答，教师的反馈肯定了其用中心句概括事件的做法："善于抓住中心句来概括全文，值得表扬。"由此可见，教师本人对《散步》讲了一件什么事，以及如何把握叙事性散文的事件梗概，在认知上还不是特别清晰，在指导学生归纳事件方面的能力比较弱。

策略四：反思教师的指导与反馈。

章熊先生认为，教师的任务，在于准确地判断学生已达到的水平，以此为起点，因势利导，诱发思考，促使认识深化。①反思上述教学环节，要想提升学生的认识，由表及里，教师需要具备如下知识。首先是要帮助学生清晰、准确地了解《散步》这篇文章讲了一件什么事，但背后需要的是对什么是"事件"的清晰、准确的判断，或者是对构成"事件"的内在规定性的准确把握。其次是要帮助学生理解"事件"为什么要在生1、生2回答的基础上完善，而不能将其简单概括成生3的回答。这实际上涉及对叙事性散文阅读中"把握事件"的意义的理解。

诚如王荣生教授指出的，"课例研究"有上、中、下三条线，具体课例的教案研制和教学实施处于下位；学科教学知识，即对什么样的学生教什么内容，用什么方法，处于中位；教育教学理念，通常是隐含的，处于上位。下位的线，依赖中位的线，贯通上位的线。换言之，只有学科教学知识发生变动，才能完成这一"课"的教学设计和教学；而学科教学知识的变动，与教育教学理念关联。三条线交互作用，而关键是牵动学科教学知识的改变。②

在上述课例中，教师在教学指导中用"读得很用心""读得很认真""慧眼如炬"等夸赞话语营造了充满尊重与和谐的学习氛围。然而当关注教师指导时，我们发现关于如何归纳"事件"这一问题，师生的头脑中充斥着模糊，甚至矛盾的认识。这样的课堂教学存在一定的改进空间。也就是说，无论从哪一个维度切入，如果课堂结构中不同维度之间存在不一致、存在矛盾，就需要透过课堂教学的表层结构，深入挖掘课堂教学的深层结构，找到症结所在。只有学生学习、教师教学、课程性质、课堂文化真正相互统一、协调一致的课才是好课。

课堂教学结构是一个整体，篇幅所限，我们仅从教师教学这一维度，选取教学环节、教学指导两个比较重要的视角，体会如何从课堂教学整体结构角度把握课

---

① 章熊：《思索·探索：章熊语文教育论集》，164页，北京，人民教育出版社，2002。
② 王荣生、高晶：《"课例研究"：本土经验及多种形态（下）》，载《教育发展研究》，2012(10)。

例。在实际课例阅读中，我们还可以根据课例的具体内容，从课堂教学的其他维度、其他视角入手，尝试从课堂教学结构方面深度阅读课例，从而优化教学经验，提升反思能力，促进专业发展。

（2）读懂问题解决结构

前文指出，问题解决型课例是教师在课堂教学基础上经过提炼加工形成的，具有研究性质，包含明确的问题及问题解决过程，以及对课堂教学事件的生动描述，因此，相对于教学实录型课例、教学设计型课例，问题解决型课例的结构更容易被把握。问题解决型课例将相关的教学经验、教学理论进行提炼，更有利于提升课例阅读者分析问题、解决问题的能力。下面结合具体课例简要介绍读懂问题解决型课例的相关策略。

①关注课例背景

这里的背景指的是教学背景，是有关课程、教材、教学、教师、学校、学生等的教育环境信息。以一篇物理课例为例，一位教师在教学"原子核式结构的发现"这一内容时，改变了传统的知识传授式教学方法，设计了一个"鸡蛋里有什么"的猜想活动，激发了学生的创新思维能力，最终取得了良好的课堂效果。

教师为什么要做这样的教学改变呢？在课例的背景中，作者指出，如何培养出大批具有创新精神和实践能力的人才，是 21 世纪教育所面临的课题。课程改革的背景呼吁教师突破传统教育模式的束缚，充分重视培养学生的质疑能力、创新能力，而物理教学在培养学生创新精神和实践能力方面有着得天独厚的优势。其课例是在顺应创新人才培养这一时代趋势、响应课程改革号召的背景下进行的尝试。

为什么选择对"原子核式结构的发现"这一教学内容进行教学方式方法的创新呢？课例中作者交代了这一教学内容的教材背景、学情背景、常规教学处理背景。"原子核式结构的发现"是高中物理教材中"原子和原子核"一章第一节课的内容；关于原子结构的知识，学生已经学习了一些，但获得的相关知识是零星的、片段的，且夹杂着一些错误理解；常规教学处理就是按原子核式结构发现过程向学生进行介绍，让学生了解这部分知识的由来。

②明确课例问题

明确课例问题即指出教学问题，讲明问题产生的原因有哪些，等等。在阅读课例时，教师要明确作者是在什么情况下提出了怎样的问题。在上述物理课例中，新的时代背景、课程改革的要求与传统教学方法之间出现了矛盾。针对这一矛盾，作者反思了传统教学方法存在的问题：其一，容易使学生对科学发明创造产生一种神秘感，认为发明创造是科学家的事情，和现在无关，和自己无关；其二，学生很容易看懂教材内容，因而无法调动课堂教学气氛。接着，作者进一步分析了传统教学无法激活学生思维的深层原因，强调活跃的课堂气氛、新颖的教学活动对调动学生的学习热情、培养学生的创造力的作用。通过问题的提出，课例一步步揭示出转变传统教学方法的必要性及创新教学方法的理论依据。

③关注问题解决过程

问题解决过程主要展现问题解决的过程、步骤，以及问题解决过程中遇到的困难，也可能涉及对问题解决的初步成效的描述。

仍以上述物理课例为例，在问题解决部分，课例对新的教学方法的设计及实施过程进行了详细的描述。首先，对"原子核式结构的发现"这一节课的教材内容进行了深度挖掘。其次，调整了教学目标，由原来的知识传授转变为对科学研究方法进行体验。最后，具体介绍了教学环节：上课时先拿出一个鸡蛋，提出探究问题——"假如你以前从未吃过鸡蛋，甚至没有见过鸡蛋，现在你想知道这东西里面究竟有什么，有什么办法？"学生提出各种各样的假想以及验证方案。接着，将鸡蛋放进盛有清水的烧杯中，学生惊讶地发现，鸡蛋几乎漂浮在水面上。这时，学生及时调整思路，提出了新的假想。随后，教师鼓励学生对原子结构进行探索，学生们大胆地提出了原子结构的各种假想，不少学生的假想和历史上科学家提出的模型非常接近，课堂气氛非常活跃，学生们体验到成功的喜悦，消除了对发明创造的神秘感，问题解决初见成效。

④关注反思与讨论

在上述物理课例中，作者反思了新的教学方法给课堂带来的变化、新的教学方法对学生创造思维的影响，以及在成功解决问题的过程中获得的体会与启示。在实践中，教学方式方法的改革以及问题解决过程并不总是一帆风顺的，或者解决部分问题后，又产生了一些新的问题，在阅读课例时，教师需要对此加以关注。

以上我们从文本课例的形式结构及内容结构两个方面详细介绍了读懂课例内在结构的路径。要实现对课例的深入理解，除了读懂课例的内在结构之外，读懂课例的外在结构也至关重要。

(二)读懂课例的外在结构

要读懂课例的外在结构就要读懂课例背景、授课背景及观评课背景。在阅读课例时，结合自身教学困惑与问题，同时考虑这三个因素的联系，教师便可以更深入地理解课例，从而促进专业成长。

1. 读懂课例背景

课例总是在一定背景以及具体的教学情境中生成的。课例背景包括时代背景、教育理念背景、课程教材背景、学情背景等。教师读懂课例背景有助于将课例置于时代发展脉络、教育理论脉络之中，从而更深入地理解课例，避免盲目阅读，机械照搬，便于结合自身所处的教学实践情境，结合自己班级的教学实际，在比较中借鉴与吸收。

前文引用的《〈散步〉教学案例》发表于2010年，此时正处于课程改革探索期。从教学环节上看，该课例基本遵循课程改革背景下阅读教学的典型教学模式：整体感知—问题探究—体验拓展，这一模式即使在当下的课程改革深化期，也具有重要的实践意义；从教学指导上看，该教师重视对学习活动的组织，但对学生学习过程中的认知困难关注不足，对学科知识的指导有所欠缺；从课堂气氛上看，该教师有意营造以学生为主体的课堂气氛，给予学生自主学习探究的空间，但缺乏对学生认知困难的辨识与指导，导致课堂中深度学习不足，学生的收获较少。目前，新一轮课程改革针对课程改革探索期呈现的问题，倡导深度学习，重视借助学科大概念帮助学生在解决真实问题过程中形成关键能力及必备品格。课程改革探索期教学的关注点是教师的教，课程改革深化期教学更关注学生的学习获得。上述《〈散步〉教学案例》表现出的教学问题与课程改革过程中遇到的普遍问题是密切相关的。阅读课例时，教师要将其置于时代发展的背景之中，并与当下课程改革的进程连接，比较全面、清醒地认识课例的进步意义与不足之处。

2. 读懂授课背景

教师因遇到教学困惑而试图通过寻找相关的课例解疑释难，这是教师专业发展路上随处可见的"风景"。课例作为教学经验的载体，包含了教师和学生的实践智慧。在课例阅读时，教师如果能在经验反思的基础上，进一步应用教育理论对课堂教学情境进行理性分析，那么就会引发深度学习，进一步提升专业能力。

语文学科阅读教学的难点在于学生体验不到作品表达的情感、意蕴,尤其那些与学生生活经验有一定距离的作品更是让其难以理解。

下面以一位教师给四年级学生讲授叶绍翁《游园不值》这首诗的片段为例,尝试提炼其中的教学经验及教学理论。

师:"小扣"是什么意思?谁能用声音来模仿一下?

生:笃笃。

生:咚咚。

生:噔噔。

师:谁能用手敲敲,体会体会"小扣"?

(一生到门口,急促地敲)

生:老师,我有不同意见,"小扣"应该是轻轻地敲。

师:(问敲门学生)你同意他的看法吗?(生表示同意)请再敲。(生一直慢慢地敲)

生:老师,我还有想法,我觉得诗人在这里应该是由慢到快地敲。

师:为什么?

生:刚开始敲得慢,想着主人会来开门。但等了很久,主人还不来,诗人心想可能是主人听不到,就敲得快些。(该生再在同学的评议中先慢后快地轻轻地敲,其他学生认真听)

生:老师,我觉得诗人的修养好,因为他去访友时轻轻地敲门。

生:我觉得诗人也许在看到苍苔时,想象到里面的大好春色,怕破坏这一幅美好的画卷,所以轻轻地敲。

生:我觉得诗人太想看看春天园子里的美好景色了,主人不开门时,有点着急,所以开始慢慢敲,后来敲得快些。

生:诗人敲门敲了很久,主人还是不开门,可能不在家,诗人很失望。

师:这首诗叫"游园不值",就是想游园没游成。

生:老师,诗人后来看到"一枝红杏出墙来",应该高兴了。

师:你们读书真有自己的见解,能体会到那么多东西。让我们带着这种理解再读一遍诗吧。

(1)辨识课例的典型问题情境

关于古诗文,常规的教学方法是通过反复诵读让学生达到背诵的目的,但运用怎样的教学方法帮助学生体验作品表达的情感、意蕴，这一问题一直困扰着广大教师。可基于这样的问题意识阅读《游园不值》课例，看一看课例中的教师是怎样做的。

（2）提取课例的典型经验

抓住"小扣"一词，通过模拟诗人的动作打通理解诗人情感的通道，这是课例突破古诗文教学难点的典型经验。

教师成功地抓住"小扣"这一动作，引导学生通过模拟声音、体会敲门的动作来实现对诗人情感的理解。在模拟过程中由最初的"急促地敲"到"轻轻地敲"到"一直慢慢地敲"再到"先慢后快轻轻地敲"，学生调动了听觉、触觉、肢体动作等身体感知系统，认知也不断地精细化。一步步调整动作的过程正是学生的认知一点点地接近诗人心灵的过程，当动作模拟得接近还原后，学生对诗人精神世界的理解水到渠成。诗人的修养，诗人对大自然的珍视与热爱，诗人由渴望至失望再到惊喜的情感律动都通过这个"扣"的动作被理解了。

从教学策略角度来看，教师成功地在学生已有的生活经验与诗人所表达的情感之间搭建了一座恰当的桥梁，借助模拟动作打通理解诗人情感的通道。

（3）考察成功经验背后的具身认知依据

人类用大脑思考还是用身体思考？传统认知观认为心智和认知发生在大脑中，与身体构造和身体运动无关。具身认知是在对传统认知观的质疑中产生的，强调身体在认知中的作用。首先，认知是身体的认知。认知离不开包括大脑在内的身体。其次，认知源于身体与世界的相互作用。人们对于世界的认识是身体构造、感觉—运动系统与环境互动塑造的。身体、大脑、环境是一体的，共同构成一个完整的认知系统。具身认知视角下的认知语言理论认为，语言的获得以身体经验为基础。语言是在人类进化过程中，通过身体与世界互动，通过感觉—运动系统的经验获得的。作为母语学习的语文学科，具身认知给教学带来的启示是通过身体体验搭建学生与作品之间的理解之桥。

教师通过辨识课例的典型问题情境，提取课例的典型经验，考察成功经验背后的具身认知依据，将自我教学困惑与课例中的教学经验、教学理论连接，并创造性地运用课例中的经验、原理，举一反三。

3. 读懂观评课背景

与现场课例交流研讨类似，文本课例中也常常伴随专家关于课例的评析。所谓课例评析，就是根据一定的理念、计划、标准对课例进行评价，并且提出改善课堂行为的建议。教师要审慎地对待同行专家的评价意见，要善于将自己的判断与课例评析连接，取长补短，促进自我专业发展。

要对课例形成专业判断，就需要加强学习，提高素质。教师要不断学习和研究教育学、心理学、课程论、教学论，树立正确的教育观、人才观、课程观，掌握学生认知规律，把握国家基础教育课程改革的精神实质，研究课堂教学的艺术。只有这样，才能站在一定高度与专家对话。

第三节　阅读课例的案例分析

把握课例的内在结构与外在结构，能够帮助教师读懂课例，有效提取教学经验，形成反思意识，提升教育教学质量。下面分别选择语文学科与数学学科的两则课例，具体说明如何借助内在结构与外在结构深化对课例的理解。

课例一：

一、《〈智取生辰纲〉教学设计》的内在结构

（一）形式结构

《〈智取生辰纲〉教学设计》[1]属于教学设计型课例，从形式上看，包括教学目标、课前预习、教学过程三个环节，其中教学过程环节主要以问题的方式呈现，课堂教学主要通过主要问题的问答与互动实现。

---

[1]　程杨木：《〈智取生辰纲〉教学设计》，载《中学语文教学》，2019(12)。

（二）内容结构

1. 读懂教师对课程的理解

在阅读教学设计时，教师首先要关注教学目标、教学环节、问题的设计，由此推断教学设计者对课程的理解与认识。本课例的教学目标如下：一是围绕"智"，探究本篇小说的巧妙构思和独特写法；二是学习本篇小说刻画人物形象的手法。教学过程安排了五个环节、七个问题（见表2-1）。

表 2-1　《〈智取生辰纲〉教学设计》的环节安排与主要问题

环节安排		主要问题
一	检查预习	梳理故事情节。
二	品读，探究双方之"智"	问题一：题目是"智取生辰纲"，既然说的是吴用设"计""智"取"生辰纲"，请说说吴用"智"在哪些方面。 问题二：小说重点突出吴用等人的取纲之"智"，那杨志押纲有没有采取措施？他的"智"体现在哪里？
三	研读，赏析独特写法	问题三：作者既然是重点突出吴用等人的"智"取，为什么还要用大量笔墨写杨志的"智"押生辰纲呢？ 问题四：小说为何最后才把吴用、晁盖等八人的姓名交代出来，这样写有什么好处？ 问题五：杨志如此精明、谨慎、多智，生辰纲最终还是被劫走了，你认为杨志失败最主要的原因是什么？ 问题六：作者刻画杨志、吴用等人物形象主要运用了什么描写手法？
四	质疑探究，深层理解	问题七：题目能否改为"劫取生辰纲"或"智劫生辰纲"？请说明理由。
五	课外选读，拓展延伸	课后选读《水浒传》中其他精彩片段，进一步体会作者巧妙的叙事方法。

教学目标、五个环节与七个问题背后体现了教学设计者对语文课程性质及课程目标的理解。从语文课程性质来看，教学目标与教学过程的设计较好地体现了语文课程工具性与人文性的统一的基本特点。从语文课程目标来看，教学目标聚焦于小说阅读与鉴赏，教学过程的五个环节、七个问题对应对课文整体内容的感知与把握，对小说阅读方法、鉴赏方法的学习，课内向课外阅读的拓展。这五个环节、七

个问题较好地落实了阅读与鉴赏的方法目标,教学目标与教学过程相对一致。

2. 读懂教师对学科教学的理解

阅读与欣赏是语文学科重要的教学目标,小说教读课是落实这一教学目标的关键。教读课的重点不是教教材,而是用教材教阅读的方法,同时适时教文章的写法,二者要结合起来。教学设计者立足节选文段,以鉴赏方法为抓手,巧妙地围绕"智",设置问题,层层深入,既教读法又教写法,体现了教学设计者对阅读与鉴赏目标的全面理解,对学科教学的正确认识。以阅读方法教学为例,本设计从题目中的关键词"智"切入,设置两个主问题:吴用是如何设"计""智"取"生辰纲"的?杨志在押"纲"中体现了怎样的"智"?教学设计者通过"问题探究式"的学习方式,带领学生深入走进文本,把握故事的来龙去脉,提供读法示范。首先,以文眼"智"为线索,探究双方之"智",做到细读梳理。其次,挖掘杨志与吴用一押一取斗智的过程,做到深读梳理。最后,整体把握文本,在高潮部分与发展部分同时设问,做到整体阅读。通过细读、深读及整体阅读,学生既深入把握了文本内容,又学习了梳理故事情节的方法。这些都体现了教学设计者对学科教学的深入认识。

3. 读懂教师对学科育人的理解

教师的教育观与学生观主要体现在师生的问答与互动中。紧紧围绕教学目标、教学内容质疑问难,激发学生的思维,同时在师生互动中渗透小说阅读与鉴赏的方法,这些都是本教学设计值得肯定的地方。值得注意的是,这一设计虽然使学生的思维"动"了起来,但是这种"动"是在教师所设置的问题框架下被动的"动"。教学设计者还可以设计一些开放性话题或开放式阅读活动,给学生预留更多的思考空间,以激发其阅读兴趣,促使其自主探究,从而取得更好的课堂教学效果。

教学环节设计在学法指导方面相对集中,对学生生命体验、情感、价值观与文本的连接方面,以及语言运用情境方面安排较少。教学设计者对如何落实语文学科育人任务还需要加深认识。

二、《〈智取生辰纲〉教学设计》的外在结构

（一）探讨课例的背景

本课例发表于 2019 年，上文《〈散步〉教学案例》发表于 2010 年，这两则课例前后相差近十年，体现出课程改革不同阶段的特点。《〈散步〉教学案例》在阅读教学模式上呈现出"整体感知—问题探究—体验拓展"的结构，对学生学习过程中情感、态度、价值观的引导比较突出，但相对来说，对学生思维发展、学习方法方面的引导不足，导致课堂中深度学习不足，学生的收获较少。《〈智取生辰纲〉教学设计》在教学模式上呈现出"整体感知—学法指导—问题探究—拓展阅读"的结构，突出学法指导，既注重阅读方法的指导，也注重写作方法的鉴赏与学习，此外还注重课内阅读与整本书阅读之间的联系。与《〈散步〉教学案例》相比，《〈智取生辰纲〉教学设计》在教学内容上注重学习方法指导，关注学生思维发展与实际获得，体现出教学设计者对语文学科的认识更加全面而深入。这两则课例所呈现出的差异既体现出课程改革不同阶段的特点，也体现出广大一线教师在课程改革过程中努力探索的过程。探讨课例的背景有助于教师把握课例在课程改革大背景下的发展脉络，有助于教师深入理解我国课程改革的发展进程，有助于激发教师投身于新一轮课程改革的热情，为课程改革的进一步深化贡献智慧。

（二）提取授课教师的教学经验

在阅读教学中，对于如何理解文章的内容、把握文章主题及人物特点，教师比较有办法，而对于写法，却常常不知教什么、怎样教，尤其是读法教学和写法教学如何恰当地结合更是当前许多教师教学的难点所在。本课例在这方面为教师提供了可参考的教学经验。

首先，围绕"智"探究小说独特的写法，由读法向写法自然转换。在"研读，赏析独特写法"环节中，设计的问题是：作者既然是重点突出吴用等人的"智"取，为什么还要用大量笔墨写杨志的"智"押生辰纲呢？这一问题上承情节梳理环节，下启写法探究环节，为学生搭建了一个思维的台阶，将学生思维方向由探究文章内容自

然引向对作者写法的探究上，由情节内容转向从结构布局角度来思考文章的意义，可以说达到了读法与写法的自然融合。

其次，转换角度理解独特写法。在"研读，赏析独特写法"环节中，教学设计者提出第二问：小说为何最后才把吴用、晁盖等八人的姓名交代出来，这样写有什么好处？这一问题设在学生的"最近发展区"，既是难点，又是"生长"点。教学设计者引导学生重读文本，研讨细节。但本次研讨文本时的关注点与梳理情节时大有不同。这一次引导的重点转向关注读者体验，如读者的目光如何被作者所引导，聚焦在杨志一行人的内部矛盾上；杨志一行人被蒙汗药蒙倒在地时，读者仍如坠云雾里，并不知道那几个贩枣的就是晁盖等人，也不明白他们何时在酒里下的药的茫然体验；以及补叙后读者的恍然大悟。通过对读者体验的关注，教学设计者进而引导学生体会小说构思的巧妙以及引人入胜的写法。这一教学经验值得学习运用。

（三）借鉴专家的评议

该课例后附专家对课例的评析。专家在肯定本课优点的同时还为本课的学法指导提供了新的视角。这个新的视角体现在小说鉴赏中叙事视角知识的引入。古代白话小说，在叙事角度上，一般采取全知视角，但有时全知视角会转换为有限视角，比如，用作品中某一人物的视角来描述事件。本课节选部分就采取了杨志一行人的有限视角，在他们眼中，吴用一干人，就是七个卖枣子的客人和一个卖酒的汉子，自然不知道自己的酒里怎样被下了蒙汗药。教师在研读文本时可以引导学生体会有限视角，从视角转换的角度体会小说独特的叙述手法。在借鉴专家建议的基础上，如何看待专家提供的新视角，如何运用新知识设计出有效推动学生的思维发展的好问题是需要进一步思考与探索的问题。

课例二：

一、《"做数学"：儿童研究素养培育的实践路径——四下〈三角形的稳定性〉教学案例与评析》的内在结构

（一）形式结构

《"做数学"：儿童研究素养培育的实践路径——四下〈三角形的稳定性〉教学案

例与评析》①属于问题解决型课例，从形式上看由背景介绍、教学过程和专家点评三个部分组成。这三个部分与问题解决型课例的问题的提出、问题的解决及反思与讨论分别对应。课例在背景介绍部分提出要研究的问题，即如何在数学教学中培育学生的研究素养；在教学过程部分探索通过数学教学培育学生研究素养的具体路径；最后从专家视角对研究素养培育的具体效果进行了评估与研讨。

（二）内容结构

1. 读懂教师教学与课程性质的关系

梳理课例的教学环节，思考教学环节与课程性质的关系，是读懂课例的有效路径。本课例共设计了三个教学环节：一是"小实验"中激发求知欲，发展问题意识；二是"小制作"中探寻原理，发展求证意识；三是"小发现"中积淀经验，发展应用意识。这个三个教学环节被称为"做数学"，即让儿童以思考者和研究者的身份，经历"做数学"的活动过程，发展其问题意识、求证意识和应用意识。这些素养的培育以《义务教育数学课程标准（2022年版）》小学阶段数学核心素养为指向，体现了授课教师对课程目标的深入理解。此外，从教学环节实施与课程目标落实关系上看，本课例的三个教学环节围绕学习内容，引导学生经历了提问、猜想、尝试、求证、反思的数学实践过程，层层递进、环环相扣。学生获得了理解性概念，发展了高阶思维，落实了用数学的眼光观察现实世界、用数学的思维思考现实世界、用数学的语言表达现实世界的核心素养的要求。读懂课例，从课例中学习，需要深入理解教学环节与课程目标、课程内容之间的内在联系，避免简单模仿。

2. 读懂教师教学与学生学习的关系

关注教学活动与学生的实际获得之间的关系也是读懂课例的重要路径之一。课例中三个教学环节的问题均由学生自己提出，解答过程教师同样让位于学生。例如，第一个环节，做小实验，尝试用一张纸托起一个橘子。教师给出充足的时间让学生尝试，有的成功，有的失败。成功和失败都是收获，都给学生带来了思考的契机：一张纸真能托起一个橘子，这不可思议的力量从何而来？在学习过程中，学生

---

① 刘海玲、华应龙：《"做数学"：儿童研究素养培育的实践路径——四下〈三角形的稳定性〉教学案例与评析》，载《江苏教育》，2023（14）。

主动"用数学的眼光"发现"图形的奥秘"。学生经历了发现问题、提出问题的思维过程。教师并没有让学生停留在感性认识阶段，而是引导学生展开求证，帮助学生学会用数学的思维思考现实世界。在教学活动过程中，学生经历了提问、猜想、尝试、求证、反思的数学学习过程，获得了对数学概念的本质理解，发展了数学思维和理性精神。从学生的学习过程与实际获得来看，本课例的教学活动落实了核心素养目标，促进了学生的发展。在阅读课例时，教师需要深入理解教学与学生学习之间的联系，避免盲目照搬。

3. 读懂教师教学与课堂气氛的关系

构建良好的课堂气氛，有助于提高学生参与课堂活动的主动性，也有助于提高其学习效率。首先，教师本人对课程强烈的热爱是创造良好课堂气氛的重要因素；其次，保持平等的师生关系也是营造良好课堂气氛的必要条件；最后，教师善于创设符合学生年龄特点、能够激发学生兴趣的多种教学活动是形成良好课堂气氛的重要手段。在本课例中，教师以自己研究的热情多次引导学生展开想象，且不断引导学生观察、质疑，激发其探究欲望和实践冲动。教师设计了三个"做数学"的实践活动，有效地激发了学生探索数学的热情，提升了学生的数学思维品质和研究素养。

二、《"做数学"：儿童研究素养培育的实践路径——四下〈三角形的稳定性〉教学案例与评析》的外在结构

（一）探讨课例的背景

本课例是在南京市力学小学提出的"儿童研究素养培育"的教育教学主张指导下的创新人才早期培养的校本实践。研究素养指的是儿童基于学习与生活的真实情境，由好奇心、求知欲驱动，用研究的态度与方法进行探索，在发现与解决问题的具体实践中逐步形成的综合素养。研究素养的培养与《义务教育数学课程标准（2022年版）》的理念要求是相符合的，课例中探索出的培养儿童研究素养的实践路径为一线教师落实课程改革理念提供了宝贵的经验借鉴。

(二)提取授课教师的教学经验

《义务教育数学课程标准(2022年版)》倡导的核心素养,即会用数学的眼光观察现实世界、会用数学的思维思考现实世界、会用数学的语言表达现实世界,得到了教师的普遍认同,但是如何将其落实在课堂教学中,很多教师存在困惑。课例中培育儿童研究素养的教学实践经验值得借鉴。例如,整合教材内容。"三角形的稳定性"和"平行四边形易变形的特性"在教材中为两部分内容,为了让学生探究、发现"三角形的稳定性"原理,需要介绍有关平行四边形的内容,因此,课例中的教师将教材内容进行了整合,体现出用教材教,而不是教教材的理念。又如,引导学生在活动中学数学。课例中的教师引导学生多次经历"做数学"的过程,通过主题生成、规划准备、探究实践、总结分享四个环节,关注学生提问、猜想、尝试、求证、反思五大关键表现,从而促进其发展问题意识、求证意识、应用意识等。提炼与总结课例在落实核心素养方面的实践经验有助于教师解决自身困惑,深入地理解课程改革精神,提升自身教学能力。

(三)借鉴专家的评议

小学数学特级教师华应龙对这个课例进行了点评。华老师首先指出课例通过"做数学"活动,唤醒了学生的问题意识,开启了其研究兴趣。华老师又指出尝试运用想象解决数学问题对于发展学生数学思维的重要意义,想象给了思考支撑的力量。华老师最后指出教师开发支持性工具是促进学生学习发生的重要保障。华老师总结了课例中所运用的三种有效工具。这些工具对于保障学生在活动中获得理解性概念、发展高阶思维发挥了重要作用。

借鉴专家的评价意见,并善于将自己的判断与评价意见相结合,有助于教师进一步读懂课例,取长补短,促进自身专业发展。

第三章
读懂名师

本章概述

　　名师是专业水平高，具有示范性和领导力的好教师，是教师学习的重要榜样，是推动教师队伍建设，促进教师专业成长的重要资源。名师是鲜活的教育学，是激活教育生态的催化剂。重视名师在教师队伍建设中的示范和引领作用是我国教育政策的重要内容。我们从大阅读观的视角提出教师要读懂名师，是希望扩大教师阅读的新视角。此处的"读懂"是指向名师学习，理解名师，总结名师成长和发展的规律，从而不断完善自我，成为名师。

　　我们尝试建构了名师成长的分析框架，该框架包括名师成长的家校环境、社会环境、文化环境以及成长经历等要素。这些要素相互作用，共同形塑了教师的生命历程和精神气质。同时，我们提出了通过行为模仿、话语分析、对话交流、合作共事以及主题阅读和研究五种方式读懂名师的具体策略。最后，本章给出一个具体翔实的向名师学习的案例，展现了本章所提出的分析框架以及具体策略在向名师学习过程中的操作样态，可为开展向名师学习的实践提供借鉴与参考。

第一节 为什么要读懂名师

重视名师在教师队伍建设中的示范和引领作用是我国教育政策的重要内容。1978年，我国开始实施特级教师制度，这一制度拉开了关注名师的序幕。1998年，《面向21世纪教育振兴行动计划》出台，明确提出实施"跨世纪园丁工程"，大力提高教师队伍素质。2010年，我国开始实施"国培计划"，无论是"中小学教师示范性培训项目"还是"中西部农村骨干教师培训项目"，都非常重视名师的发展，以及名师在教师队伍建设中的示范和引领作用。由此观之，政府非常重视名师发展以及他们的示范和引领作用。在这种情况下，作为个体的教师则需要发挥主观能动性，将名师作为自我发展的重要资源，通过不断向名师学习，理解名师，总结名师成长和发展的规律，促进自我生命成长和专业发展。

一、名师的内涵与特征

（一）名师的内涵

名师，顾名思义，指著名的教师，是在教育行业和社会各界拥有较高知名度、良好声望和广泛影响力的教师。这个定义看起来简单明了，但理解起来并不容易。主要难点在对"名"的理解上。"名"是指什么？是多大范围的"名"？"名"和"实"的关系是什么？学界对这些问题有不同观点。

有些学者认为名师之"名"包含形式上的"名"和实质上的"名"。例如，于慧认为名师既有职称或荣誉上的形式标识，又有真实影响力的内涵标识。[1] 较高的职称、诸多的荣誉等使得某位教师很出名。职称越高，教师出场的机会就越多，就越

---

[1] 于慧：《乡村名师专业发展获得感的样态与启示——基于自我觉察的视角》，载《教育发展研究》，2021(18)。

容易被更多的人知晓，因此更容易出名。但这里存在一定的辩证关系，即某位教师发展机会多，出场次数多，表现良好，因此成为名师。教师荣誉包括全国模范教师、全国优秀教师、全国优秀教育工作者、全国教书育人楷模，省级优秀教师、省级骨干教师，市级优秀班主任、市级优秀教师、市级骨干教师、市级教坛新秀等。职称和荣誉是激励教师发展的政策措施。可以说，职称和荣誉是判断名师的显性标志。

然而，拥有较高职称和诸多荣誉的教师一定是名师吗？这就涉及名师的内涵标识问题。一方面，获得较高的职称和诸多的荣誉的教师未必能发挥名师的作用。例如，个别骨干教师仅将其获得的职称和荣誉作为个人获得更多发展资源的敲门砖。再如，有些教师虽然拥有较高的职称和诸多的荣誉，但未必能发挥示范和引领作用。另一方面，由于多种因素限制，有些素质好的教师未必能获得较高的职称和诸多的荣誉，但他们在某个范围内具有良好的影响力，是该范围内的"口碑名师"，这样的教师是大量存在的。在教育教学工作中，存在许多工作务实、不图名利的教师，他们在一定的范围内具有影响力，因此同样是名师。[1]

有学者认为，名师是指"在某一区域范围内具有一定知名度和影响力的教师，他们都具备先进的教育教学理念和高超的实践能力，拥有特级教师、市级中小学教育专家、中青年学科带头人、有突出贡献或享受政府津贴的专家等称号"[2]。其中，"先进的教育教学理念和高超的实践能力"是从实质层面定义名师的，是成为名师的基础；"拥有特级教师、市级中小学教育专家、中青年学科带头人、有突出贡献或享受政府津贴的专家等称号"是从形式上定义名师的；而"在某一区域范围内具有一定知名度和影响力"是从自然辐射作用上定义名师的。

有学者对名师的类型做了较为细致的分析。王标、宋乃庆将名师分为三类：教学型名师、教研型名师和研究型名师。[3] 由此观之，名师之名，并非全面有名，可能仅在某一方面做出卓越成绩，发挥一定的影响力。朱宁波、严运锦认为名师要回

---

[1] 韩爽、于伟：《我国名师工作室研究的回顾与省思》，载《东北师大学报（哲学社会科学版）》，2014(5)。

[2] 全力：《名师工作室环境中的教师专业成长——一种专业共同体的视角》，载《当代教育科学》，2009(13)。

[3] 王标、宋乃庆：《中小学名师类型、特征及成长策略》，载《中国教育学刊》，2013(5)。

归到学习者的身份，通过学习促进自我生命的成长；名师要拓展为名师工作室中学习活动的设计师和学习过程的指导者；名师要成为促进教师群体专业发展的教师领导者，甚至向教育家型教师转变。[1] 名师是优秀教师的统称，在具体的工作情境中，不同的名师承担着不同的角色，发挥着不同的作用。

但是，名师并不是没有问题的。成尚荣提出当下个别名师存在"理想化、功利化、刻意化"倾向。[2] 刘立平认为，名师之"名"不体现为有各级教育行政部门颁发的"名师"证书，"名声"的大小也不体现为颁发证书的教育行政部门的级别高低，而体现为名师内涵的独到性、丰富性和示范性。[3] 但是，从总体而言，名师的制度化为促进教师队伍卓越发展提供了坚实的保障。

(二)名师的特征

不少学者对名师的特征进行研究，试图从特征上识别名师，从本质上挖掘名师的内涵。例如，潘涌、陈苏仙考察了1913到1923年间在浙江省立第一师范学校从事或参与语文教学工作的名师，发现卓越人格的活榜样、课程和教学的研究者以及文学创作的示范者是彼时该校语文名师的关键特征。[4] 其中，人格是名师作为人的特征，即名师在作为一个"人"的意义上，是卓越的，是活榜样。课程和教学的研究者是从对教育系统的探究上考察的，但这里忽视了一个前提，即名师自身的实践智慧一定是丰富的、卓越的。文学创作的示范者是从学科的角度上论述的，即名师要在学科专业上有深入的探究。综合分析学者研究，我们提出名师重要的特征包括示范性和领导力。

第一，名师具有示范性。名师的观念和言行代表教育前沿和卓越实践，因此，名师是教师队伍中的榜样教师，体现了国家对教师的期望。具体而言，名师要在观念和言行上体现和落实习近平总书记关于教师的一系列重要论述。例如，名师要成为"有理想信念、有道德情操、有扎实学识、有仁爱之心"的"四有"好教师，要"做

---

[1] 朱宁波、严运锦：《名师工作室中名师身份解析：回归、拓展和超越》，载《教育科学》，2019(2)。
[2] 成尚荣：《非连续性发展：名师成长的理论新视野》，载《中国教育学刊》，2017(11)。
[3] 刘立平：《哲学自觉：名师内涵积淀的有效范式》，载《教育理论与实践》，2016(14)。
[4] 潘涌、陈苏仙：《"浙江一师"国文名师：历史影像、教学风采与当代启示》，载《教师教育研究》，2021(6)。

学生锤炼品格的引路人，做学生学习知识的引路人，做学生创新思维的引路人，做学生奉献祖国的引路人"，要努力成为"为学、为事、为人"的大先生，要大力弘扬具有中国特色的"心有大我、至诚报国的理想信念，言为士则、行为世范的道德情操，启智润心、因材施教的育人智慧，勤学笃行、求是创新的躬耕态度，乐教爱生、甘于奉献的仁爱之心，胸怀天下、以文化人的弘道追求"的教育家精神。名师的示范性体现了名师的鲜活性。名师在课堂上的言行举止、与学生的互动交流，在课后与学生的沟通协商，能为其他教师提供示范。这种特征背后蕴含着名师在复杂教学情境中择宜的能力，体现了名师的教育机智和实践智慧。名师的课堂教学、与学生沟通交往、与家长沟通交往，以及与同事沟通交往的态度、策略、方法等是一所学校的典范，代表着该校教师的精神风貌和前进方向，是一所学校发展的招牌。

第二，名师具有领导力。名师的领导力体现在面对教育情境中的复杂难题时，名师能够组建团队，攻坚克难，敢于啃硬骨头，敢于挑战。例如，在"双减"政策下，课堂教学提质增效、作业实践、课后服务、家庭教育指导等成为最新的政策议题。很多教师不知道如何应对。在这种情况下，名师不仅要体现出上文所提及的示范性特征，而且要体现出敢于带领团队解决问题的责任担当能力。当前，一些学校充分发挥了名师的领导力，将学校发展中的难题转化为课题，由本校名师带领其他教师组成课题团队通过行动研究，不断迭代更新，提供解决方案。具体而言，名师能够影响其他教师，为其赋能；名师能够改善教育生态，创造良好的教育现场。从领导力辐射的范围看，名师的领导力包括教学领导力、组织领导力和泛领导力。[1]教学领导力是指名师在教学方面对其他教师产生的影响；组织领导力是名师对自己所在的学校，尤其是所在教研组、名师工作室等组织产生的影响；泛领导力是指名师对学校之外的环境所产生的影响。[2]

如果说职称和荣誉是判断名师的形式标识，那么示范性和领导力则是从特征上把握名师的依据。

---

[1] 朱旭东、廖伟、靳伟等：《论卓越教师培训课程的构建》，载《课程·教材·教法》，2021(8)。
[2] 成俊华、吴丽：《我国名师研究的现状及前瞻》，载《教育理论与实践》，2017(10)。

二、名师的特质

名师具有示范性和领导力的特征，但支撑这些特征的内在特质是什么呢？学者对名师特质的研究往往具有综合性特征。例如，有的学者提出名师具有"大情怀、勤反思、善研究、强辐射"的特征。① 有的学者则通过可信的研究工具考察了名师在人格、教学行为和职业认同三个维度上的特征：名师最可能具备宜人性、外向型、严谨性人格；名师在教学行为上更多地表现为对话—探究型，重视学生在课堂中的参与；名师对教师职业具有深度认同感，热爱自己所从事的教学工作。② 深入考察之下，我们发现名师至少具备如下三个方面的特质。

（一）教育信念：将教育视为一种使命

教育信念是名师的内核，是名师对何谓好教育、何谓好教师等问题的哲学思考。名师的教育信念体现出对学生学习和发展的关注，体现出学生立场，而不是一味关注教师。余文森认为，教学主张是名师区别于其他教师的重要特征。"教学主张是教学思想的具体化、个性化和学科化，是教学经验的提炼、概括和提升，是理论与实践、认识与情感、知识与智慧的'合金'。"③教师思考形成教育思想，教育思想的高级阶段是教育信念。名师的教育信念表现为能够回到教育初心，从立德树人、培养德智体美劳全面发展的社会主义建设者和接班人的角度思考教师工作，能够为教师工作赋予重要意义。教育信念是教师能够长期扎根教育的重要条件。例如，"时代楷模""七一勋章"获得者张桂梅老师坚信知识改变命运，长期扎根教育事业，通过自身行动，改变教育，改变学生的命运。当我们听到名师的教育故事时，除了他们卓越的教学行为令我们感佩，他们对教育的赤诚之心和全力以赴，更使我们受到精神的鼓舞，激励我们继续前进。

---

① 陈芬萍：《新时代中小学名师专业成长与基本理路》，载《中国教育学刊》，2020(5)。
② 蹇世琼、彭寿清、罗杰等：《"名师工作室"成员遴选：潜在风险与规避路径》，载《中国教育学刊》，2020(5)。
③ 余文森：《论名师的教学主张及其研究——以福建省为例》，载《教育研究》，2015(2)。

(二)教育实践：独特的教育实践模式

名师的教育教学实践往往具有高效益性。名师的教育教学实践中蕴含着教育教学的微观与宏观模式，这些模式可以作为教育教学策略，促进学生发展。卓越的教学实践是名师的第一特征。名师的教学实践能够体现马克斯·范梅南所提出的教育机智——面对复杂的教育教学情境，能够选择适宜的行动。通过考察名师的相关资料，我们发现名师往往和某一概念产生关联。这一概念往往是对名师教学模式的概述，体现名师的思想、主张和信念。例如，卢仲衡的自学辅导法、邱学华的尝试教学法、黎世法的异步教学法、张熊飞的诱思探究法、李吉林的情境教学法、王敏勤的和谐教学法、张思中的十六字教学法、马承的三位一体法、顾泠沅的青浦实验法、魏书生的六步教学法等。[①]

我们认为独特的教育教学实践模式是名师的一个关键表征。模式化是人类行为的特征，名师能够洞察自己的教育教学模式，并能够主动审视、优化、概念化自己的行动模式。

(三)专业辐射：引领教师共同体成长

专业辐射是指名师能以自身卓越的教育教学行为和内在特质影响其他教师，促进教育生态的改善。名师发挥专业辐射作用的常见措施包括开放教室，在师徒制、学科教研、年级教研、学校发展问题探究中主动承担责任，成立名师工作室，积极参加教育帮扶，等等。例如，在国家教育帮扶中，来自全国名师领航基地的教师，到"三区三州"开展帮扶工作。这些教师通过上示范课、指导教研、带队伍等方式，促进了当地教师教育教学行为的改善，体现了名师的专业辐射能力。

教育信念是名师的核心特质，独特的教育实践模式是名师关键表征，专业辐射是名师的教育信念和实践模式产生影响力的标识，三者相辅相成，构成名师的特质。

---

① 程岭：《教学模式创新发展的核心要素——以十大名师名家为例》，载《教育研究》，2016(9)。

三、名师的价值

有学者指出,"谁赢得今天的教师,谁就赢得明天的课程;谁拥有优秀的教师,谁就拥有优质的教育"①。从中我们可以看出,优秀的教师对教育质量有重要价值。名师毫无疑问是优秀的教师,因此,他们同样具有重要的自身价值和生态价值。

(一)名师的自身价值:名师是鲜活的教育学

名师是鲜活的教育学是指名师能够在具体教育教学情境中做出具有教育性的、符合教育教学规律的行为。马克斯·范梅南说,"教育学就是迷恋他人成长的学问"②,而这种学问具有很强的实践性,需要教师有教育智慧,核心特征是在具体的教育情境中做出合适的教育判断、决策和行动。马克斯·范梅南认为:"教育学的健康性是一种使命感,一种对孩子的爱和关怀,一种强烈的责任感和在危机盛行时的积极希望,一种反思的成熟,一种基于聆听和'看'孩子的能力的教育学理解,一种对年轻一代的一般信任和同情的态度。"③正是由于教育情境的多变性和复杂性,教师不得不根据教育情境调动认知、情感、知识、技术等各种力量做出决策判断,因此,实践中的教育学具有鲜活的特征。

基于上述对鲜活的教育学的理解,我们认为,名师是一本鲜活的呈现教育学的立体书。具有力量的教育学不仅以概念、命题、判断、理论等形式出现在书本上,而且体现为名师在具体的教育情境中适宜的、能促进儿童向善向好的行动。这种行动伴随着复杂的联系、连接、矛盾、冲突,伴随着思考、辨析和问题解决,伴随着临场性的充分使用理智和情感。名师之所以是名师,是因为其处理上述关系和矛盾的实践智慧能够通过具身化的方式表征出来,具有示范性、可观察性、动态性、互

---

① 成尚荣:《非连续性发展:名师成长的理论新视野》,载《中国教育学刊》,2017(11)。
② [加]马克斯·范梅南:《教学机智——教育智慧的意蕴》,李树英译,18页,北京,教育科学出版社,2001。
③ [加]马克斯·范梅南:《教学机智——教育智慧的意蕴》,李树英译,164页,北京,教育科学出版社,2001。

动性等特征。因此，名师是鲜活的，是做出来的教育学。

(二)名师的生态价值：名师是激活教育生态的催化剂

名师的生态价值是指名师能够对自己所在的组织和区域产生影响，能够促进组织和区域教育质量的提升。名师存在于学校中，学校存在于区域中。学校拥有的名师越多，区域拥有的名师越多，意味着学校和区域的教育实力越强。名师是学校和区域教育质量的金字招牌之一。具体而言，名师的生态价值表现在如下三个方面。

1. 名师是教师学习的直接案例

教师可以学习的案例很多，但如果能够跟着名师学习，就能获得很多缄默知识[1]。我们通过调查资料发现，不少教师认为他们从观摩名师教学行为中能够学到的更多，在偏理论化的讲座中反而收获较少。调查资料和学者研究的结论是吻合的。对成人学习的研究发现，70%的成人有效学习发生在工作场所[2]，而名师发挥作用主要是通过在教育现场的示范体现出来的。通过这个分析，我们发现，普通教师非常愿意学习鲜活的教育学，即直接在名师的教学现场学习，以促进自我的专业发展。

根据日本学者的观点，组织中的知识共享需要经过四个过程。第一，从缄默知识到缄默知识，这种学习方式包括师徒制。在师徒制中，徒弟学习到师傅工作中的缄默知识。第二，从缄默知识到显性知识。组织成员通过概念等将缄默知识表达出来。第三，从显性知识到显性知识。即组织成员内部重组显性知识，最终形成组织的集体知识。第四，从显性知识到缄默知识。即组织的显性知识会不断被内化，最终成为组织发展的缄默知识。[3] 在学校发展过程中，名师的知识如果能够在缄默知识和显性知识之间、个体知识和组织知识之间不断转换，如果能够活化这些教育教学知识，必然能极大促进学校的全方位提升和全面发展。

2. 名师是激活学校办学活力的关键

有学者指出，在诸多教育资源中，教师是最具活力和竞争力的要素，而名师是

---

[1] 英国物理化学家和思想家波兰尼提出，人类的知识包括显性知识和缄默知识两种。前者是指用书面文字或地图、数学公式来表达的知识，后者是指不能系统表述的、潜藏在我们行动中的知识。
[2] 邱昭良：《复盘+：把经验转化为能力》第3版，69页，北京，机械工业出版社，2018。
[3] 熊德勇、和金生：《SECI过程与知识发酵模型》，载《研究与发展管理》，2004(2)。

教师队伍中能发挥更大作用的群体，由此观之，名师具有激发教育活力的价值。一些乡村学校的某些学科比较薄弱，原因在于该学科仅有一位教师，教师缺乏本校的直接的学习对象，专业发展受阻。同时，在一些乡村学校，新教师和高龄教师比较多，中间断层，难以形成组织人力资本，导致学校办学活力不足。名师是学校教育发展的示范者，是学校教育问题的解决者，是学生和教师发展的引领者，是活化一所学校的关键力量。

3. 名师是教师队伍建设的引擎

《中共中央 国务院关于全面深化新时代教师队伍建设改革的意见》指出，到2035年要"培养造就数以百万计的骨干教师、数以十万计的卓越教师、数以万计的教育家型教师"。无论是骨干教师、卓越教师，还是教育家型教师都是名师，是教师队伍的中坚力量。重视名师发展，是国家教师队伍建设以及教师教育治理的重要手段。在不同层级的教育政策中，重视名师培养成为一种共同特征。据不完全统计，全国省级以上中小学卓越教师培训项目或计划已经超过25个，主要针对已经达到骨干教师水平的优秀教师群体。① 例如，上海市2004年开启的"双名(名校长、名师)工程"，浙江省2007年启动的"浙派教育家发展共同体"，江苏省2009年启动的"人民教育家培养工程"，福建省2011年实施的以"教学主张"为引领的"中小学名师培养工程"。② 北京市委教育工委、市教委从2013年开始实施的北京市中小学名师名校长发展工程把高校作为培养基地，为中小学名师名校长培养对象配备导师。③ 2022年，《教育部办公厅关于实施新时代中小学名师名校长培养计划(2022—2025)的通知》指出："'双名计划'旨在培养造就一批具有鲜明教育理念和成熟教学模式、能够引领基础教育改革发展的名师名校长，培养为学、为事、为人示范的新时代'大先生'。健全名师名校长遴选、培养、管理、使用一体化的培养体系和管理机制，营造教育家脱颖而出的环境，为全面落实立德树人根本任务、推动基础教育高质量发展提供有力支撑。"

名师对教师队伍的建设作用，还体现在对我国教师队伍薄弱环节的支持上。乡

---

① 易鑫：《"国培计划"中小学名师名校长领航工程启动》，载《中国教育报》，2018-05-15。
② 张建：《名师基地培养模式之缘由、理念及路径》，载《教育研究》，2015(4)。
③ 王磊、李海刚、綦春霞：《基于学习进阶的卓越教师专业发展项目研究——以北京市中小学名师发展工程为例》，载《教师教育研究》，2019(3)。

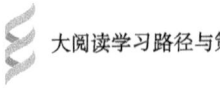

村教育是我国教育发展的薄弱环节，乡村教师队伍质量亟待提高。名师通过建立"互联网+名师工作室"平台，解决了乡村教师个体缺少联系、研修活动开展匮乏以及教学资源单向构建的问题。这一实践已经在多地开展。这些名师工作室具有跨界融合、重塑结构、尊重人性、开放生态、连接一切和创新驱动的特征，成为乡村教师专业发展的平台。以浙江为例，浙江名师网经过十年的建设，已经建成820余个省市县三级名师网络工作室，拥有36.7万名教师成员，共享314.7万条教研资源，组织1.5万余次线上线下主题研修，开展48.6万个话题研讨，已成长为全球最大的教师网络研修共同体。①

理解名师的内涵、特征、特质和价值既是读名师的具体内容，又是进一步读懂名师的前提。一名教师如果能把握名师的内涵和特征，了解名师的特质，认可名师的价值，并将成为名师作为自身的内在追求，那么必然能提升自身的专业境界。

第二节　如何读懂名师

读懂名师是我们从实践中获得发展资源的重要途径。本书借助生物生态学模型建构了名师成长的分析框架，并在此基础上分析了读懂名师的具体方法。

一、建构名师成长的分析框架

受到布朗芬布伦纳生物生态学模型②的启发，我们提出名师成长的分析框架（见图3-1）。生物生态学模型认为人的发展是个体与周围环境相互作用的结果。同样，名师的成长也是自我与周围环境长期互动的结果。只观察名师的言行是从表层

---

① 王永固、聂瑕、王会军等：《"互联网+"名师工作室促进乡村教师专业发展：机制与策略》，载《中国电化教育》，2020(10)。

② 参见谷禹、王玲、秦金亮：《布朗芬布伦纳从襁褓走向成熟的人类发展观》，载《心理学探新》，2012(2)。丁芳：《一种正在演进着的人类发展观——人的发展的生物生态学模型述评》，载《华东师范大学学报(教育科学版)》，2009(2)。

上理解名师。如果我们能超越名师言行，从过程逻辑上思考名师是如何成功的，那么我们就能够从更深层上读懂名师。

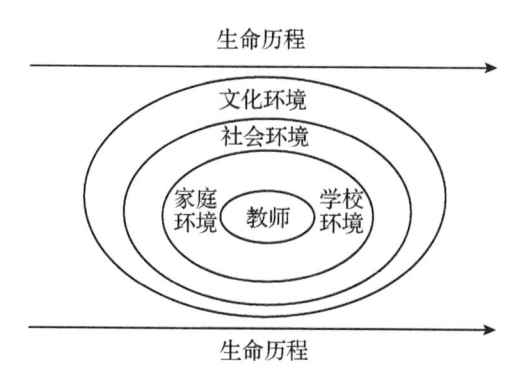

图 3-1　名师成长的分析框架

(一)读懂名师成长的家校环境

家校环境包括家庭环境和学校环境。家庭中的各种关系、家庭对名师工作的支持程度等都会影响名师发展。名师所在的学校提供的资源和发展机会也会影响名师发展。有学者认为，如果没有学生提出挑战性问题以及教师对这些问题的积极应对，教师或许就不可能成为名师。可以说，学生也是名师成长的关键变量之一。

同时，名师的家庭和工作的学校之间存在互动关系。例如，一些学校对教师的关心延伸到家庭范围，因此，容易产生较好的影响。在对一所幼儿园园长的访谈中，我们观察到该幼儿园每年都会举行教职工家庭联谊会。学校和家庭之间的互动为家庭支持教师工作奠定了良好的基础。

(二)读懂名师成长的社会环境

社会是否支持名师发展，是否重视人才发展都会影响名师发展。例如，我国不少地方出台政策支持成立名师工作室，发挥名师的示范引领作用。又如，不少地方出台卓越教师、骨干教师培养计划，这些培养计划，有力地促进了名师的发展。[1] 名师不是脱离区域情境的名师，而是在具体情境中的名师。名师发展存在群落效

---

[1] 童富勇：《名师并不遥远——来自浙派名师的调查与研究》，载《人民教育》，2011(21)。

应，名师自身发展和名校整体发展存在对立统一、和谐共生的关系。①

(三)读懂名师成长的文化环境

文化环境主要是指名师所在的地区和国家的观念系统。从国家教师队伍治理的基本逻辑来看，我国非常重视名师的发展。从区域层面来看，区域的文化传统是名师成长的土壤，是名师的文化基因所在。名师是扎根本土的教师，只有扎根到本土的实践中，才能真正促进自身发展，才能生产出具有地方特色的本土教育经验。② 周勇认为孔子作为中国第一位名师，奠定了中国名师的专业传统，其核心精神是将培养追求仁道的学习与实践共同体视为教师或教育专业的首要追求。③ 这说明，中国名师的发展受到外系统的影响，受到历史传统的影响。

(四)读懂名师的发展历程

读懂名师，不仅要观察名师当下的言行，而且要追溯名师的发展历程，尤其要关注名师的教育经历和前教育经历。

不少名师在受教育的过程中，由于受到关键他人或关键事件的影响，因此立志成为名师。在向名师学习时，我们可以通过口述历史、教育叙事等手段考察名师的受教育经历，并以此为基础理解名师的教育信念和教育行动的出发点与发展脉络。

此外，我们还可以关注名师在接受学校教育前的生命历程，以此探索名师之所以成为名师的生命根源。名师进入学校教育前的生命历程，主要是名师的出生和成长的家庭生活。家庭生活会奠基名师的发展。笔者曾经对名师领航基地的 G 老师进行过访谈，发现她小时候的家庭生活影响了她的性格以及她对学生的态度：G 老师的父亲对她比较严格，因此塑造了 G 老师严格的性格；G 老师的家庭成员曾遭遇过法律纠纷，这让她产生了追求公正的强烈信念，因此她立志在教育过程中追求教育公正。名师的现状只是名师的枝叶，但更需要回到根本，看到名师发展的家庭生

---

① 方健华：《名师专业成长的规律、影响因素与机制——基于名师成功人生的解读》，载《教育发展研究》，2011(Z2)。
② 王帅：《名师的地域文化属性及其专业实践支持》，载《教育研究与实验》，2017(4)。
③ 周勇：《孔子与中国名师的专业传统——以〈论语〉开篇话语为基础》，载《全球教育展望》，2012(11)。

活历程。

我们要有一种探究名师的精神，而名师成长的分析框架正为我们提供了分析名师、向名师学习的路径。在分析和学习的策略上，我们可以遵循从现在到过去、从微观到宏观的思路，将静态分析和动态分析结合起来。如此，我们对名师的了解会更加全面，就能够把握名师成长的密码。

二、读懂名师的具体方法

名师成长的分析框架为我们提供了读懂名师的思路，但要有效地向名师学习，我们必须掌握多种方法。如果名师就在自己身边，如在自己的学校或区域中，教师就可以在学校教研活动或区域教研活动中向名师学习。但有些名师是无法近距离接触的，这时教师就需要通过其他途径向名师学习。裴跃进认为教学名师资源形态大体分为文本类、实录类、谈话类、日记类和研究类等。[①] 每位教师都可以通过对名师资料的收集，探索名师，从而获得自身专业发展的有效资源。[②] 根据前期的访谈资料以及对文献的梳理，我们尝试总结了五种读懂名师的具体方法。

（一）通过行为模仿读懂名师

在以往的研究中，我们发现新教师读懂名师的主要方式是行为模仿。例如，一位新教师提到，他在观察名师上课之前，会先自主进行教学设计，在听课过程中，发现他的做法和名师的做法之间的差异，在此基础上，思考名师为什么会这么做。又如，有一些新教师会借助网络视频资源，不断观察并模仿名师的行为。斯海霞、孔梦蝶和叶立军选取Z省一名特级教师和一名中学高级教师的教学视频作为分析对象，从活动设计和活动组织两个一级指标，从活动任务、活动类型、活动层次、学习形式、互动模式、教师提问、学生应答、教师反馈八个二级指标，分析了两位特级教师的课堂数学活动的特征。[③] 三位作者中，斯海霞和叶立军为高校教师，而孔

[①] 裴跃进：《教学名师资源：内涵、分类及开发》，载《中国教育学刊》，2013(8)。
[②] 张化万：《一线教师如何听名师的课》，载《教育理论与实践》，2008(6)。
[③] 斯海霞、孔梦蝶、叶立军：《初中生活数学类拓展性课程课堂数学活动特征研究——基于名师教学视频分析》，载《数学教育学报》，2021(4)。

梦蝶为中学教师，其合作为我们展现了对中小学名师教学视频开展研究并进行学习的过程。这三位作者带给我们的启发是，教师既可以通过对名师行为进行观察与对比，直接模仿，也可以通过研究向名师学习。

在学校本位的教师专业发展中，普通教师尤其是新教师要走进名师课堂，观察名师的行为，通过对行为的内化，展开对名师的学习。这里的名师至少是本校意义上的名师，包括每位教师的师傅、所在教研组的组长等。这些是本校教育传统的一部分，是本校教育知识的一部分。有研究者认为名师在专业成长过程中存在"师承效应"现象。师徒制不仅对徒弟的发展是有价值的，而且对师傅的发展同样是有价值的。[1] 这个研究表明，通过向身边的名师学习，模仿其教学行为具有重要的价值。

(二)通过话语分析读懂名师

名师的话语是其思想的展现，因此话语中蕴含着教育智慧。话语分析是指教师将名师的指导话语记录下来，逐步分析名师的指导话语，并思考其背后的教育思想和教育智慧。一位受访者在访谈中提到，她的师傅(一位特级教师)告诉她一句话，当时，她只是理解了字面意思，并没有把握其内涵。通过多年不断上公开课，不断探究，最终才把握了师傅话语之中的深意。话语是我们读懂名师的重要媒介。话语具有聚焦功能，我们能够通过话语的聚焦功能，把名师的教育思想和教育智慧放在聚光灯和显微镜下考察，唯有如此，我们才能把握名师的内核。

(三)通过对话交流读懂名师

对话交流建立在彼此能够理解，并产生深刻意义的基础上。我们在访谈过程中发现，非正式交谈是向名师学习的重要手段。笔者在云南的一所学校做调研时发现，该校教师在食堂吃饭时，总会聊一些本班学生的问题，而身边的优秀教师听到后，则会支上几招儿，这些教师的问题便迎刃而解了。这个案例给我们的启发是，如果能在组织中营造对话交流的氛围，组织中名师的知识则会"流淌"出

---

[1] 方健华：《名师专业成长的规律、影响因素与机制——基于名师成功人生的解读》，载《教育发展研究》，2011(Z2)。

来，成为活化组织的资源。如前文所言，名师的教育智慧是具身的、内隐的，只有通过对话交流，这些知识才能显现，才能在组织中流动。同时，我们还可以通过口述历史、教育叙事等手段鼓励名师分享自己的经验，在此基础上，对其经历展开提问，在一问一答中，名师成长的"密码"被普通教师"破译"，成为普通教师成长的养分。

（四）通过合作共事读懂名师

合作共事是指普通教师和名师共同从事某项任务。普通教师作为学科教研组的一员，通过听评课、磨课，甚至完成名师安排的任务等促进自我专业发展。名师通常会作为课题组长，承担课题任务，并且会安排普通教师完成一些工作，普通教师完成工作的过程便是不断提升能力的过程。例如，一位新教师负责整理课题组的录音，在整理的过程中，她发现了很多对其专业成长有价值的信息，看到了自身无法觉察到的心智模式抑或情感模式，收获了成长。

（五）通过主题阅读和研究读懂名师

名师的著作中蕴含着他们对教育教学的思考。阅读这些著作能够帮助教师进入名师的精神世界，促进其发展。关于名师的著作比较有代表性的是北京师范大学出版社出版的"教育家成长丛书"，该丛书包括《于漪与教育教学求索》《华应龙与化错教学》《李吉林与情境教育》《李镇西与语文民主教育》《唐江澎与体悟教学》《窦桂梅与主题教学》《魏书生与民主教育》等近 100 本著作。这些著作蕴含了教育家的教育思想以及做法，与中小学教学实践结合得非常紧密，是中小学教师学习的重要资源。除此之外，我们还发现了不少研究全球知名教育家或教育学家的著作，这些也为我们向全球名师学习提供了资源。例如，刘长海的《跟杜威做小学教师》、李镇西的《重读苏霍姆林斯基》、闫学的《跟苏霍姆林斯基学当班主任》、雷玲的《教师要学苏霍姆林斯基》、陈静静等的《跟随佐藤学做教育》等。这些著作既是普通教师向名师学习的素材，也是普通教师或名师向教育家学习的直接成果。

第三节 读懂名师的案例分析

我们在前文建构了名师成长的分析框架。当我们向名师学习时，比较理想的状态是能从时间和空间维度系统考察、全方位地学习名师。在现实生活中，并不是所有教师都能按照分析框架系统地、全方位地向名师学习。为了考察教师是如何向名师学习的，我们编制了访谈提纲，访谈了T老师。通过分析访谈资料，我们试图展现一位教师向名师学习的真实案例。

一、案例概述

T老师目前是B市一名区级语文学科带头人。2009年硕士毕业后，T老师到B市一所高校的附属中学担任语文教师，教授高中语文课程。在读硕士之前，T老师在我国中部地区的一座省会城市担任过五年的初中语文教师。

T老师到B市工作，面临三方面挑战。第一，从教初中转变为教高中，她并不完全熟悉教材。第二，在同事眼中，她是一名已经有五年教学经验的教师，但在自己心中，由于学段转换，她实际上是一名"新"教师。第三，B市的生源特点与中部地区有所不同。这些都让她感觉有压力。

由于深度参与中学优秀语文教师专业成长历程研究，是课题组的核心成员，笔者有幸听到T老师对自己做教师的历程的分享。由于觉得她的成长过程中有很多故事，因此笔者对T老师的成长进行了多次追踪。笔者先后四次与T老师深度交流，彼此之间建立了较为信任的关系。因此，T老师愿意让笔者参与到她对自己教育教学经验的梳理中，这是笔者和T老师建立信任关系的证明。从对T老师叙事资料和访谈资料的阅读、理解和分析中，笔者见证了T老师从"普通""新"教师转变为卓越教师的发展历程。她能够成为优秀教师，也可以称之为名师，与她的学习、努力、机遇等密不可分。同时，笔者在访谈T老师的过程中发现，她总是提及她的师傅Z老师以及其他名师对她的影响，因此，笔者认为T老师的案例是一个非常适合本研究的案例。对 T 老师向名师(Z 老师、区级教研员、跨区域名师、高校名师)学习的过程进行分析，能够为其他教师向名师学习提供一个典型的路径。

二、T 老师读懂名师的案例分析

T 老师读懂名师的案例基本遵循了我们上文提供的名师成长的分析框架以及提供的分析方法。下面我将结合案例和上文提供的分析框架与方法逐一阐述。

(一)通过名师的成长历程读懂名师

在叙事和访谈过程中，我发现 T 老师对 Z 老师的发展历程非常熟悉，甚至能非常清晰地描述 Z 老师的发展历程。这说明 T 老师能够从师傅的发展历程中了解他，且双方建立了非常亲密的师徒关系。Z 老师从一个乡村学校的民办教师变成公办教师，从一名普通教师变成一位名师(特级教师)，从山东到 B 市工作。T 老师的发展历程和 Z 老师非常相似。T 老师在访谈中说道，或许正是相似的经历，使他们更好地理解彼此。通过对这个案例进行分析，我们发现，了解名师的成长历程有助于教师和名师建立生命深处的联结和互信关系，且能够为向名师学习提供更深层的保障。

(二)通过合作共事、话语分析等手段读懂名师的思想和行为

T 老师描述道，由于一个偶然的机会，她被要求在全国高校附属中学协作体联赛上做一节公开课，Z 老师点名让她参加。从访谈资料中，我们能清晰地感受到她在备课过程中的焦灼：

我是连课本都没有熟悉的人，让我参加这样的大型比赛，我想老师们听到这里都会替我捏一把汗。整个假期我都紧张得要死，我没看过《装在套子里的人》(比赛课程)，所以我要先熟悉教材，整个假期我都处于焦虑的状态中。9 月份的时候，我就把高二年级的 8 个班——当时高二年级一共有 9 个班，全上了一遍。但是上完之后，Z 老师始终不点头，认为我对教材是熟悉了，但教材内容和学生实际情况之间还不匹配，有较大差距。(2021-10-14，T 老师叙事资料)

Z 老师让 T 老师备课，甚至到快讲课时，他还没有告诉 T 老师这节课应该怎

讲。后来 Z 老师告诉她，这是为了充分尊重并发挥她的主观能动性，不希望她照搬自己的想法。T 老师一开始并不太理解，但很快她就明白了师傅的良苦用心。T 老师有一个非常厉害的功夫——记笔记的速度非常快。记完笔记后，T 老师就将 Z 老师的话全部转录出来，并仔细琢磨 Z 老师为什么会这么说，背后的意图是什么。这是 T 老师通过对 Z 老师的话进行详细分析，尝试理解其中蕴含的思想及背后的意图的例子：

> 到比赛前的三天，Z 老师和我说："来，坐下，你坐在我旁边。"他让我拿一个小板凳坐下，然后他就说："咱们一起把你这个课梳理梳理。"那个场景就是，他在说，我在听，我在记，而且我还在录——把所有的话全部录下来。当天晚上回去后，我又整理，整理出来后，我又对着镜子背、演练。最后这个课得到了肯定。因为这个课花了很长很长的时间，在山东讲的课，讲完课之后老师们都觉得这个课还不错，因为毕竟是打磨了那么长时间的一个课。(2021-10-14，T 老师叙事资料)

仔细分析上面的文本我们发现，T 老师向 Z 老师学习的做法包括听、记、录、整理、背、演练。T 老师对 Z 老师的学习，是全方位的、立体化的，并且是充满深度的。

有些做法 T 老师在上课时，依然不明白其背后的门道，但按照 Z 老师的说法做，取得了良好的效果。在当前的文献中，关于普通教师向名师学习存在两种声音。一种声音是普通教师应当"臣服"于名师，只要照着名师的要求做即可，另一种声音是普通教师希望在备课时能多体现自己的想法；在 T 老师和 Z 老师的案例中，我们发现，作为师傅的 Z 老师能够照顾 T 老师的想法，T 老师有自己的思考，但仍然仔细琢磨 Z 老师的话，思考其背后的道理，这是难能可贵的。因此，普通教师和名师之间要形成良好的沟通机制，确保能兼顾彼此的想法。

即便是在日常教学中，T 老师作为"新教师"也能够非常认真地向她的师傅学习。她只要有时间一定会走进 Z 老师的课堂听课，并在听课后将课堂的内容转化为自己讲课的内容。先模仿，再应用，边模仿边应用，这是 T 老师的主要策略。从案例中，我们看到了 T 老师通过行为模仿向名师学习的努力和尝试。T 老师甚至逐句琢磨 Z 老师的话，思考 Z 老师为什么要这么做。在采访的过程中，当 T 老师拿起 Z 老师的书阅读时，她依然觉得非常亲切。Z 老师讲出了她能感觉到但是讲不出的话，表达了她偶尔察觉到但无法清晰表达的思想。

2009年的时候很幸运和Z老师在同一备课组，Z老师——我们当时的教研组长，为人特别谦和。我每天就像学生一样，每次上课前都先去听Z老师上课，听他上完课后，我记的笔记密密麻麻，然后，我每天晚上的主要任务就是把课本和今天记的笔记全部背下来，每天晚上都是这样子。(2021-10-14，T老师叙事资料)

在叙事访谈资料中，T老师提到"像学生一样""笔记密密麻麻""全部背下来""每天晚上都是这样子"等词句，生动形象地描述了T老师努力向Z老师学习的场面。T老师有学生的姿态，通过"记""背"等手段，通过"每天晚上都是这样子"的锤炼，最终成为优秀教师。下面，我们再展现一个T老师向Z老师学习的片段：

在教学的起步阶段向Z老师学习教材应该教什么。

(1)每天记笔记，整理听课内容，汇总为讲义，能背则背。

(2)课上既研究教学内容，又研究教法。

(3)Z老师的理念：教学千法"读"为本；语文本色，读读写写。

曾经对学生的读书时间做统计，一节课不超过10分钟，算来一年也只能读三四本书。课堂上大量的时间都在分析、讨论。可是，语文学习需要自我感受、联想想象、思考领悟、积淀提升，怎么保证学生在课堂上有25分钟左右的阅读时间呢？(2022-01-30，T老师叙事资料)

在访谈的过程中，T老师还提到，除了Z老师，她还会向区域的名师学习，尤其在成为区学科带头人后，她有更多机会可以接触更多名师。她发现，自己越努力，接触的优质教师资源和发展机会就越多，参与越多，发展的机遇就越多。

T老师在向名师学习时，接触了更多的学习资源，因此，发展的机会越来越多。由此我们发现，普通教师向名师学习时，启动学习的意愿是至关重要的，没有意愿的启动，真实的学习几乎不可能发生。T老师通过支持名师的工作，通过在工作的过程中不断梳理自我，最终获得好的发展。工作过程中的突出表现，很快使T老师从课题组的边缘成为课题组的焦点。

前些天接到迟老师这个任务，刚开始我是想以带高三班的这个理由来拒绝的，因为事情确实比较多，后来才决定答应。我确实想跟着迟老师借助做课题的机会学习。以前没做过课题，内心把做课题想得特别高大。我觉得很多事情，我们做老师的，日常真的是都停留在"做"的这个层面，没有梳理的意识，也不懂得如何梳理。(2021-10-14，T老师叙事资料)

T老师还提到她是如何向其他的教学名师学习的，但这个学习是通过阅读名师的书籍来完成的。在采访的过程中，T老师向我展示了一系列她阅读过的关于名师的书籍。例如，在向其他名师学习时，T老师并不是遵照我们前文所提到的框架来学习的，而是从某个角度、某个切入点来学习的。

我就大量地阅读关于名师的各种东西，有时间就看。白天就听课，晚上就背，或者找时间看这些东西。2009—2014年，在这五年的时间里我就是这样的一种工作状态：有活动就参加，有课就上，有公开课就上，有比赛就参加。受罪是肯定的，但是收获也是巨大的。（2021-10-14，T老师叙事资料）

通过访谈资料，我们发现，T老师会根据自己专业发展的需要，选择向不同类型的名师学习。在这个过程中，她获得了很大的发展。例如，在访谈中，她提到了孙绍振老师和余党绪老师等。

案例1：

孙绍振在《解读经典散文》中指出：文史哲不分家这一早期文化的特殊性，决定了散文从一开始就具有审美与实用交织的"杂种"性质。审美价值与实用理性错综复杂。

读古典散文最忌以读懂词句为满足，须知所读散文之所以成为经典，在其有三重立体结构：字句是表层；其中层乃贯穿文章首尾之情志脉络，或曰"文脉"，此乃文章之精神所在；其最深层乃文章之体式（或曰形式），不同的体式有不同的章法、句法，离开了体式，欲求文章之妙，终难免缘木求鱼。（2022-01-20，T老师访谈笔记）

案例2：

阅读余党绪老师的一系列文章，学习"思辨性阅读"的基本步骤，从阅读内容的选取，到阅读方法的选择都找到了提升学生阅读"量"与"质"的钥匙。

例如，于漪老师在给余党绪"中学生思辨读本"丛书作的序言中说道："由于较长时间应试教育的作祟，育书不育人、求学不读书的现象比比皆是……余党绪老师对此了然于胸，从思辨性阅读入手，改进阅读教学，破解高中阶段阅读低效的难题，冲破阅读定势，打开阅读教学的新局面。"从四种阅读入手，四种阅读为阅读杂文佳品、阅读经典、阅读"万字时文"、阅读古典诗歌。（2022-01-20，T老师访谈笔记）

在访谈的过程中，T老师不仅提及如何向名师学习，读懂名师；还谈到发现新近入职的教师身上有值得学习的地方时，她也会向他们学习。从中，我能感受到优秀教师学习的持续性以及不断努力的精神风貌：

整个课堂的思维链条是纵深的，在听 W 老师——她只有两年的工作经验——的课的时候，就特别感慨她使用的一些帮助学生进入教学情境的方法。我从现在年轻人的课上收获很多。(2021-10-14，T老师叙事资料)

上述案例主要展现了 T 老师通过成长历程、合作共事、话语分析等向名师学习的过程，我们认为这个案例反映了中小学教师读懂名师的实际情况。我们提供的名师成长的分析框架是一个体系上健全的分析框架，对于中小学教师而言可以有所侧重。

名师是教师队伍中的卓越者、示范者和领导者。读懂名师是普通教师成长的重要路径。每位教师都可以通过向身边的、区域的、国家的，甚至世界的名师学习，而获得自身的专业发展。

第四章
读懂名著

本章概述

本章分为三小节：为什么要读名著，如何读懂名著，教师读书会。教师读名著因为政策要求，源于实践需求，利于专业发展。读懂名著可以分为初识、诠释和运用三个层级，层级越高代表读者的思维越活跃，对文本的理解也越深入。初识阶段，需要了解图书的构成，区分图书家族种类，查阅作者创作缘由。诠释阶段，包括局部理解和全书架构。论说类名著要读懂概念，实用类名著要读懂方法，文学类名著要读懂语言。通常情况下，名著可以分为语录集、文集和小说三个主要样式。运用阶段，结合具体书目论述了教师将从名著中读出的内容运用于改进课堂教学、支持教学研究、提高思想认识三个方面。教师读书会可以分为学校读书会、班级读书会、自组读书会、网络读书会等。教师读书会是教师专业共同体的具体形式之一，其特征可由"读""书""会"三个字体现出来。依据不同名著的特点，本章介绍了三种教师读书会的形式：导读—自读—答疑、自读—领读—实践、自读—沙龙—反思。

第一节 为什么要读名著

一、何谓名著

名著就是指具有较高艺术价值和知名度、包含永恒主题和经典形象、经久不衰,且被广泛认识以及流传的文字作品。在人们的认识当中,名著和经典几乎等同。经典作品应该具有四个特性:内涵的丰富性、实质的创造性、时空的跨越性、无限的可读性。[①]这便从不同维度提炼出名著的特征。人类历史长河中的每一个时代,名著都在闪闪发光,给人类以深远影响;而岁月走过的每一个时代,也都有名著不断产出,作为生命的痕迹、智慧的结晶、艺术的上品。

具有较高艺术价值和知名度、包含永恒主题和经典形象、经久不衰、广泛流传的名著,虽然具有一定的共性,但是难以被穷尽地详细列出名录。如果以分类学的方法来划分,就内容而言,大体可将名著分为自然科学、社会科学两个大类,每个类别内部又有若干小的分支。就性质而言,大体可将名著分为论说类、实用类、文学类。论说类作品,大多通过论述的方式向读者阐明道理或论证观点,书中的道理和观点自然重要,而论述的方式也同等重要;实用类作品,多是以说明性的语言告诉读者怎么使用,如何操作,阐明的内容与阐明的方式相辅相成;文学类作品,并非直接告诉读者"是什么"和"怎么做",而是以虚构性的情境引导读者,让读者通过阅读领悟在真实世界"是什么"和应该"怎么做"。文学类作品的意蕴,既在于虚构性的情境,也在于读者对真实性的领悟。

---

① [美]约翰·克罗·兰色姆:《新批评》,王腊宝、张哲译,6页,南京,江苏教育出版社,2006。

二、教师缘何读名著

(一)教师读名著因为政策要求

2017年,教育部印发的《义务教育学校管理标准》在基本内容"三、引领教师专业进步"第二点"提高教师教育教学能力"中,明确提出"推动教师阅读工作,引导教师学习经典"。新阅读研究所发布的"中国中小学教师基础阅读书目"将所推荐的阅读书目分为职业认同、专业发展和视野拓展三大类。魏智渊在《教师阅读地图》一书中提到,教师的"本体性知识"、"专业知识"和"人类基本知识"需要各占50%、30%和20%。苏霍姆林斯基说:"教师若不读书,若没有在书海中的精神生活,那么提高他的教育技能的一切措施就都失去意义了。"[1]由此可见,无论是专业能力的提高还是教师素养的提升,都需要阅读名著。只有阅读名著,教师才能不断提升思想境界,打好其精神的底子,成为学生精神生活的引领者。

(二)教师读名著源于实践需求

教书育人的教师理应成为全民阅读的先行者和示范者。就教师自身而言,只有坚持不懈地学习才能提升专业水平,而最基本最容易形成的学习习惯,就是阅读名著。"教师不仅要做好专业阅读,更要做好全科阅读;不但要读专业书籍,还要广泛阅读各类经典,让自身具有丰厚的知识和智慧,才能适应新的时代新的教育。"[2]

(三)教师读名著利于专业发展

《小学教师专业标准》《中学教师专业标准》均将教师的专业发展分为专业理念与师德、专业知识和专业能力三个维度,每个维度的发展均离不开教师学习。教师的学习资源包括网络、书籍、现场课例、同行同伴等。从新手教师到专家型教师,每个专业发展阶段教师的需求均有所不同,阅读名著能够帮助教师消除职业倦怠

---

[1] [苏]B. A. 苏霍姆林斯基:《帕夫雷什中学》,赵玮、王义高、蔡兴文等译,84页,北京,教育科学出版社,1983。

[2] 谭旭东:《教师如何阅读》,载《中国教师》,2017(8)。

感，克服职业发展的"高原现象"，使其以乐观向上的态度面对职业生活，不断收获职业幸福感。在不同时期，课程改革与教学改革的要求有所不同，阅读名著为教师解决教育教学问题、促进自身发展提供重要的智力支持与精神源泉。

在现实生活中，一些教师忙于教课而读书甚少，长此以往，难免被时代所淘汰；还有一些教师只愿照搬他人课例，而不愿读名著、读原典，这样的学习只停留在表面，往往是知其然而不知其所以然，只能是"具体—具体"的"低路迁移"，不可能发生"高路迁移"过程中的抽象、演绎与创新。培根在《论读书》中谈道："读史使人明智，读诗使人灵秀，数学使人周密，科学使人深刻，伦理学使人庄重，逻辑修辞之学使人善辩。"只有广泛阅读名著的教师，才可以专业精湛、学识渊博，才能成为人类灵魂的工程师。

第二节　如何读懂名著

为什么阅读名著，是关于阅读取向的问题；阅读名著，是一种学习方式；读懂名著，就包含了阅读的效果。所谓"读懂"，可以划分为三个层级：第一个层级是信息获取，即直接提取信息，不对其做任何处理加工；第二个层级是信息加工，即对信息进行处理加工，如整合、分析、探究、评估；第三个层级是信息运用，即将名著中的相关内容运用到实际生活中。显然，阅读层级越高代表阅读者的思维越活跃，对文本的理解也越深入。按照"读懂"的三个层级，读懂名著可以分为初识、诠释和运用三个阶段。

一、初识

拿到一本名著，首先要了解其构成，也就是要从封面翻阅到封底，了解其组成部分；继而判断这本书属于哪一图书类别；随后再结合作者的相关信息了解这本书的大致内容与基本主张。

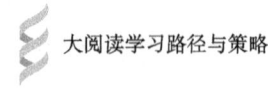

(一)了解图书的构成

无论是从书店购买图书还是从图书馆借阅图书,都免不了细细端详其组成部分。图书一般由封面、封底、书脊、腰封、勒口、扉页、版权页以及正文等组成(见表4-1),通过阅读这些部分,可以得到书名、作者介绍、出版社、出版时间、推介性文字等信息,这些信息也是我们获取的有关这本图书的最初信息。

表4-1 图书的构成

名词	解释	功能
封面	一本书的"衣着"	印有书名、作者和出版社等信息
封底	一本书书皮的底	右下方印有国际标准书号和定价
书脊	连接图书封面、封底的部分	印有书名、作者和出版社等信息
腰封	在书籍封面的腰部,不但能包裹面封、书脊和底封,而且两边还各有一个勒口	印有与该图书相关的宣传、推介性文字
勒口	书籍封皮的延长内折部分	编排作者或译者简介,同类书目或与本书有关的图片以及封面说明文字
扉页	书翻开后的第一页	印有书名、作者和出版社等信息
版权页	书翻开后的第二页	印有CIP数据、出版者、印刷者、发行者、版次、印次、开本、印张、印数、字数、出版日期、定价等
正文		有规范格式的正式文本

(二)区分图书家族种类

了解了图书的构成,还需要知道图书的家族种类。一本名著有可能是自己向往已久的,也有可能是听别人介绍的,还有可能是在书店偶然看到的,若论谱系这本书属于什么家族什么类别呢?如前文所言,名著可分为论说类、实用类、文学类,也只是大体范围。岳阳职业技术学院"久久书香"青年教师读书会通过问卷调查教师的读书类型,其中"文学著作类占比60.43%,个人成长类占比15.34%,历史著作类占比16.22%，科研类占比6.01%，其他占比2.00%"①。此处将书籍分为文学著作类、个人成长类、历史著作类、科研类与其他五种类型，反映了教师的阅读倾向与实际需求。北京市中小学卓越教师培养项目，为全市中小学特级教师精心设计了如下阅读书目。

必读书目

1. 冯友兰：《中国哲学简史》，北京大学出版社，2013。

2. 约翰·杜威：《我们怎样思维·经验与教育》，姜文闵译，人民教育出版社，2005。

3. 阿尔弗雷德·阿德勒：《自卑与超越》，吴杰、郭本禹译，中国人民大学出版社，2013。

4. 石中英：《教育哲学》，北京师范大学出版社，2007。

5. 裴娣娜：《教学论》，教育科学出版社，2007。

6. 维果茨基：《维果茨基教育论著选》，余震球选译，人民教育出版社，2005。

选读书目

哲学伦理学领域推荐阅读书目：

1. 罗素：《西方哲学史》，何兆武、李约瑟译，商务印书馆，1963。

2. 斯宾诺莎：《伦理学》，贺麟译，商务印书馆，1983。

3. 雅克·蒂洛、基思·克拉斯曼：《伦理学与生活》第11版，程立显、刘建译，四川人民出版社，2020。

教育学领域推荐阅读书目：

1. 孙培青：《中国教育史》第4版，华东师范大学出版社，2019。

2. 周采：《外国教育史》，华东师范大学出版社，2020。

3. 约翰·杜威：《我的教育信条：杜威论教育》，彭正梅译，上海人民出版社，2017。

4. 艾尔弗雷德·诺思·怀特海：《教育的目的》，张佳楠译，教育科学出版社，2020。

---

① 李陆平、胡海林，《高职院校教师读书会对青年教师成长的影响分析——以岳阳职业技术学院"久久书香"青年教师读书会为例》，载《黄冈职业技术学院学报》，2020(5)。

5. 董宝良：《陶行知教育论著选》，人民教育出版社，2011。

6. 钟启泉：《课程论》，教育科学出版社，2007。

7. 拉尔夫·泰勒：《课程与教学的基本原理》，罗康、张阅译，中国轻工业出版社，2014。

8. 约翰·哈蒂：《可见的学习——最大程度地促进学习（教师版）》，金莺莲、洪超、裴新宁译，教育科学出版社，2015。

9. 帕克·帕尔默：《教学勇气——漫步教师心灵》，吴国珍、余巍等译，华东师范大学出版社，2005。

10. 菲利普·W. 杰克逊：《课堂生活》，丁道勇译，北京师范大学出版社，2021。

11. 联合国教科文组织国际教育发展委员会：《学会生存——教育世界的今天和明天》，教育科学出版社，1996。

12. 裴娣娜：《教育研究方法导论》，安徽教育出版社，1995。

13. 陈向明：《教师如何作质的研究》，教育科学出版社，2001。

心理学领域推荐阅读书目：

1. 皮亚杰：《发生认识论原理》，王宪钿等译，商务印书馆，1981。

2. 爱利克·埃里克森：《身份认同与人格发展》，王东东、胡蘋译，世界图书出版公司，2021。

3. 苏珊·A. 安布罗斯等：《聪明教学7原理：基于学习科学的教学策略》，庞维国等译，华东师范大学出版社，2012。

4. 理查德·E. 梅耶：《应用学习科学——心理学大师给教师的建议》，盛群力、丁旭、钟丽佳译，中国轻工业出版社，2016。

5. David A. Sousa：《心智、脑与教育：教育神经科学对课堂教学的启示》，周加仙等译，华东师范大学出版社，2013。

6. R. 基思·索耶：《剑桥学习科学手册》，徐晓东、杨刚、阮高峰等译，教育科学出版社，2021。

7. 施良方：《学习论》，人民教育出版社，2001。

8. 温寒江、陈爱苾：《学习学》，教育科学出版社，2016。

9. 托马斯·戈登：《教师效能训练：一个已被证明能让所有年龄学生做到最好

的培训项目》，李明霞译，中国青年出版社，2020。

10. 保罗·图赫：《性格的力量：勇气、好奇心、乐观精神与孩子的未来》，刘春艳、柴悦译，机械工业出版社，2013。

美学文化学领域推荐阅读书目：

1. 宗白华：《美学散步》，上海人民出版社，2015年。

2. 李泽厚：《美的历程》，生活·读书·新知三联书店，2009。

3. 汤一介：《中国传统文化的特质》，上海教育出版社，2019。

历史文学领域推荐阅读书目：

1. E. H. 卡尔：《历史是什么》，陈恒译，商务印书馆，2007。

2. 张岂之：《中国历史十五讲》，北京大学出版社，2003。

3. 尤瓦尔·赫拉利：《人类简史：从动物到上帝》，林俊宏译，中信出版社，2017。

4. 杨伯峻：《论语译注》，中华书局，1980。

5. 斯蒂芬·茨威格：《人类的群星闪耀时：十四篇历史特写》，舒昌善译，生活·读书·新知三联书店，2017。

特级教师选读书目被分为哲学伦理学领域、教育学领域、心理学领域、美学文化学领域、历史文学领域五大类，每一类名著都有不同的阅读方法，也会为读者带来不同的启发和帮助。

(三)查阅作者创作缘由

"诗者，志之所之也，在心为志，发言为诗。"(《毛诗序》)作者独具匠心，用心雕琢，通过作品来表情达意。我们可以通过作者的创作经历了解成书的原因，也可以从名著中发现作者的人生经历，还可以从名著中读出作者的理论观点以及寄寓的社会理想。总之，还原作品诞生的年代场景，以作者的所思所想理解名著，无疑是通往深度阅读的一把钥匙。

《孟子·万章下》云："颂其诗，读其书，不知其人，可乎？是以论其世也。是尚友也。"翻译成现代文就是，吟咏他们的诗，阅读他们的书，不知道他们到底是什么人，可以吗？所以要研究他们所处的社会时代。这就是上溯历史，与古人交朋友。孟子认为，读古书是与古人交朋友，要了解作者的为人，所处的社会时代，只有这样才能深入理解他们的作品。如果仅读表面文字，那就是知其然而不知其所以然了。很多文学名著凝聚了作者多年的心血，代表了作者的人生理想，从创作背景进入名著的广阔内容，更能体会到名著的意义和价值。

鲁迅的散文集《朝花夕拾》，原名《旧事重提》，全书收录了鲁迅于 1926 年创作的 10 篇回忆性散文。前七篇散文——《狗·猫·鼠》《阿长与〈山海经〉》《二十四孝图》《五猖会》《无常》《从百草园到三味书屋》《父亲的病》——反映了鲁迅童年时代在绍兴的家庭和私塾中的生活情景；后三篇散文——《琐记》《藤野先生》《范爱农》——叙述了鲁迅从家乡到南京求学，又到日本留学，然后回国教书的经历，揭露了半封建半殖民地社会种种丑恶的不合理现象。如若了解作品的创作背景，便会对作者和作品有更深一层的认识。

《朝花夕拾》创作之时，正值政府统治最为黑暗的时刻。1925 年，鲁迅在北京担任大学讲师期间，因支持学生运动受到流言攻击和排挤。1926 年，北洋军阀政府枪杀进步学生，制造了三一八惨案。鲁迅写下《记念刘和珍君》等一系列文章，控诉北洋军阀政府的残暴，结果遭到通缉而不得不远走厦门避难。《朝花夕拾·小引》写道："前两篇写于北京寓所的东壁下；中三篇是流离中所作，地方是医院和木匠房；后五篇却在厦门大学的图书馆的楼上，已经是被学者们挤出集团之后了。"[①]结合这样一个特殊的创作背景，我们需要思考为什么鲁迅要创作《朝花夕拾》这部文集。

《朝花夕拾》是鲁迅从自我生命的底蕴里，寻找光明的力量，以抵御由外到内的漫漫黑暗；是鲁迅在"战斗"的间歇期，以一种特殊的"休息"方式，去"更深刻地思考"人生的问题；亦是言志与载道的结合，将中国现代散文的写作拓展进一个新的境界。[②]首先，作者借回忆从生命的底蕴里，寻找抵御黑暗的光明的力量。因而在《朝花夕拾》中，有鲁迅快乐无忧的童年时光，有含带着地域风俗的家乡记忆，有淳朴慈爱的亲人和师长，记忆中美好的一切成为鲁迅在现实中战胜羁绊、不断前进的力量源泉。其次，即使是回忆性文章，也无法完全脱离现实的语境，而与当下社会时有呼应，故蕴含着鲁迅对历史的深刻思考和对现实的执着态度。10 篇散文，

---

① 鲁迅：《鲁迅全集》第二卷，236 页，北京，人民文学出版社，2005。
② 宋剑华：《无地彷徨与精神还乡：〈朝花夕拾〉的重新解读》，载《鲁迅研究月刊》，2014(2)。

反映了一个时代的各个侧面，勾勒出鲁迅的成长轨迹，表达了他在成长中的困惑、对人性的洞察以及对封建思想的批判。

二、诠释

"读懂"的第二个层级为诠释，就是在直接获取名著的基本信息之后，对于其主要内容的解读，在此分为局部理解与全书架构。也就是说，既要随着逐页阅读文字，理解名著每一节每一章在说什么，也要在读完全书之后能够统整全书内容，对全书的结构了然于胸，即所谓见到树木也见到森林。

（一）局部理解

读书，是与文本对话。从读者接受角度而言，"句子在本文中形成陈述、意见、传达信息、建立各种图景，它们是通过它们的所指物的相互作用而具有丰富意义，读者是踩在这些所指物的联系点上进入本文的，并不得不接受本文句子提供的既定图景；但同时，读者必然引起这些图景的相互作用，并且它们总是预示某种即将到来的事情。这些句子在读者阅读中展现为一个过程，本文的真正内容和意义就是在这过程中形成的。"[①]一个理想的读者，首先要将文字解码为"所指物"，然后"踩在这些所指物的联系点上进入本文"。只是不断被动地接受文字并没有阅读效果，读者需要借助文字了解内容，并能将前后内容相互勾连，读出意义。依据不同名著的特点，下文具体阐释论说类名著、实用类名著以及文学类名著阅读的关键点。

1. 论说类名著：读懂概念

出版于 1948 年的《乡土中国》，是当代社会学家费孝通创作的社会学著作。全书收录了作者根据在西南联大和云南大学所讲"乡村社会学"一课的内容，应当时《世纪评论》之约，而写成分期连载的十四篇文章。作者试图回答"作为中国基层社会的乡土社会究竟是个什么样的社会"这一问题。全书并不是调查报告的性质，也不是一个具体社会的描写，而是从具体社会里提炼出的一些概念。温儒敏教授在人

[①] 朱立元：《接受美学》，27 页，上海，上海人民出版社，1989。

民文学出版社出版的《乡土中国》一书的导读部分,介绍了阅读社会科学论著的方法,其中一个重要方法就是"抓概念"。"在科学研究中,把某些现象或者事物所体现的本质特点抽象出来,加以概括,形成一种'说法'(往往是某一个词句),这就是概念。"① 可见,抓概念就是抓重点、抓关键,读懂了概念才能把握每一部分的主要内容。

以第四章"差序格局"为例,标题就是本章的核心概念。但是作者并没有直接对"差序格局"做出界定或是解释,而是运用不同的方式来阐释它。有身边生活现象的列举:苏州人家后门常通一条河,什么东西都可以向小河沟里倾倒;小到两三家合住的院子,公共走廊上尘灰堆积,满院生了荒草无人管。有生动形象的比喻:"我们的格局不是一捆一捆扎清楚的柴,而是好像把一块石头丢在水面上所发生的一圈圈推出去的波纹。每个人都是他社会影响所推出去的圈子的中心。被圈子的波纹所推及的就发生联系。"②中西社会结构模式的对比如表 4-2 所示。

表 4-2　中西社会结构模式对比③

对比点	团体格局(西洋)	差序格局(中国)
形象比喻	像一捆柴	像石子击水泛起的水波
社会类型	权利关系形成的社会	人情关系形成的社会
人际关系	团体界线清楚	群己关系具有伸缩性、模糊性
价值体系	个人主义	自我主义
道德观念	人与人平等,一视同仁	以"己"为中心,以"伦"为差序
社会规范	依"法"维持社会格局	依"礼"维持社会格局

还引述了许多传统文化典籍:《礼记·祭统》中所讲的十伦,即鬼神、君臣、父子、贵贱、亲疏、爵赏、夫妇、政事、长幼、上下,都是指差等,《中庸》把五伦作为"天下之达道",等等。第四章全篇,通过生活现象列举、比喻与对比、引述文化

---

① 费孝通:《乡土中国》,4 页,北京,人民文学出版社,2019。
② 费孝通:《乡土中国》,24 页,北京,人民文学出版社,2019。
③ 张忠森:《从概念理解模式构建到知识体系的形成——以〈乡土中国〉为例探索学术类著作整本书阅读》,载《教学月刊(中学版)》,2023(10)。

典籍等多种手法，让读者深入理解"差序格局"这一核心概念。最终，作者希望读者能够用自己的话概括出"差序格局"的含义。"差序格局"可以概括为中国乡土社会中以"己"为中心并向外推及而形成的人与人之间亲疏有别且具有伸缩性的社会结构格局。[1]

2. 实用类名著：读懂方法

《布卢姆教育目标分类学》是教师案头必备的教学用书之一，书中也提出了一些重要的概念，如知识维度、认知过程维度等。但是，在概念的基础上，作者提出了许多对教育教学具有指导意义的操作方法，因此我们将其作为实用类名著，对读懂其中的方法做一些阐释。

《布卢姆教育目标分类学》包括四部分，分为十七章，核心内容是第二部分，包括第三章分类表、第四章知识维度、第五章认知过程维度。以第四章知识维度为例，在阐述每一类知识时，作者都采用了如下同样的说明顺序。首先，界定这一类知识。例如，事实性知识包括学科专家用于学术交流、理解以及系统地组织学科的基本要素；事实性知识包括学生通晓一门学科或解决其中任何问题所必须了解的基本要素。其次，介绍两个亚类，包括界定与实例。例如，事实性知识的两个亚类分别是术语知识与具体细节和要素知识。每个亚类都详细阐明其基本含义、主要特点、源于不同学科的具体例子。

读懂知识维度这一章内容，主要是了解作者的分类方法，关键是教师在教学中能够运用。因而，随着阅读的深入，作者期望读者能够在每一亚类的实例之后，写出自身所熟悉学科领域的实例，并与作者提出的界定对照。例如，对于事实性知识中的术语知识，语文教师就会写出笔顺、笔画、偏旁部首、独体字等，生物教师就会写出细胞各部分的标记、人体各大系统等。对于事实性知识中的具体细节和要素知识，历史教师就会写出重要的人名、地名和事件名称，政治教师则会写出近期重要的时事新闻。

当读者能够依据书册的说明，了解知识的四个维度分别是什么，并能够举出相应的实例之后，还需要对四个维度做出区分。作者在书中举出的关于《麦克白》的

---

[1] 张忠森：《从概念理解模式构建到知识体系的形成——以〈乡土中国〉为例探索学术类著作整本书阅读》，载《教学月刊（中学版）》，2023(10)。

例子就便于理解。四位教师都是讲哈姆雷特的四大悲剧之一《麦克白》，可是他们选取的知识维度不同，因此教学内容截然不同。教师1关注的是剧本的事实性知识，如剧中角色的名字、剧情细节等；教师2关注的是《麦克白》的概念性知识，如野心、悲剧英雄、讽刺等；教师3关注的是《麦克白》的程序性知识，他开发了一套在阅读剧本时使用的一般方法：讨论剧情—分析角色—理解主题—考虑写作方式与文化背景；教师4不仅关注阅读《麦克白》的方法，而且希望学生能够边学习边思考，对自己使用工具的方式加以反省，显然这位教师更多关注的是剧本所包含的元认知知识。这个事例，可以帮助读者区分知识的四个维度，读者也可以尝试列出自己学科领域内同一教学材料的不同知识维度。读懂方法，就是把作者的方式方法运用到自己熟悉的领域，主要是学会运用。

3. 文学类名著：读懂语言

文学语言，指文学名著呈现于读者面前供其阅读的具体言语系统。由于文学作品的特殊性，这个系统中的言语总的说来与一般生活言语有明显的不同。文学言语除了人们经常提到的形象性、生动性、凝练性、音乐性等特点外，还具有内指性、心理蕴含性和阻拒性三个特点。[1]

第一，内指性。生活中的言语是外指性的，指向语言符号之外的现实世界；而文学名著的言语是内指性的，指向文本中的艺术世界，有时它可以不符合现实生活的逻辑，只要与艺术世界的氛围统一就可以。例如，鲁迅先生在《从百草园到三味书屋》中所写的：

我不知道为什么家里的人要将我送进书塾里去了，而且还是全城中称为最严厉的书塾。也许是因为拔何首乌毁了泥墙罢，也许是因为将砖头抛到间壁的梁家去了罢，也许是因为站在石井栏上跳了下来罢……都无从知道。[2]

此段落是《从百草园到三味书屋》中的过渡段，上承"百草园"，下启"三味书屋"。学龄儿童进学堂读书学习，这是现实世界给出的答案。但是儿童起初总是不情愿被约束、被管教，所以幼年鲁迅以为是自己在百草园里犯了错，因而家里人将他送进了全城最为严厉的书塾。这是一双儿童的眼睛在看世界，读者从中读出了幼

---

[1] 童庆炳：《文学理论教程》，202~203页，北京，高等教育出版社，1992。
[2] 鲁迅：《鲁迅全集》第二卷，289页，北京，人民文学出版社，2005。

年鲁迅的贪玩与淘气，拉近了与作者的距离。

第二，心理蕴含性。人类的语言一般有两种功能，指称功能和表现功能。一般言语，侧重运用语言的指称功能来指示事物；文学名著中的言语则更重视语言的表现功能，蕴含了作者丰富的感觉、情感、思想等心理意义。例如，史铁生《秋天的怀念》一文的结尾：

又是秋天，妹妹推我去北海看了菊花。黄色的花淡雅，白色的花高洁，紫红色的花热烈而深沉，泼泼洒洒，秋风中正开得烂漫。我懂得母亲没有说完的话。妹妹也懂。我俩在一块儿，要好好儿活……①

又是秋天，又是菊花。可文中的秋天与菊花，不单单指一个季节、一种花朵，而且指向对母亲的怀念。作者的母亲正是在一个秋天菊花盛开之时离开这个世界的，因而秋天和菊花蕴含着对母亲深深的怀念。那时的母亲为什么要推双腿残疾的儿子去北海看菊花呢？各色的菊花泼泼洒洒，在秋风中热情绽放，展现出旺盛的生命。无论生活怎样对待我们，母亲都希望"我和妹妹"像秋风中的菊花一样"好好儿活"，所以在作者笔下秋天和菊花是顽强不屈的生命力的象征。

第三，阻拒性。阻拒性又称陌生化，源于俄国形式主义理论。与"阻拒性"言语相对立的是"自动化"言语，是指那些非常熟悉不再引起人注意的语言。因为大家都这样使用，所以司空见惯，对言语形式不再产生兴趣。文学言语就是要避免这种语言的"自动化"现象，设法将普通言语加工成陌生的、新奇的言语，以引起人们的注意和兴趣，从而获得审美效果。长篇小说《百年孤独》中被人们称道的开篇：

多年以后，面对行刑队，奥雷里亚诺·布恩迪亚上校将会回想起父亲带他去见识冰块的那个遥远的下午。②

过去（遥远下午）—现在（作者的叙述时间）—将来（多年以后），三个时态在一句话里重合，既是叙述也是想象和回忆。作家常说，小说写作最难的就是开篇第一句话；对于读者而言，最为关键的也是开篇第一句话，就像人与人的初次见面。《百年孤独》的开篇便石破天惊，打破了人们的语言习惯，但与全书魔幻现实主义的基调完全吻合，因而极大地激发了读者的阅读兴趣。

---

① 史铁生：《史铁生散文》，2页，北京，人民文学出版社，2007。
② [哥伦比亚]加西亚·马尔克斯：《百年孤独》第2版，范晔译，1页，海口，南海出版社，2017。

（二）全书架构

当读者按照章节顺序将名著内容细读完毕，阅读还没有全部完成。"阅读中，读者种种期待被不断修改，现象被不断扩展，但读者总会有意无意地去把读到的一切在动态进展中逐步组合成一个首尾一贯的统一体，这是阅读中'完形'（格式塔）功能的更重要方面。"①艺术作品是作为一种结构感染人们的。这意味着它不是各组成部分简单的集合，而是各部分相互依存的统一整体。读者在细读完一部书的每个章节之后，会提出对于全书内容统整的进一步要求。例如，各个章节之间有何逻辑联系？全书采用了什么艺术结构？从开篇至结尾，什么地方有了变化，什么地方保持不变？这就需要读者在读完全书之后将所有内容进行梳理与统整。通常可将名著分为语录集、文集和小说三类。

1. 语录集

语录集顾名思义即语录的集合。代表性的著作有《论语》和《沉思录》。《论语》是孔子弟子及再传弟子关于孔子言行的记录。全书共 20 篇，内容有孔子谈话、答弟子问及弟子间相与谈论。《论语》集中体现了孔子的政治、审美、道德伦理和功利等价值思想。《沉思录》被称为西方世界的"论语"，是古代罗马皇帝马可·奥勒留创作的一部个人哲学思考录，主要思考人生伦理问题兼及自然哲学。《沉思录》全书 12 卷，是作者以与自己对话的形式写成的语录集，具有极其丰富的道德修养内涵，对后世影响深远。

2. 文集

短篇的作品常常结集出版，著名作家的代表性文集是名著常见的一种形式，如泰戈尔的诗歌集《新月集》《飞鸟集》，梭罗的散文集《瓦尔登湖》、沈从文的散文集《湘行散记》，鲁迅的短篇小说集《呐喊》《彷徨》。有的文集直接以作者名命名，如《陶行知教育名著教师读本》《契诃夫短篇小说集》《傅雷家书》，有的文集以写书目的来命名，如苏霍姆林斯基的《给教师的建议》等。文集多数是按照时间顺序或是类别顺序排列的，有的也存在内部的逻辑结构，一般可从目录之中寻到规律。例如，前文提到的《乡土中国》，有读者运用思维导图的形式，以目录为基础绘制了

---

① 朱立元：《接受美学》，28 页，上海，上海人民出版社，1989。

全书的结构图(见图4-1)。①：

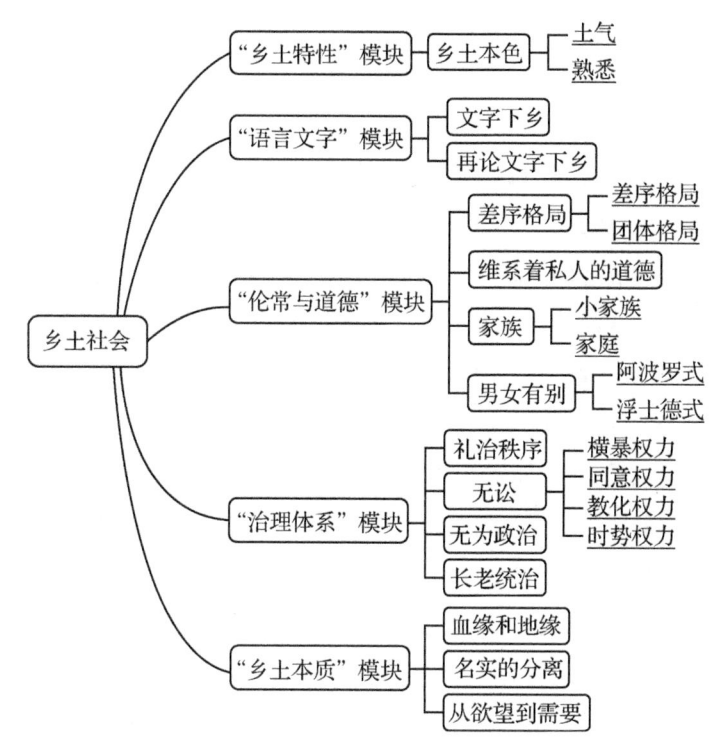

```
乡土社会
├── "乡土特性"模块 ── 乡土本色 ── 土气 / 熟悉
├── "语言文字"模块 ── 文字下乡 / 再论文字下乡
├── "伦常与道德"模块
│   ├── 差序格局 ── 差序格局 / 团体格局
│   ├── 维系着私人的道德
│   ├── 家族 ── 小家族 / 家庭
│   └── 男女有别 ── 阿波罗式 / 浮士德式
├── "治理体系"模块
│   ├── 礼治秩序 ── 横暴权力 / 同意权力 / 教化权力 / 时势权力
│   ├── 无讼
│   ├── 无为政治
│   └── 长老统治
└── "乡土本质"模块
    ├── 血缘和地缘
    ├── 名实的分离
    └── 从欲望到需要
```

图 4-1 《乡土中国》全书结构图

该图将十四篇文章分为五大模块，分别析出概念作为内容统领。"乡土特性"模块包括《乡土本色》这篇文章，作者又分出两个子概念："土气""熟悉"。以下类同，"语言文字"模块包括《文字下乡》《再论文字下乡》；"伦常与道德"模块包括《差序格局》《维系着私人的道德》《家族》《男女有别》，每篇又分出子概念；"治理体系"模块包括《礼治秩序》《无讼》《无为政治》《长老统治》；"乡土本质"模块包括《血缘和地缘》《名实的分离》《从欲望到需要》。这样，一张图就将全书十四篇文章整合了起来，通过概念之间的联系便可以看出《乡土中国》内在的逻辑关系。

---

① 母坤蒙：《高中学术著作整本书阅读的教学模式研究——以〈乡土中国〉为例》，84页，硕士学位论文，云南师范大学，2023。

3. 小说

小说是大家常见的一种文学体裁，短篇小说经常结集出版，而中篇小说、长篇小说便独立问世。中篇小说，如海明威的《老人与海》、沈从文的《边城》。长篇小说古今中外不胜枚举，如我国的四大名著《水浒传》《三国演义》《西游记》《红楼梦》均是长篇小说，巴金的"激流三部曲"，包括《家》《春》《秋》三部长篇小说。长篇小说的结构有事件发展结构、人物成长结构等。

第一，事件发展结构。事件发展结构多见于叙事性作品，如小说、叙事诗或是戏剧文学，一般包括事件的开端、事件的矛盾冲突、矛盾冲突的解决、事件的结尾。《复活》是俄国作家列夫·托尔斯泰创作的长篇小说，是作家一生探索和思想的总结，被誉为俄国批判现实主义发展的高峰。贵族聂赫留朵夫与初恋情人玛丝洛娃意外地在法庭相见，这时玛丝洛娃成为被控告的小偷。玛丝洛娃的出现，唤醒了聂赫留朵夫沉睡的灵魂。事件内在的矛盾冲突是主人公聂赫留朵夫为青年时期的罪过忏悔和赎罪，外在的矛盾冲突则是当时俄国社会从农村到城市、从监狱到法院到省衙的腐败，而这才是真正的万恶之源。矛盾冲突的解决是聂赫留朵夫跟随玛丝洛娃去西伯利亚服苦役，玛丝洛娃接受了聂赫留朵夫的忏悔。事件的结尾是玛丝洛娃嫁给了革命党人西蒙松。事件可以由多条线索构成也可以由多个视角来叙述。《复活》就是由聂赫留朵夫与玛丝洛娃两个人物为主线索构成，时而分别叙述时而交织在一起，共同体现了小说题目"复活"这一主题。

第二，人物成长结构。多数的小说里都会有一个主人公，尤其是以第一人称叙述的文学作品，这时叙事者就是小说的主要人物。小说的全部情节贯穿起来，讲述了主人公的人生经历，表达了主人公不同寻常的成长过程，代表性的文学名著如英国作家夏洛蒂·勃朗特的长篇小说《简·爱》。表4-3梳理了主要人物简·爱的成长经历。

表4-3 简·爱的成长经历

地点	属性	主要人物	主要事件
盖茨黑德府	舅妈家	约翰表哥、表妹、舅妈	被欺负、孤独的童年
罗沃德学校	孤儿院	好友海伦、谭波尔小姐	一场瘟疫、好友去世，六年学生，两年教师

续表

地点	属性	主要人物	主要事件
桑菲尔德庄园	家庭教师的工作场所	罗彻斯特先生、女管家、英格拉姆小姐	体验爱情，发现了疯女人，选择离开
沼泽居	表哥的家	圣·约翰表兄、两个表姐	遇见表兄圣·约翰，平分叔叔的遗产
芬丁庄园	自己的家	罗彻斯特先生	嫁给双目失明的罗彻斯特

有评论者认为《简·爱》的结构如同但丁所作《神曲》的艺术架构：简·爱经历了地狱般的苦难（盖茨黑德府和罗沃德学校）、炼狱般的折磨（桑菲尔德庄园和沼泽居），终于到达了天堂般的理想境界（芬丁庄园）。引导简·爱走完艰难人生历程的是自尊自爱、坚强独立的精神品格。人生阶段的这些重要经历和重要他人，帮助简·爱一步步走向自我成熟，并形成美好的个人品格。对每一个追求平等独立、自尊自强的个体而言，阅读《简·爱》就是为自己的心灵寻找归属。

三、运用

美国学者布鲁克菲尔德认为，批判反思型教师有四面镜子：作为教师和学习者的叙事记录、学生的眼睛、同事的感受和理论文献。为什么说理论文献是教师认识自我的一面镜子？他说："理论学习可以为我们熟悉的事件提供不熟悉的阐释，可以为我们提供另外的工作方式，因而它让我们用一种富有成效的方式动摇着自己。""通过阅读书籍和文章，我们可以就实践问题与自己感兴趣的'同事'进行模拟对话。"[1]这里提到的"熟悉的事件"指的是教师从事的教育教学实践，"不熟悉的阐释"指的是理论文献中的视角和方法。理论学习也包括阅读名著。与名著对话，能够为教师提供新的视角，促进教师自身的进步。下文主要从改进课堂教学、支持教学研究、提高思想认识三个方面来阐述阅读名著的作用。

---

[1] 黄伟杰：《基于经典阅读的教师职后教育模式》，载《中国教育学刊》，2012(3)。

(一)改进课堂教学

施良方所著的《学习论》是我国较早的一部全面介绍学习理论的著作。教师必须了解学生是怎样学习的,这样才能够设计合理科学的教学方案,可以说《学习论》是教师必读的名著之一。书中的第八章"奥苏贝尔认知同化学习理论"介绍了奥苏贝尔主要的学习理论,如接受学习与发现学习、意义学习与机械学习、先行组织者策略、学习中的动机因素等。意义学习与先行组织者对教师的帮助和启发最大,有不少教师将其运用在自己的教学之中,收到了良好的效果。

奥苏贝尔认为,意义学习有两个先决条件:一是学生表现出一种在新学的内容与已有的知识之间建立联系的倾向;二是学习内容能够与学生已有的知识结构联系起来。这两个"联系"一个指向学生,另一个指向知识结构。这就给教师教学带来启发:教学之前需要掌握学生已有知识,这是教学的起点;找到已有知识与新授内容之间的联系,从而设计可行的先行组织者,这是为学生学习提供支架。奥苏贝尔还区分了两类组织者,即说明性组织者和比较性组织者,它们既可以在学习材料之前呈现,也可以在学习材料之后呈现。

依据意义学习与先行组织者理论,一位数学教师提出了"预学前置"。预学前置就是在学生正式进行系统化学习之前,教师先提供学习任务,让学生从自己的生活经验和知识基础出发,进行尝试性学习。"预学前置"的问题设计与处理应结合学生的学情和数学课的课型来决定。新授课更多的是通过问题,引导学生将在前面的概念、定理学习过程中的加工和处理信息经验迁移到这节课,或是将前面的概念进行拓展延伸,发现悖论,生成定义新的概念的需要。而对于习题课、复习课而言,教师更多的是帮助学生完成原有认知系统化的梳理,让知识更具条理性,便于记忆与应用。[①]

(二)支持教学研究

《布卢姆教育目标分类学》中的分类思想运用到教育教学中,是非常有效的理

[①] 芮建军、储小亚:《基于"先行组织者"理论的高中数学课堂教学策略分析》,载《数学教学通讯》,2017(18)。

论工具。有的教师将其用于课堂教学，还有的教师将其作为理论支撑开展校本教学研究。

一位英语教师依据布卢姆教育目标分类学设计了研究主题：以布卢姆教育目标分类学为指导，记忆、理解、运用、分析、评价和创造六个层次教育目标全部覆盖的英语阅读课教师课堂提问能否促进高中生的英语阅读能力。研究对象是高二年级A班和B班。A班为实验班，B班为控制班。两个班由同一位教师授课，采用同样的教材，处在同样的教育环境中，不同的是A班以布卢姆教育目标分类学为指导，B班按现状进行教学。全程运用课堂观察和对比研究的方法。从实验结果来看，经过布卢姆教育目标分类学指导的A班的英语阅读成绩比未经过布卢姆教育目标分类学指导的B班的英语阅读成绩要高，并且通过差值对比发现，评价和创造这两个层次提高最明显。[1]

教学研究是教师解决实际问题、提高研究能力、促进思维发展的有效方法。很多教师在进行教学研究时会遇到两个主要问题，一是研究问题不明晰，二是研究内容不详细。这两个方面都可以通过阅读相关理论文献来解决。在上述案例之中，布卢姆教育目标分类学为教师的教学研究提供了重要的理论框架，使得其研究成果有实效、有深度。

（三）提高思想认识

接受美学认为，文本只有经过读者的阅读理解、加工转化，才能成为具有一定意义的作品。真正的阅读者，能够将名著中蕴藏的信息读出来，读到当下的世界里来，读到自己身上来，也就是"融入经验的阅读"。特级教师华应龙在谈自己的专业成长之路时，总结出一个读书—思考—教学—读书的螺旋上升的模式。由此可以看出，阅读是思考之源，而思考的结果恰恰可以运用到教学工作中，教学工作又对阅读提出了更高的要求，如此螺旋上升。这一循环过程既是阅读不断拓展的过程，也是思考逐渐加深的过程，与此同时带来教学能力的稳步提升。对于教师而言，名著是学科教学的资源、班主任育人的素材，也是自身成长的精神食粮。

---

[1] 参见范海滨、刘敏：《Bloom 教育目标分类学在高中英语阅读课教师课堂提问中的应用研究》，载《湖北师范大学学报（哲学社会科学版）》，2019(2)。

立德树人的根本旨归在于"培养什么人、怎样培养人、为谁培养人"。经典代表了人类认识自我的最高成就,"具有不可替代的育人价值,可以从'精神成人'层面回答培养什么人的问题;与此同时,经典阅读是文化育人的重要组成部分,推进经典阅读,可以从实践层面回答如何培养人的问题。"[1]在中小学生日常思想道德教育方面,班主任工作有着不可取代的重要作用。《中小学班主任工作规定》在第一章"总则"第二条规定,班主任是中小学日常思想道德教育和学生管理工作的主要实施者,是中小学生健康成长的引领者,班主任要努力成为中小学生的人生导师。

中学生正处于社会认知与自我认知形成的关键期,阅读与研讨《平凡的世界》,有助于学生超越狭隘的自我生活体验,体味尽管生活充满艰难苦涩但仍要积极进取、奋发向上的精神力量,发现平凡的世界中的"不平凡"。《平凡的世界》的意义不局限于20世纪八九十年代,每个时代的读者在阅读时都能产生情感共鸣,获得心灵净化,领悟人生教益。作者时时满怀激情地在叙事中插入充满人生哲理的金句（见表4-4）。这些金句可以作为中学生的座右铭,指导他们人生前进的方向,形塑他们的价值观念和文化人格。

表4-4 《平凡的世界》中的金句

话题	书中的金句
苦难	他现在倒很"热爱"自己的苦难。通过这一段血火般的洗礼,他相信,自己经历千辛万苦而酿造出的生活之蜜,肯定比轻而易举拿来的更有滋味——他自嘲地把自己的这种认识叫做"关于苦难的学说"……
奋斗	人生就是永不休止的奋斗！只有选定了目标并在奋斗中感到自己的努力没有虚掷,这样的生活才是充实的,精神也会永远年轻！
爱情	真正的爱情不应该是利己的,而应该是利他的。
劳动	一个人精神是否充实,或者说活得有无意义,主要取决于他对劳动的态度。
平凡	我们承认伟人在历史进程中的贡献。可人类生活的大厦从本质上说,是由无数普通人的血汗乃至生命所建造的。伟人们常常企图用纪念碑或纪念堂来使自己永世流芳。真正万古长青的却是普通人的无名纪念碑——生生不息的人类生活自身。

---

[1] 王辉、陈文东：《大学生经典阅读与立德树人——兼论大学生阅读中的"〈平凡的世界〉现象"》,载《湖南师范大学教育科学学报》,2020(2)。

苦难、奋斗、爱情、劳动、平凡……这些人生的话题渐渐走进中学生的心灵。如何正确地看待和认识？学生时代应该做什么，不应该做什么？许多问题接踵而来。这时，需要有人与他们敞开心灵对话，需要有人语重心长地讲给他们人生的经验。《平凡的世界》中有很多为了人生理想奋斗的青年，激励人心的场面不在少数，闪耀着青春激情的金句也有很多。班主任可以以此为素材，围绕学生现阶段最为关心的话题，以小说的世界联系真实的生活，让少平、少安、晓霞进入每一个学生的内心，以充满理想色彩的励志精神鼓舞一个个幼小的心灵向着正确的方向勇敢前行。

邱勇教授自从2015年担任清华大学校长后，每年都给新生赠书作为入学礼物。2015年首次送给新生的文学名著就是《平凡的世界》，校长在寄语中说"人生的奋斗、理想的追求，在不同的时代都是相似的"。后来，学校将学生撰写的读后感汇编成书，"平凡""理想"成为书中的高频词。从一篇篇的读后感中可以看出，真正打动学生的并不是孙少安、孙少平所经历的艰辛和磨难，而是他们在经历磨难时所表现出的人格尊严。[1] 人不是被苦难打倒，而是被苦难磨砺得更为坚强、更加有力。对于一名教师而言，入职的第一天便开启了自己的职业生涯，这是一条充满荆棘、需要不断追求和奋斗的漫漫长路。有的教师从新手教师、熟练期教师、特级教师一路走来，甚至成为形成自己教育思想的教育家；也有的教师在这条长路上的某个阶段，驻足停滞，遇到事业发展的瓶颈期。每一位教师都有自己的优势，同时每一位教师也存在自己的短板。如何保持学习的心态，跟进新时代的教育理念？如何消除职业倦怠感，找回教书育人的工作热情？如何克服专业发展的瓶颈，寻求支持和帮助，实现自我突破？在专业发展的每个阶段，教师都需要自我前进的动力、克服困难的毅力和坚持不懈的定力，而《平凡的世界》会为教师带来勇气和信心。

第三节 教师读书会

阅读名著是改进课堂教学、支持教学研究、提高思想认识的有效途径。然而，

---

[1] 史宗恺：《续写岁月的传奇：清华学子感悟〈平凡的世界〉》，北京，清华大学出版社，2016。

现实中的教师阅读却存在一些问题。例如，教师阅读缺少指导，尤其是名著阅读，没有适合的阅读方法与阅读策略便不能收到良好的阅读效果。教师阅读缺少管理，如大部头的名著阅读常常因为缺少规划而难以持续。教师阅读缺少同伴。共同的问题与讨论话题，可以激发阅读的动力，而阅读后的讨论交流可以从不同角度深化不同读者对于名著的认识。很多教师希望加入阅读小组，在同伴互助中一同阅读、促进成长，然而，现实中的教师缺少阅读同伴。

有研究者给学校读书会下了定义："学校读书会是指以教师的自愿、自主为基础，运用各种资源以阅读、讨论、思考、分享以及深度对话等团体学习方式，以定期或不定期聚集为形式开展活动，从而促进教师专业发展的'校本教师教育'活动。"[1]其实，教师读书会不完全是在学校中发生的，在培训班级、社会组织、网络平台中都有可能发生。因此，教师读书会可以有多种类型，如学校读书会、班级读书会、自组读书会、网络读书会等。教师读书会是教师专业共同体的具体形式之一，其特征可由"读""书""会"三个字体现出来。首先是"读"，读书会的每一位成员都要用心读书、用心思考，这是前提；其次是"书"，"书"是阅读材料，既包括书刊等文字材料，也包括影视等非文字材料；最后是"会"，教师围绕阅读材料进行平等的交流、分享与讨论。一般的教师读书会包括三种角色：分享人、导读人和主持人。分享人，当然是读书会的每一位成员，依据读书会的讨论主题做出分享，主要职责是参与；导读人，可以是读书会的成员也可以是外请专家，是指对教师阅读和讨论予以指导与帮助的人，主要职责是引导；主持人，往往是读书会的成员，也是交流与讨论的策划者与组织者，主要职责是组织。下文依据不同名著的特点，介绍三种教师读书会的形式，以供大家参考。

一、导读—自读—答疑

教师需要阅读论说类名著，以结合名著中的相关理论与概念，重新认识与阐释教育实践，从而更好地指导教育教学。下文结合美国教育家杜威的名著《我们怎样

---

[1] 孙炳海、叶志雄、李伟健等：《读书会与学校读书会：对教师专业发展的意义》，载《教师教育研究》，2010(6)。

思维·经验与教育》，介绍导读—自读—答疑依次开展的教师读书会。

(一)名著特点与阅读困难

《我们怎样思维·经验与教育》最早在1903年12月号《初等学校教师》杂志上发表，1910年在波士顿出版单行本，距今已有一百多年。全书深入细致地探讨了人类思维的本质，包括三部分内容：第一部分"思维训练的问题"说明了什么是反省思维以及思维训练的重要意义；第二部分"逻辑的探讨"论述了反省思维的过程和结果，判断、观念、概念等的含义以及系统的方法；第三部分"思维的训练"讨论了如何从活动、语言、观察、讲课等方面发挥儿童的好奇心、想象力，培养他们的科学思维方法。

教师常常按照学习的要求阅读这本书，但是从第一章开始便感到晦涩难懂。究其原因，主要有以下三点：第一，对书中提出的概念不能理解，对概念与概念之间的联系与区别不清楚；第二，对全书架构不清晰，节与节之间的关系以及章与章之间的关联常常被忽略；第三，读书过程缺少自我监控，对于一知半解的概念和术语，不做深入研究。

(二)读书会设计

针对论说类文本的特征和教师阅读中存在的困难，《我们怎样思维·经验与教育》教师读书会采用导读—自读—答疑的步骤组织教师阅读。

首先，导读。在教师正式开始阅读之前，邀请一位对此书有研究的专家给全体教师做一次导读。导读的目的是激发教师的阅读兴趣，引导教师了解阅读本书的方法和策略。导读的内容一是杜威生平及杜威思想的介绍、杜威思想对中国教育的影响，以此拉近教师与作品的距离，并使其认识到阅读此书的重要意义；二是阅读理论书籍的主要方法，包括建议教师在阅读时圈点批注、做笔记，重视阅读理解的自我监控，对于读不懂的地方要重点标记。

其次，自读。规划好每天需要阅读的内容、阅读后需要完成的任务，且全班达成一致后，便进入自读阶段。专家可以录制介绍全书梗概以及串讲全书章节的视频，待教师读完全书或是读完全书的重点章节后推送给教师观看，并请教师在自读的基础上对照专家的讲解进一步理解。

最后，答疑。一方面理论名著有一定的深度，阅读起来有一定的难度，因此，即使教师读完了全书也会存在困惑；另一方面，理论名著需要一遍又一遍地多次阅读，如此，教师才能充分理解观点与理论的深刻意义并在实践中运用。因此，答疑交流就显得非常重要。在2023年北京教育学院卓越教师培养项目《我们怎样思维·经验与教育》答疑活动中，一上午的时间教师提出了很多问题，也表达了自己阅读的真切感受。有的教师关注的是对名著中主要概念的准确理解，如"什么是反省思维？""反省思维与今日提出的批判性思维有何联系与区别？"有的教师谈到理论名著的阅读方法，例如，对某一概念的提法，作者用到了一些相近的表述，其内涵是近似的；对一句话的理解，不能只通过字面，还需要将其放到全段甚至全篇的语境之中反复咀嚼。有的教师则提出了将名著内容与自己教育教学案例结合的想法，通过名著厘清教育教学中的新概念、新理念，反过来，再通过教育教学案例促进对名著中观点的理解，由此，形成良性互动。

二、自读—领读—实践

面对教育教学中的重点与难点问题，教师更愿意阅读实用类名著，以帮助解决困难。实用类名著既有理论观点，也包括操作方法和经典案例，教师可以直接用于自己的工作与学习之中。在此以苏霍姆林斯基的著作《给教师的建议》为例，介绍自读—领读—实践依次开展的教师读书会。

（一）名著特点与阅读困难

《给教师的建议》是苏联教育家苏霍姆林斯基编著的教育学著作，首次出版于1977年。本书是苏霍姆林斯基从事学校教育工作实践和进行教育理论研究三十多年的结晶，构成了一个完整的和实践的教育思想体系，包括教师职业的特点、教师应具备的素养、智育的主要任务及其实施、协调各种教育力量、做好教育工作计划等多个方面。全书共有一百条建议，每条围绕一个观点展开。标题即观点，正文既有具体生动的事例，也有作者细密严谨的论述，教师可以根据实际需求通过标题寻找想要阅读的篇章，并进行深入阅读。

不同于理论名著，教师阅读《给教师的建议》不存在理解上的困难，主要问题在于没有将名著"读活",即没有将其与自己的经验联系起来。

(二)教师读书会设计

针对实用类名著的特征和教师阅读中存在的困难,《给教师的建议》教师读书会采用自读—领读—实践的步骤组织教师阅读。

首先,自读。《给教师的建议》内容丰富实用、语言亲切流畅,一般建议教师先自读。有的教师习惯按照顺序逐条阅读,并在每条建议后写下自己的心得体会;有的教师喜欢先浏览目录,寻找自己最关心的话题重点阅读。例如,新手教师一般对这些建议感兴趣:"从哪儿找时间,一昼夜只有24小时""关于做'困难'学生的工作""要赢得学生的思想和心灵"等。

其次,领读。《给教师的建议》内容丰富,教师可以灵活采取多种阅读形式。教师在集中讨论时,重点不应是阅读内容上的互通有无,或是讨论本书的几个专题,而应是听一听会阅读、会思考的教师是怎样阅读这本书的。因而,可以根据教师的读书笔记选出代表介绍自己的阅读经验,以一位教师为例(见表4-5)[1]:

表 4-5 《给教师的建议》阅读与思考

	名著摘录	关联性思考
关于学生阅读的思考	每天不间断地读书,跟书籍结下终生的友谊。潺潺小溪,每日不断,注入思想的大河。读书不是为了应付明天的课,而是出自内心的需要和对知识的渴求。	阅读的价值
	学校教育的缺点之一,就是没有那种占据学生的全部理智和心灵的真正的阅读。	阅读教学的意义
	我们力求使每一个少年、每一个青年都找到他自己的书,这本书应当在他的心灵里留下终身不可磨灭的痕迹。	书籍选择
	把每一个学生都领进书籍的世界,培养起对书的酷爱,使书籍成为智力生活中的指路明星,这些都取决于教师,取决于书籍在教师本人的精神生活中占有何种地位。	教师的作用
	儿童的学习越困难,他在学习中遇到的似乎无法克服的障碍越多,他就应当更多地阅读。	学困生阅读的意义

---

[1] 黄维舟:《让经典助燃阅读之光——读〈给教师的建议〉有感》,载《教育文汇》,2023(7)。

这位教师领读了名著中的几条建议,将其中的重点语句结合自己的教学实践做了分析与解读,并且运用书中的观点改进了自己的教学,收到了很好的效果。

最后,实践。通过领读,教师对于名著内容有了深度的理解,对于如何将其运用于教学中也有了更多的想法。教师读书会的价值追求,包括"输入"和"输出"。"输入"是指教师从名著中汲取"营养"与"灵感",而"输出"则是将从名著中学到的知识、理论、方法运用于自己的教育教学实践中。读书会宗旨是加快教师成长,提升教师专业化水平,助力学校"成长课堂"教育品牌项目建设。学校骨干教师分享自己阅读实践的经验,青年教师交流践行"成长课堂"的有效做法。读书会紧紧围绕"成长课堂"品牌项目开展专项读书及研修活动,有效保障了学校教育品牌项目建设的顺利推进。①

三、自读—沙龙—反思

教师阅读按目的大体可以分为两类:专业阅读与素养阅读。专业阅读指的是针对具体学科教学、能够提高教育教学水平的阅读。阅读内容除了学科的本体知识,还包括所有学科教师都需要阅读的教育学名著、心理学名著等。素养阅读指的是帮助教师修身养性、陶冶情操、拓宽视野的阅读。阅读内容为所有学科教师都应该阅读的文学名著、哲学名著、科学名著等。在此以理查德·巴赫的著作《海鸥乔纳森》为例,介绍自读—沙龙—反思依次开展的教师读书会。

(一)名著特点与阅读困难

《海鸥乔纳森》一书出版于1970年,1974年已有中文版问世,时至今日已经被翻译成40多种语言。《海鸥乔纳森》属于寓言体小说,兼具寓言和小说的性质。首先,人物形象丰满复杂,既有鲜明的个性特征,又有普遍的代表意义。其次,作者的观点深藏于情节之中,内涵丰富多元。以上特点要求读者不能止步于精彩的故事情节,还要读懂小说的人物和语言,联系生活解读小说的主题。

---

① 郭建辉:《阅读·成长——人北中学教师"白马书香"读书会侧记》,载《"行知纵横"教育与教学研究论坛》(第九期),2023。

(二)教师读书会设计

阅读交流实际上是一个"与名著对话"、"与他人对话"以及"与自己对话"的过程。针对文学类文本的特征和教师阅读中存在的困难,《海鸥乔纳森》教师读书会采用自读—沙龙—反思的步骤组织教师阅读。

首先,自读。全书可分为三个篇章,南海出版公司的版本配有精美的插图,带给读者无尽的想象。为了更好地读懂文本,读者可以边阅读边批注。批注的形式不拘一格:有眉批,写在书头上;有旁批,写在书页的两侧;有夹批,写在书中字里行间;有尾批,写在一段或一节最后。更为关键的应该是批注什么。常见的批注内容有四类:注释难懂的字、词、句,提炼段落大意或是语言特点,批注阅读时产生的联想、感受以及疑问,勾画优美语句和至理名言。对于《海鸥乔纳森》而言,批注内容主要是后两者。

其次,沙龙。此处的沙龙指的是围绕阅读一本书而组织的讨论交流会,也可以称为读书工作坊。不同教师对同一本名著的感受和理解有相同之处也有不同之处,需要彼此联通,从而更为全面地理解名著。沙龙主持人通过一个任务单引发大家的讨论。任务单包括精心设计的三个问题:其一,文中给你印象最深的是哪些词语、句子、观点、对白、场景?其二,阅读时你回想起哪些工作或生活中的具体经历?阅读带给你怎样的感觉?其三,全书在向读者传递什么信息?你从阅读中学到了什么?沙龙讨论的形式从最初的小组内部交流到小组之间交流再到全班范围交流。

最后,反思。莫蒂默·阿德勒曾言:"伟大的书籍含有最好的材料,能使人类的心灵得到见解、领悟力及智慧。每一本书都以独特的方式提出人所必须面对且经常发生的基本问题。因为这些问题从未得到完全解决,这些书便成为知性代代相传的来源与不朽的名作。"[1]教师阅读文学名著,通过文本的语言层面理解情节与形象蕴含的情感与思想,以独特的方式提出人类必须面对和思考的基本问题,从而观照人类内在的精神世界以及外在于人类的文化世界。教师通过阅读过程中的主体感受与评价,体会阅读的价值不是回答"是什么"的事实陈述,而是内含着"感受到什

---

[1] [美]莫蒂默·阿德勒:《西方名著中的伟大智慧》,王月瑞译,121~122页,海口,海南出版社,2002。

么"的主观体验和"应当是什么"的价值取向。沙龙好似给大家带来了一场头脑风暴，同时也将阅读的热情推到最高点，教师会在与他人真诚的交流中获得启示，获得感动。当沉静下来之后，每位教师都需要深入地思考：小说中的哪个场景，让我感受到……从而体会个体生命历程中与乔纳森精神贴合的美妙瞬间。小说中的很多情节、话语和场景又引发了再次阅读。有一位青年教师，在送给笔者的卡片上写道："我生命中的吉昂长老，简短的一句话令我深深感动，也让我对于从事教师培训工作感到由衷的幸福。"

第五章
读懂时事

本章概述

读懂时事，是教师关注世界、探究生活本质的重要方式，也是教育教学实践的重要途径之一。本章包括三节：第一节"为什么要读懂时事"重点从教师为什么要读时事、什么是时事、时事阅读的常见误区入手，回答了为什么读和读什么的问题；第二节"如何读懂时事"重点从时事的内容结构和价值意义、时事阅读的原则和方法、时事阅读的影响因素、时事阅读的学科路径四个方面入手，回答了如何读懂的问题；第三节"时事阅读的案例分析"，重点从聚焦同一主题的四个不同的时事案例入手，分析教师如何读懂时事并进行教学应用。

第一节　为什么要读懂时事

教育者需要关注时事。生活即教育。"不仅社会生活本身的经久不衰需要教导和学习，共同生活过程本身也具有教育作用。这种共同生活，扩大并启迪经验；刺激并丰富想象；对言论和思想的正确性和生动性担负责任。"①

一方面，时事作为当下值得关注的热点，为历史续写了重要事件，也为未来铺垫了各种可能，其重要意义不言而喻；另一方面，时事在横向空间轴上，跨越了国家公共生活领域、社会公共生活领域和私人生活领域，关系到政治、经济、文化、科技、体育、艺术、医疗、交通等内容，与人们的生活息息相关。时事因其突出的热度、跨度和深度，成为民众关注的重点，又因其概括性、全局性和价值性，成为探究生活本意的典型内容。

"一个人的活动和别人的活动联系起来，他就有一个社会环境。他所做的和所能做的事情，有赖于别人的期望、要求、赞许和谴责。一个和别人有联系的人，如果不考虑别人的活动，就不能完成他自己的活动。因为，这些活动是实现他的各种趋势的不可缺少的条件。"②通过关注时事，分析时事，人们可以探究其背后所涉及的国家公共生活领域的公平与正义、社会公共生活领域的规则与秩序、私人生活领域的自由与宽容等价值意义。

一、教师为什么要读时事

教师进行时事阅读，是教育教学的题中之意。时事作为最近发生的重大事件，具有还原生活视域和激发学生学习兴趣的天然优势。无论是教育教学的基本规律，还是教育根本任务，抑或是课程思政教育理念，都对教师进行时事阅读和教学应用

---

① ［美］约翰·杜威：《民主主义与教育》，王承绪译，7 页，北京，人民教育出版社，1990。
② ［美］约翰·杜威：《民主主义与教育》，王承绪译，14 页，北京，人民教育出版社，1990。

提出了现实要求。

(一)教育教学规律的要求

教育是一个把自然人转化为社会人的过程。教育一方面要遵循学生的成长规律、认知规律，另一方面要依据教师教学的规律。时效性的这一特点，使得时事天然地具有调动学生学习兴趣的优势。教师在尊重学生认知规律的前提下，要学习和了解教学规律，开发合适的时事资源，并将其运用到教育教学中。例如，教师要根据学生不同发展阶段的认知特点，将时事融入教学中：小学阶段以时事故事的形式，培养学生的学习兴趣，帮助其形成积极乐观的人生态度；初中阶段以时事案例的形式，提高学生的分析总结能力，帮助其形成正确的价值观；高中阶段以时事问题的形式，鼓励学生进行自主探究学习，培养学生的思辨意识，帮助其坚持正确的政治方向，进而成长为合格的社会主义建设者和接班人。

(二)教育根本任务的要求

落实立德树人根本任务要求，教育必须着眼促进学生全面发展，在坚持德育为先的同时，培养德智体美劳全面发展的社会主义建设者和接班人。如何在教育教学的真实情境中，培养学生直面问题、分析问题、解决问题的能力？时事作为最丰富和真实的教育教学情境，等待教师的发现、解读、分析、设计和应用，以更好地促使学生投入真实社会，了解生活本真。进行时事阅读、分析和探究是必然路径。以德为先，坚持价值观引领，通过对不同领域、不同类型时事的具体内容进行阅读分析、对时事蕴含的价值意义进行探究分享，帮助学生充分实现德智体美劳的全面发展，成长为合格的社会主义建设者和接班人。时事提供了鲜活的德育案例，帮助学生在阅读分析中形成良好的道德品质和政治观念；时事提供了丰富的智育资源，促进学生对科学文化知识和技能的充分应用；时事提供了体育和美育的有效场景，搭建了学生进行健康知识学习、体力发展和鉴赏美、创造美的教育平台；时事提供了劳动教育的多维路径，探索围绕时事主题展开多种类型的劳动教育，唤起了学生的实践热情，帮助学生从象牙塔走进了真实的生活和社会。时事教育指向核心素养的培育和学生的全面发展。因此，进行时事教育是落实立德树人根本任务的要求和题中之意。

(三)课程思政教育理念的要求

课程思政指以构建全员、全程、全课程育人格局的形式将各类课程与思想政治理论课同向同行，形成协同效应，把"立德树人"作为教育根本任务的一种综合教育理念。课程思政教育理念要求教育结构和方式发生变化，即实现知识传授、价值塑造和能力培养的多元统一。学生在这种多元统一的真实获得感的学习过程中，树立正确的国家观、民族观、历史观、文化观，从而成长为德智体美劳全面发展的人才，成为中国特色社会主义事业的合格的建设者和可靠的接班人。这种多元统一的根基，则是真实的社会生活。只有面对真实情境、真实问题，学生才能真正提升能力和养成素养，实现全面自由发展。

"人的本质不是单个人所固有的抽象物，在其现实性上，它是一切社会关系的总和。"[1]社会关系是具体的，人性也就是具体的。人在群体的复杂的社会关系中获得多方面的社会规定性。人在创造全面性的社会关系的历史进程中，也使自身达到全面性。因此，全面发展的人的塑造，必须回归社会，回归对社会真实生活和真实问题的感受、认知、分析，以致在实践中获得自由、全面的发展。时事，是社会焦点问题，集中呈现了复杂的社会关系，具有概括性、全局性和价值性，在分析解读时事的过程中，学生能够有多重面向，得到全面提升。因此，课程思政教育理念要求教师必须关注时事，关注社会，关注学生的真实成长，真正实现以学生发展为主。学生的成长不是条框式的、刻板的，不是按照不同学科、不同课程分裂进行的，学生的成长是有规律的，因此课程思政教育理念恰恰是回应了立德树人的整体育人目标。

二、什么是时事

(一)时事的内涵

时事指近期发生的国内外大事，可能是某一典型的事件，也可能是复杂的事件集群。人们在阅读、理解和使用时事的时候，也会有"时事政治"的说法，这里的

---

[1] 《马克思恩格斯选集》第一卷，135页，北京，人民出版社，2012。

时事政治是指最近某个时间段发生的国内外政治大事，专指时事中的政治事件、活动和行为。本章所指的时事，不局限于时事政治，还指时时刻刻在发生的、与人们的生活和工作息息相关的重大时事事件。

(二)时事的特点

时事作为国内外大事，不仅具有"热度、跨度、深度"的一般特点，而且具有"概括性、全局性、价值性"的性质特点。我们要把握时事的一般特点，更要理解其性质特点，这样才能全面地把握时事，进而科学地解读时事。

1. 一般特点

（1）热度

时事的第一个特点凸显为"时"，即当下，强调事情的鲜活度、敏感度、热度。保持敏感性，及时捕捉具有热度的时事，对于教师而言，能够在教学中起到良好的示范应用作用。例如，及时关注国内外政治、经济、军事、文化发展态势，用鲜活的实例来证明中国特色社会主义制度优势，培养学生爱党爱国精神，增强其国家意识和社会责任意识。教育教学与时事相结合，既有助于学生养成关注时事的习惯和解读时事的能力，也有助于学生树立正确的世界观、人生观和价值观。

（2）跨度

一件时事，既可以是政治领域的事件，也可以是文化领域的事件，还可以涉及体育、科技等多重领域。例如，备受关注的杭州第 19 届亚运会以半个月的"杭州时间"给人们留下了难忘的记忆。"亚运会"一时间成为具有超大领域跨度的时事主题，关涉政治、经济、文化、科技、体育等多重领域。习近平总书记以"亚洲运动会承载着亚洲人民对和平、团结、包容的美好向往"阐释杭州亚运会之于亚洲、之于世界的时代价值，彰显以体育为媒促进人类进步的深邃思考。在亚运会上，体育健儿筑梦赛场，共创造 100 多项赛会纪录和诸多亚洲纪录、世界纪录，彰显了顽强拼搏的体育精神。以科技助力，从开幕式的"江南韵味""亚运数字火炬手"，到闭幕式的"荷桂共生辉""最忆是杭州"，亚洲和世界领略了开放包容、自信自强的大国气象。杭州亚运会打开了文化交流之窗，展现了灿烂悠久的中华文明，八方来宾见证了千年古都的丰厚底蕴，感知了古老东方大国的文明脉动。"亚运会"这一多跨度时事主题，引发社会民众的关注与思考。

（3）深度

时事之所以成为时事，不仅在于其热度与跨度，还在于其本身的意义深度。我们往往需要对时事进行深度的分析和解读，才能了解其背后的重要成因和可能产生的深远影响。时事所表现出来的直观的内容要素，如时间、地点、事件等，并不能充分体现其背后的意义。也正是因为时事的深度，所以需要采取正确的阅读方法，透过现象看本质，以对时事所涉及的各个环节进行了解和把握，继而进行解读、分析和应用。例如，Open AI 发布的聊天机器人模型生成式人工智能自 2022 年 12 月上线以来，因其超高情商和巨大威力，备受社会关注。从最初的参加高考、修改代码、构思小说，到加入道德准则进行聊天交流等，引发了人们的一系列思考。人工智能在哪些领域能够取代人类进行工作、人工智能造成的学术欺诈和剽窃、人工智能对于人类隐私的威胁风险、人工智能是否具有真正的人类智能等，这些关系到科技、文化、法律、道德层面的问题，值得人们在解读时事的基础上进行深度反思。这一时事引发人们关注深层的问题：需要在立法、执法层面对科技伦理进行法律解读，需要对人工智能发展中有关社会分工和分配的制度进行深度辨析，需要对人类情感和理智等道德问题进行深度挖掘，等等。因此，这一时事极具深度，需要基于事实进行深度解读和全面分析。只有深度把握时事，才能够透彻了解时事背后的问题意义和价值观念。

2. 性质特点

（1）概括性

时事作为近期发生的国内外大事之大，首先体现为其"概括性"。时事的概括性，指的是时事的共同的本质属性和内在规律的反映。

（2）全局性

时事作为近期发生的国内外大事之大，还体现为其"全局性"。时事的全局性，指的是时事是关系到民众、社会、国家的整体性事件，具有全局性影响。

（3）价值性

时事作为近期发生的国内外大事之大，还体现为其"价值性"。时事的价值性，指的是时事是关系到民众、社会、国家的重要事件，具有被关注的特殊意义，并通过对时事的关注，引发价值领域的探讨，可以表现在人生观、世界观和价值观等多重价值层面。

三、时事阅读的常见误区

在教育教学中，教师往往具有关注时事和阅读时事的意识，但是在进行时事阅读的时候存在不少问题，这也直接影响了在教育教学中合理科学地使用时事案例。时事阅读的误区主要表现为如下三个方面。

(一)关注热度，缺乏深度

人的注意力容易停留在获取信息的表层，缺乏深入思考。当获取信息、认识世界和发展思维的阅读行为发生时，人们往往容易被信息呈现的方式所吸引，从而缺乏对信息背后意义的探究。例如，人们更容易关注吸引眼球的时事热点，并局限在浅层，而对于时事背后的意义的深度挖掘缺乏耐心，或缺乏分析时事热点所需要的知识储备、思辨能力和价值引领。

(二)先入为主，失之偏颇

一方面，作为阅读主体的人，都有自己的立场、观点和倾向；另一方面，同一时事由于呈现的角度和表现方式有所差异，因此使得人们无法站在客观的立场上，还原时事本身。在此基础上阅读时事会出现先入为主，失之偏颇等问题。

(三)功利目的，无效嫁接

由于教学工作的目的性，教师在阅读时事时，往往会自觉或不自觉地将其和自己的学科教学对接，试图体现教学融入时事、关注热点、吸引学生注意力的优点。但是，忽视时事本身的结构形式，不了解时事阅读的影响因素和时事阅读的学科路径，没有对时事进行科学而全面的学习，只是简单地进行时事案例的直接应用，如此只能产生最表层的教学效果，甚至出现时事案例使用不合理、时事与学科教学无效嫁接等现象。

第二节　如何读懂时事

把握了时事的内涵和特点，了解了时事阅读的常见误区，那么如何避免这些常见的误区，真正做到科学地阅读时事呢？这就需要把握时事的内容结构和价值意义，了解时事阅读的方法和原则，知道时事阅读的影响因素，掌握时事阅读的学科路径。

一、时事的内容结构和价值意义

时事是近期发生的国内外大事，可以是一件事也可以是复杂的事件集群，往往通过新闻的方式表现。新闻指的是报纸、广播、电视等媒体报道的消息，或者泛指社会上最新发生的事情。新闻在写法上主要是叙述，有时兼有议论、描写等。时事可以是新闻，但并不是所有的新闻都是时事。有些新闻虽然具有一定价值，但是并不同时具备时事的概括性、全局性、价值性三种本质属性。因此，时事与新闻并不对等。教师在进行时事阅读时，有必要把握时事的内容结构和价值意义。

（一）时事的内容结构

教师要对时事的具体内容结构有所了解，同时要对时事的内涵有所把握，如此才能够充分理解时事的内容结构和价值意义。

1. 内容要素

时事在内容上包括时间、地点、人物、起因、经过和结果六个要素，通过对时事六要素的把握，我们在面对时事时，便可以迅速地把握其主要内容。这对于每天接触大量信息的教师而言大有裨益。通过对时事六要素的把握，教师能够快速筛选有用信息，并及时将其应用到教育教学中。

2. 结构顺序

因为传播方式、传播主体以及传播目的存在区别，时事的结构顺序也存在较大差异。

(1)顺序结构，表达全面

时事表达的顺序结构，即按照时事发生发展的时间顺序组织材料，是一种把时事表达的六要素顺次串起来的结构方式。顺序结构的时事，内容全面，读者能够快速捕捉事件的发展脉络。

(2)乱序结构，突出重点

时事作为新闻的一种，在传播中要简洁、凝练，即用最少的文字表达最充分的信息，因此不能报道所有的时事内容，而要强调最有价值的内容，由此就要打破顺序结构，突出重点——最重要的信息放在开头介绍，后面的内容可以根据重要性依次排列，也可以根据受众关注点灵活排列。

(3)聚焦关键，综合表达

时事所呈现的方式，往往是话题式的，因此在表达上呈现出聚焦关键词的特点，如"双减""两会""冬奥会"等。围绕关键词，进行话题式的综合表达，进行讨论、分析和探究等，也是时事在内容结构上最突出的一个特点。

(二)时事的价值意义

时事的价值意义，不仅在于时事的内容能够引起大众的普遍关注，而且在于其蕴含的价值观念。是否为当前社会的重大事件，是否与人民生活息息相关，是否能够引起人民的关注，是否真实与新颖，是否能够促进社会主义的建设和发展，是否能够引导人民树立新的价值观与审美观等，都是时事传播者衡量与选择时事的标准。因此，在阅读时事、讨论时事、分析时事的过程中，教师要透过时事六要素和结构顺序，充分了解其背后的问题意义和反映的价值观念。

时事作为一种客观事实的存在，对于每个人的发展和成长，都是一种宝贵的资源。教师要充分把握时事促进人的思想、精神和能力发展的力量，透彻把握时事资源与人的发展之间的价值关系；要充分利用时事的启迪性，使学生通过阅读、学习和探究时事，了解社会，树立正确的价值观念。

二、时事阅读的原则和方法

(一)时事阅读的原则

1. 方向性

教师进行时事阅读的首要原则,就是要有坚定的政治方向。方向性,并不是口号式的阅读原则,而是需要教师在阅读时事的过程中,不断进行政治理论学习,并不断将其融入教育教学中。

教师要以马克思列宁主义、毛泽东思想、邓小平理论、"三个代表"重要思想、科学发展观、习近平新时代中国特色社会主义思想为指导,深入贯彻党的精神,全面贯彻党的教育方针,落实立德树人根本任务,发展素质教育,不断推进教育公平,以社会主义核心价值观统领教育教学活动,融入时事教育,并着力提升教育教学的思想性、科学性、时代性、系统性和指导性,以培养德智体美劳全面发展的社会主义建设者和接班人为己任。

2. 客观性

客观性,即在阅读时事时,要做到尊重事实,保持理性。这也是教师在教育教学中要坚持的原则。因此作为阅读者,教师要注意保持客观性,多渠道获取时事信息,保证获取真实信息,进而对时事进行客观的分析和探究。

3. 思辨性

教师在阅读时事时,要时刻保持思辨性。教师可以运用演绎与归纳、分析与综合、推理和论证等逻辑思辨方法,对时事进行分析。只有充分运用思辨的方法,才能够发现事物之间的联系,探究复杂问题的本质,不断认识时事背后的价值意义,从而将时事内容运用到教育教学中,以培养学生直面问题、解决问题的能力,并帮助其在问题的探究和分析中,实现素质养成和全面发展。

(二)时事阅读的方法

1. 解构时事的基本内容

教师要基于时事内容的六要素对时事进行基本内容的解读。时事涉及的内容比

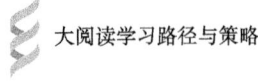

较复杂，牵涉的人物较多，存在的问题也多种多样，这就需要分清时事中哪些是基本事实，哪些是传播者的判断、分析，哪些是时事背后所反映的问题和价值意义。

需要注意的是，由于时事传播的主体差异、时事获取的渠道差异、时事应用的学科差异等，不同教师会对同一时事做出不同的表达和分析。这是阅读和解构时事过程中的正常现象。

2. 收集时事的资料信息

教师在对时事的资料信息进行收集整理的时候，存在很大问题。

第一，选用的时事资料太单一。教师往往选用某一媒体的报道直接作为案例进行教学。媒体的报道虽然具有真实性、时效性，但其涵盖的信息量往往很大，学生很难从中提取出与教学内容相关的有效信息。

第二，呈现时事的方式存在问题。当下时事热点更多以短视频的形式呈现，教师往往会直接选用，但学生在看完短视频后能够记住的信息很少，更不用说依靠回忆来分析讨论时事热点，因此教学效果不容乐观。

第三，大多数教师往往直接从学科资源网上选用现有相关案例进行教学，不再对时事的时效性、完整性进行整合，由此可能导致学生在时事阅读中抓不住关键点，教学效果大打折扣。

因此，在收集时事的资料信息时，教师要避免以上误区。首先，要选用全面且多渠道的时事信息。其次，要选取合适的时事资料呈现方式。最后，要整合并设计时事资料信息应用于教学。

3. 提炼时事的有效价值

时事的有效价值，一方面是时事本身蕴含的关键内容，另一方面是时事对社会需求的满足，因此，时事价值是时事本身所包含的满足社会需求的素质的总和。一个客观存在或发生的事实，能否成为时事，然后被关注和传播，主要取决于如下两点：其一，在多大程度上及以怎样的方式与公众利益相关联；其二，能否满足人们的需求。在这里，所谓公众利益既包括经济利益，也包括安全、公正、道德、荣誉、审美等社会价值利益。

当阅读时事指向学科的教育教学时，教师还需要考虑时事与学科的融合，提炼时事价值与学科核心素养的连接点。

三、时事阅读的影响因素

为什么对同一时事的阅读、理解和应用会千差万别呢？除了阅读者本身的阅读立场、阅读方法和价值取向有区别以外，时事本身的生成、传播和被获取的方式都会对阅读造成重要影响。因此，教师在对时事进行解读分析的同时，有必要对时事生成的背景进行解读，对时事传播的受众指向进行分析，对时事获取的渠道差异有所把握，从而更好地挖掘时事的关键信息，并将其有效地融入教育教学实践当中，以探究时事与学科融合的有效路径。

(一)时事生成的背景解读

1. 时事生成背景的内涵

时事生成背景广义上有三重含义：导致时事发生发展的广阔的时代背景，与时事中的人物和事件发生发展过程直接有关的背景材料，向时事传播者提供消息、介绍情况的人的背景情况。时事生成背景狭义上单指与时事中的人物和事件形成有机联系的一定的环境和历史条件。时事生成背景对时事本身起说明、补充、衬托作用。了解时事生成背景，有利于了解时事的来龙去脉，加深对时事内容的认识和理解，深化对时事的理解。

2. 解读时事生成背景的作用

对时事生成的背景进行解读，能够有以下的积极作用：第一，说明，解释，令时事的内容更加通俗易懂；第二，揭示事物的意义，引起社会关注和讨论；第三，用背景进行对比衬托，突出时事内容中涉及的人物、事件的特点，显示变化程度；第四，以背景语言加以解释，表达某种不便明言的观点；第五，借背景为时事注入知识性、趣味性内涵，使其更具可读性。教师需要对时事生成的背景资料进行多方面多渠道的调查了解，以增加时事的可读性、全面性，促进解读时事之后的教学应用。

(二)时事传播的受众指向

1. 受众的内涵

时事传播的受众是时事信息流程的终端，是时事信息的收受者，是时事新闻媒介产品的消费者，又是信息、媒介及传播效果的最终检验者。受众是时事传播活动积极的参与者，是整个时事传播活动中最活跃的决定性因素。

作为时事传播的受众，其对时事媒介最经常、最权威的评价往往指向与各种各样媒介活动的接触程度，即电视台的收视率、网页的访问量、电台的收听率和报纸的发行量等。

2. 受众的特征

第一，受众获知信息的渠道是多方面的，往往根据自己的需要进行选择，时事信息的传播接收不具有强制性。

第二，受众的心理反应、所表达的意见及所采取的行动，构成了传播过程中信息反馈的来源。受众在接收信息以后，出于一定的心理需求和人际关系会向他人转述。

第三，以电脑、手机为代表的新媒体时代，每个人都既是受众，又是传播者；既是信息的消费者，又是信息的生产者。

3. 时事传播者对受众的期待

时事传播者期待自己所选的信息和所发表的意见能为受众所接受、自己的态度与价值观能够为受众所认同，从而在这个基础上获得所期待的各种经济的、政治的或者其他的功利收益。例如，时事传播者期待自己选择的信息为受众接收之后能成为一种道德的、文化的规范力量，促使受众去规范自己和他人的言行。

教师既是时事的传播者又是受众，需要充分了解时事传播过程中受众的特点以及时事传播过程中的目的性和指向性，以更好地进行时事的阅读、理解和应用。

(三)时事获取的渠道差异

1. 获取时事的主要途径

传播时事的媒介很多，而其传播时事信息的方式也多种多样。按照受众获取时事的途径来看，有视觉途径，如观看电视、网络视频等；有听觉途径，如收听电台广播、手机音频等；有文字途径，如浏览报纸杂志信息、网络文字等。时事获取渠道的差异会影响时事阅读。

2. 不同媒介时事传播的特点

(1)电视

电视作为时事传播的主流媒体之一，对受众的文化水平要求不高，并集齐了图像、声音、文字等多种形式，极大扩展了受众人群的范围。与报纸的文字信息相比，电视的图像语言具有更为直接的信息刺激作用和力量。电视不仅以生动直观的形象，直接指向人们的内心，引发心灵的震撼，产生及时效应，而且大大增加了时事新闻的可信性。但是电视在时事传播方面也存在不足，一些重大时事新闻的部分细节并不总是可以看得见的，这就意味着电视无法用自己特有的画面方式进行记录。另外，电视具有顺时而播的特点，对人们的随意收视形成了客观限制。

(2) 广播

广播通过音量、音调和音色等充分展示其作为听觉传播媒介的个性色彩。同时，结合音乐、音响和其他声音的实时应用，广播更能显示时事新闻的真实性，增加新闻的感染力，甚至可以使听众通过想象和推理产生出场的感觉。但是广播也具有明显的劣势，即声音语言的口头化使得其不容易像文字那样呈现对时事的深度报道。整体而言，广播作为传播媒介有以下几个特点：作为听觉媒介，语言和音响亲切、逼真、生动，具有感染力；传播迅速、时效性强，可以对正在发生的事件做同步报道；渗透性好，影响面广，可以不受空间和条件的限制；内容分析不够全面、报道深度有限；保存性弱、选择性弱。

(3) 报纸

作为视觉传播媒介的报纸保存性强、选择性强，更适合传达深度信息，但是报纸制作的程序多且复杂，因而时效性稍差。另外，报纸借文字传播，要求读者有一定的文化水平，这就限制了读者范围。文字远不及声音、图像那样逼真，导致报纸的感染力较弱。

(4) 网络

作为时事信息传播的重要媒介，网络以自己的技术优势，为大众提供了自发自收的自由。在传统的新闻媒介中，大众接收到的新闻都是经过职业化的新闻传播者加工处理过的，很难直面信息源，但网络使得一些新闻不再经过职业化的新闻传播者加工处理，而是直接与公众见面。网络可以借用自身的技术手段，以影像的形式将一些时事新闻事件复原再现。

网络媒体在传播时事信息时也存在缺陷。首先，网络信息真实性受到挑战。其次，网络信息获取需要一定的物质基础和知识技术能力。最后，网络信息的海量特点，导致冗余信息、垃圾信息、有害信息大量存在，严重干扰了人们对时事内容的有效获取和理解。

四、时事阅读的学科路径

(一)时事阅读的学科差异

1. 学科本身的差异

每门学科都有相对独立的知识体系，都有特定的研究领域和研究对象，也都有自身独特的研究方法。因此不同的学科教师，在进行时事阅读的时候，会带有独特的学科视角，在进行时事分析的时候，也会侧重本学科的研究方法。每门学科也都有自身独特的学科育人价值，因此教师在进行时事阅读之时，要清楚地把握学科差异，找准学科特色，有的放矢地进行时事阅读、分析和应用。

教师要把握本学科特定的符号表达、知识体系、思维方式，以及本学科的价值和意义，在此基础上才能更好地将时事融入教学。"学科本质即一门学科的根本属性，主要从以下几个方面体现出来：一是学科的研究对象和基本问题；二是核心的学科概念与范畴；三是基本的学科方法与思想，其核心是学科思维方式；四是核心的学科价值与精神。"[①]某一学科可以为学生提供这一学科独特的视角、发现的方法、思维的策略和特定的逻辑，使其感受、体悟、认知、阐述和改变这个自己生活在其中并不断与其互动的世界。除此之外，还会提供一种唯有在这一学科的学习中才能获得的体验和经历，让学生能够发现、欣赏学科之美，并有更长远广阔的学科视角和学科表达的能力。因此，学科教师在进行时事阅读分析与教学应用的过程中，要立足学科特质，把握本学科所特有的外显的问题与概念、中层的方法与思想以及内在的价值与精神，同时掌握时事阅读的基本原则和方法，将时事有效地融入学科教学之中，充分发挥本学科的学科特色和育人价值。

---

① 李松林：《深度教学的四个实践着力点——兼论推进课堂教学纵深改革的实质与方向》，载《教育理论与实践》，2014(31)。

2. 学科核心素养的差异

教师在学科核心素养的指向下，选取合适的时事资料进行阅读、分析和应用，能够在教育教学中更好地培育学生的学科素养。每门学科都有其特殊性，学科核心素养是学科本质和教育价值的体现，源于学科的本质、性质、特点、功能和任务等。学科核心素养不是在日常生活中自然养成的，而是需要教育培养。学科固有的关键素养，在一定程度上具有不可替代性，即无法通过对其他学科的学习而获得。

每门学科都具有独特的学科核心素养培养指向，因此在进行时事阅读、分析和应用时，教师要立足本学科的素养指向。例如，地理课程以提升学生核心素养为宗旨，引导学生学习对生活有用的地理、对终身发展有用的地理，为培养具有生态文明理念的时代新人打下基础。地理课程要培育的核心素养包括"人地协调观、综合思维、区域认知、地理实践力"，这显然与道德与法治课程要培育的核心素养——"政治认同、道德修养、法治观念、健全人格、责任意识"是有很大差异的，不仅在其蕴含的学科知识领域上有差异，而且在其培养的必备品格与关键能力上也有不同。不同学科独特的价值观教育特色，也无法通过其他学科代替而全面落实。当然，在学科教学的过程中，教师需要注意的是，不仅要遵循学科发展的规律，体现学科知识的特点，而且要注意"以学生为本"，服务于学生的个性自由和全面发展。

因此，在进行时事阅读、分析和运用的时候，教师一方面要遵循时事阅读的基本原则和方法，另一方面要注意将时事融入本学科教育教学的独特路径。学科教师要在把握课程核心素养的基础上，将之与时事进行有机结合，并审慎设计，搭建时事与学科沟通的桥梁，以便能够更好地以时事为抓手不断提升学生的核心素养。

(二)时事阅读的学科应用

1. 掌握时事阅读的基本原则和方法

教师一方面要了解时事的内涵和特点，避免时事阅读的误区；另一方面要把握时事的内容结构和价值意义，了解时事阅读的基本原则和方法，知道时事阅读的影响因素，掌握时事阅读的科学路径，以真正做到科学地阅读时事。

良好的时事阅读习惯的养成是一个日积月累的过程，而时事阅读的学科应用，更加需要对本学科的研究对象和基本问题、学科概念与范畴、学科方法与思想、学科价值与精神做深度分析和探究，以便实现时事与学科教学的有效对接，实现学科

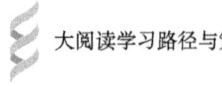

育人功能的多维度表达。学科教师在读时事、学时事、用时事的过程中，一方面对社会有了更真切地关注和融入，另一方面对学科的本质有了更透彻的了解和把握，这对于促使教师的自我发展和专业提升有十分积极的意义。

2. 设计特色的学科表达路径

（1）解读整合关键信息

教师在对时事信息进行合理解读之后，要充分选用全面且多渠道的时事信息，不能局限于短平快的小视频呈现方式，也不能采取单一化的平面报道形式，要把功夫做在课前。一种方式是教师自主进行资料的收集整理，注意方向性、客观性和思辨性；另一种方式是以作业的形式，让学生进行时事资料的收集，并引导其对时事资料进行分析、整合，提炼关键有效信息。因为时事信息的内容非常丰富、表述角度各异、表达方式多样，所以特别需要教师的科学指导，以帮助学生提取时事中的关键信息。教师要做到心中有数，要分析、提取并设计学科教学所需的时事信息，对学生在分析和提炼时事信息时出现的偏差及时进行纠正。

（2）设计学科时事案例

教师需要考虑以何种方式呈现时事，并考虑如何将其有效融入学科教学之中。基于学科育人功能的体现，并充分考虑对学生的表现性评价，有以下几种时事素材应用方式供教师参考。

①口头报告

口头报告是用口头语言对时事学习内容进行反映，有时采用难度更大的答辩，报告与答辩不仅要求学生对时事内容进行口头表述，而且要求学生对自己的观点和逻辑做出较为详细地解释。

②项目调查

项目可分为如下几种：个人项目，即学生个人完成的项目，通常需要有创造性、新颖性；小组项目，通常需要两个或两个以上的个体合作完成，可对合作水平和成果质量进行评价；个人—小组项目，这种项目通常耗时较长，完成之后每个成员均需撰写报告。

③角色扮演

为了让学生对时事有更真切的体会和感受，教师可设计时事场景，让学生在有矛盾冲突的场景中进行角色扮演。这种角色扮演活动，通常是为配合或代替真实情境中的表现，局部或全部模拟真实情境而组织的。

④时事日志

时事日志指的是让学生收集有关时事学习活动的相关资料，进行简单记录和整理，并以日志方式呈现。时事日志适用于长期进行时事融入学科教学的课程，具有鲜明的课程指向性，一般多用于道德与法治课程。

⑤时事小报或论文

撰写时事小报或论文，要求学生对某个时事现象、问题或者观点进行描述、分析、解释、总结、评价或论证，可以有效地评价学生对某个问题或某一学科的理解程度。

时事小报能够呈现学生针对某一时事的多种看法，具有综合性，但是篇幅有限，在深度上有所欠缺。时事论文能够较清晰地了解学生的观点及其表现出来的思维能力、批判意识及内容的新颖性等。时事小报和论文，两种方式可以有效结合。

⑥艺术作品

引导学生基于某一时事主题进行诗歌、文章、图画或者其他形式艺术作品的创作。艺术作品是学科育人能力的艺术表达方式。通过艺术作品，教师既能充分了解学生对于时事的阅读和理解，也能考查学生的分析、应用和创造的能力。

⑦社会实践

这是一种基于教学内容并结合社会活动而进行的时事实践，是结合教学过程要求学生参与社会实践进而去直接感知事物的一种综合性的方法。社会实践不仅有助于发展学生的高层次认知技能，而且给他们提供了直接感知和体验事物的机会，有助于其问题解决意识及社会责任感的养成。

(3) 提炼学科价值意义

学科的育人价值，并不在于学科知识的突破和创造，而在于学生通过学科学习而逐步养成正确的价值观念、必备品格和关键能力。因此在将时事融入学科教学时，教师要特别注意提炼学科价值意义，关注课程核心素养的指向。

每门学科都有其特定的学习方式、学科知识、学科思想与学科技能。学科教学培养学生独特的学科思维，使其明确学科精神特质和价值意义。核心素养的培养，承载着教育理想的实施。教育理想被教育理念、教育方针政策化，被教育教学实践具体化。价值教育作为教育的必要内涵和重要分支，是教育理想最直接最集中的表达与反映，是教育理念贯彻实施的必要途径。因此核心素养也蕴含着学生通过学科学习而逐步形成的正确的价值观念。

例如，思想政治学科，学科内容包括"经济政治社会原理、人物、事件"，要通过"阐述、分析、论证、推理、批判、独立思考、辩证思维"等学科方法进行学习，蕴含的价值指向"平等、尊重、正义、公正"；生物学科，学科内容包括"物种、生命成长、人类、定律、生物学家"，要通过"实验、观察、分析、描述"等学科方法进行学习，蕴含的价值指向"严谨、生命、尊严、感恩、有机性"。诸如此类的学科教学中，都有其特定的价值指向的学科内容和学科方法。正确的价值观念、必备品格和关键能力这三者虽然内涵不同，但是三位一体，是有机的整体，共同构成对学生发展有着重要意义的特定核心素养。因此，学科教师需要结合核心素养，提炼本学科的价值意义，并将其与时事阅读的学科应用结合，实现学生在本学科的时事学习和应用中的提升和发展。

(三)时事政治的学科融入

狭义上的时事指的是最近某个时间段发生的国内外政治大事。很多时候我们在学科教学中讲到的时事就是时事政治。因此有必要对时事政治融入学科教学做单独的分析探究。

1. 学科融入差异

时事政治融入学科教学，有较大的学科差异。一种是时事政治融入思想政治学科教学；另一种是时事政治融入其他学科教学。两种融入方式有以下区别：

(1)主要方式

对于思想政治学科而言，融入时事政治是其教学展开的主要方式之一。例如，高中思想政治课程是帮助学生确立正确的政治方向、提高思想政治学科核心素养、增强社会理解和参与能力的综合性、活动型学科课程。高中思想政治课程紧密结合社会实践，讲授马克思主义基本原理，讲授马克思主义中国化成果，特别是习近平新时代中国特色社会主义思想。因此思想政治学科教学是离不开时事政治的及时应用的。时事热点发生在现实生活中，与我们的生活紧密联系。把时事政治作为教学案例呈现在学生面前，既可以与现实接轨，凸显高中思想政治的学科特点，也可以让学生在分析案例、找寻解决方法的同时回归知识点本身，切身体会思想政治学科与生活的联系，增强政治学科认同感。

(2)次要方式

对于思想政治学科以外的其他学科而言,融入时事政治则表现为次要的教学方式。因为时事政治的内容更贴近思想政治学科,所以对于其他学科而言,融入时事政治属于特殊的教学方式。通过对时事政治内容的解读、分析和价值提炼,恰当地呈现时事政治,将时事政治与学科教学进行结合,从而将时事政治运用到教育教学中,一方面可以引导学生对时事政治进行正确的解读和认知;另一方面将学科知识、方法和思维运用到时事政治阅读之中,可以提高学生认识问题和解决问题的能力,并使其在这一过程中体会学科价值,提升学科核心素养。

2. 时事政治的融入方式

除了前文提到的时事素材应用方式之外,时事政治融入学科教学的方式还有以下几种。

(1)课堂时政播报

课堂时政播报是指教师根据学科内容,结合时事政治的内容,布置相关主题作业,如给学生 5 分钟左右的时间进行播报,结束后教师或同学进行交流与评价。不同的学科教学,采取课堂时政播报的方式存在一定的差异。例如,语文学科的课堂时政播报,要关注学生语言建构和运用的能力,关注学生在表达分析过程中的思维发展与提升,关注学生能否针对所播报时事进行审美鉴赏与创造,关注学生能否通过时政播报而理解文化传承等。在这一过程中,学生的语感、交流、表现、态度、意识、参与等种种语文学科需要关注的能力,都是教师要侧重分析的内容。

(2)时政案例教学

"案例教学法是通过教师呈现案例、提出问题并组织学生分析讨论案例,进而解决案例所涉及的问题,并在此基础上提高学生的理论水平及学习能力的一种教学方法。"[1]时政案例教学,就是教师根据教学目的和教学内容的需要,运用时事政治案例,将学生带入时事政治发生的场景之中,组织学生深入角色,分析、研究案例,对学生进行价值引导,发展学生分析和解决实际问题能力的一种教学方法。

---

[1] 顾明远:《教育大辞典》(增订合编本),54 页,上海,上海教育出版社,1998。

时政案例内容多样，既可以是文字素材，也可以是视听资源。需要注意的是，由于时事内容具有聚焦关键、综合表达的特点，因此教师在运用时政案例时，一般都经过了整合、提炼和加工。也有个别情况是，教师直接将时事政治新闻应用到教育教学中，而这就需要教师前期的针对性筛选和对教学内容做计划性对接，以合理应用时政案例。

（3）时政测试试题

《国务院办公厅关于新时代推进普通高中育人方式改革的指导意见》指出，创新试题形式，加强情境设计，注重联系社会生活实际，增加综合性、开放性、应用性、探究性试题。因此，各学科可以根据学科考核内容，结合时事政治热点，设置阶段测试题目，一方面考查学生对时事政治的关注程度，另一方面考查学生运用学科知识解决现实生活中具体问题的能力。

例如，针对历史学科而言，近几年新课标全国卷文综历史试题多从现实材料入手，创设新的命题情境，充溢着浓厚的时代气息。命题素材更多来自教材之外，多为社会普遍关心的重大问题，目的是引导学生关注社会发展和国情，考查学生运用历史学科知识分析、阐释、评价、解决实际问题的能力。在平时的测试题目中，历史学科教师可以结合时事政治的内容设置测试题目，引导学生从历史的角度理解社会现象，看待现实中的时政问题。因此，将时事政治引入历史学科测试，可以增加学生对于历史和现实之间联系的感知，提升其历史思维品质。

（4）时政作业布置

教师可以结合教学内容，布置相关主题的时政作业。作业形式可以是口头的或书面的，也可以是个人或小组的。时政作业的形式多样，关键在于作业内容的前期设计。时政作业既要结合当下的时政热点，又要体现学科需求，以促进学生对时政的理解，对学科内容的把握。

例如，英语学科可以布置小组形式的时政主题的相关作业，以培养学生的信息收集能力及团队合作能力。学生结合主题进行时政新闻信息收集，整理材料，并形成英文发言报告；通过小组成员在课堂上展示整理的材料，可以提升其英语口语表达能力和英语逻辑思维能力；教师点评和同学互评，可以培养学生的英语批判精神和思辨能力，进而全面提升其英语综合能力以及直面现实、解决实际问题的能力。

第三节　时事阅读的案例分析

一、"碳达峰碳中和"时事阅读案例呈现

案例（一）
中共中央 国务院关于完整准确全面贯彻新发展理念做好碳达峰碳中和工作的意见
（二）工作原则

实现碳达峰、碳中和目标，要坚持"全国统筹、节约优先、双轮驱动、内外畅通、防范风险"原则。

——全国统筹。全国一盘棋，强化顶层设计，发挥制度优势，实行党政同责，压实各方责任。根据各地实际分类施策，鼓励主动作为、率先达峰。

——节约优先。把节约能源资源放在首位，实行全面节约战略，持续降低单位产出能源资源消耗和碳排放，提高投入产出效率，倡导简约适度、绿色低碳生活方式，从源头和入口形成有效的碳排放控制阀门。

——双轮驱动。政府和市场两手发力，构建新型举国体制，强化科技和制度创新，加快绿色低碳科技革命。深化能源和相关领域改革，发挥市场机制作用，形成有效激励约束机制。

——内外畅通。立足国情实际，统筹国内国际能源资源，推广先进绿色低碳技术和经验。统筹做好应对气候变化对外斗争与合作，不断增强国际影响力和话语权，坚决维护我国发展权益。

——防范风险。处理好减污降碳和能源安全、产业链供应链安全、粮食安全、群众正常生活的关系，有效应对绿色低碳转型可能伴随的经济、金融、社会风险，防止过度反应，确保安全降碳。

节选自中国政府网，2021-12-06

案例(二)

积极稳妥推进碳达峰碳中和

本报记者 刘毅 刘温馨

构建"1+N"政策体系,扎实推进碳达峰碳中和

回收分拣、清洗、切片、拉丝、织造……经过12道专业回收再生工序,废弃塑料瓶获得"新生",8个塑料瓶可以做成1件衣服,14个塑料瓶可以做成1个手提袋。北京抱朴再生环保科技有限公司总经理刘学颂说:"从2019年到去年底,我们安全回收1700多万个废弃塑料瓶并实现循环利用,减少二氧化碳排放约1635吨。"

…………

经济发展与减污降碳协同效应凸显,能源生产和消费革命取得显著成效,产业低碳化为绿色发展提供新动能,生态系统碳汇能力明显提高,绿色低碳生活成为新风尚。

稳步推进能源结构调整,建成世界最大清洁发电体系

山西省大同市广灵县,一个100兆瓦超大规模集中式可再生能源发电基地及储能配套设施,将于今年底投运。"这一项目每年可向算力基础设施提供1.5亿千瓦时绿电,减少温室气体排放约14万吨二氧化碳当量。"山西秦云基础信息科技有限公司首席执行官居静说。

…………

生态环境部应对气候变化司司长李高表示:"经过不懈努力,我国实现了经济发展与减污降碳双赢,绿色日益成为经济社会高质量发展的鲜明底色。"

全面贯彻落实党的二十大精神,落实好碳达峰碳中和"1+N"政策体系

新时代十年,我国大力发展绿色低碳产业,产业结构不断优化升级。

…………

"党的二十大为我国进一步做好应对气候变化工作明确了方向。"李高说,要坚持把减污降碳协同增效作为促进经济社会发展全面绿色转型的总抓手,强化综合治理、系统治理、源头治理;积极稳妥推进"双碳"工作,落实好碳达峰碳中和"1+N"政策体系,加快推动重点领域绿色低碳转型;推动落实《国家适应气候变化战略2035》,加快气候变化监测预警和风险管理;积极参与应对气候变化全球治理,为推动构建公平合理、合作共赢的应对气候变化全球治理体系不断贡献中国智慧、中国方案、中国力量。

节选自《人民日报》，2022-11-09

案例(三)

记者手记：从一支"碳中和"笔看低碳发展[①]

新华社记者　柳昌林　陈凯姿

用废弃外卖餐盒制成的"碳中和"中性笔，在博鳌亚洲论坛2023年年会新闻中心的服务台被争相领取。从外观看，这款笔除了贴着"循环利用"绿色标识，与日常使用的其他产品并无差异，实际上，笔身50%的塑料原料已被"替换"。

现场工作人员介绍，"碳中和"笔从回收外卖餐盒开始，到转换成再生塑料原料，再到成品，要经过多个加工环节的默契配合和精准的碳排放计算，最终才能完成"碳中和"之旅。每支"碳中和"系列的中性笔，可减少约2.3克原生塑料的使用。

这只是本次论坛年会的绿色低碳元素之一。

记者观察到，近年来论坛"绿色年会"场景不断丰富：从往届的全生物降解垃圾袋、"零碳咖啡"、"无纸化"参会、100%"绿电"，到今年亮相展区的"红酒瓶变水杯"、废弃物手工装饰画和通过风机旋转产生清洁能源等，"环保""低碳""可持续"等关键词的关注度和热议度越来越高。

从会场延伸到会址所在的博鳌小镇，1.8平方公里的零碳示范区建设基本完成，博鳌"零碳"理念由萌芽逐渐落地实施。

在博鳌镇东屿岛外，占地面积330亩的农光互补发电项目，已完成主体结构建设和主要设备安装调试。"一地两用，阳光共享。板上发电、板下种果蔬，都直供论坛，绿色又环保。"国家能源集团海南公司项目现场负责人毛卫华说。

目前，试验区首批16个子项目竣工，即将开启零碳"试验"，预计每年可减碳9000多吨，年供清洁电力1510万千瓦时。

中国城市规划设计研究院海南分院院长胡耀文介绍说，示范区建设最大化利用当地的风、光、热资源，"让自然做功"，减少高成本技术的使用，展示了以适宜

[①] 该时事案例省略三张新闻图片，分别为：论坛新闻中心服务台上的"碳中和"中性笔，新华社记者陈凯姿摄；论坛主题展展示的用回收塑料制作的创意画品，新华社记者陈凯姿摄；鸟瞰建设中的博鳌零碳示范区，新华社记者杨冠宇摄。

技术逐步更新改造的零碳建设模板。博鳌亚洲论坛2024年年会前，试验区将全面实现零碳运行。

记者发现，今年博鳌论坛的议程中，绿色低碳和能源转型成为重要议题。围绕"碳中和""清洁能源""绿色转型"等话题的分论坛场场座无虚席。

节选自新华网，2023-03-30

案例（四）

倡导低碳生活 守护绿水青山①

三月九日，京口团区委、市中山路小学在正东路街道京口路社区低碳生活中心，开展"京口区少先队劳动实践基地"揭牌暨"倡导低碳生活 守护绿水青山"主题队会活动，通过参观学习、揭牌授旗、植树护绿等形式，帮助少先队员树立低碳理念，参与环境保护。（仲秋、崔世林、王呈摄影报道）

节选自中国江苏网，2023-03-10

二、"碳达峰碳中和"时事阅读案例分析

（一）文本内容各异，聚焦时事主题

本部分选取的四个案例的主题分别是"中共中央 国务院关于完整准确全面贯彻新发展理念做好碳达峰碳中和工作的意见""积极稳妥推进碳达峰碳中和""记者手记：从一支'碳中和'笔看低碳发展""倡导低碳生活 守护绿水青山"。四个主题共同聚焦"碳达峰碳中和"时事，通过阅读、理解，我们可以获得如下信息。

四个案例的信息来源不同，或来源报纸或来源网络，因此教师要恰当把握因来源不同而导致的时事信息内容倾向差异。四个案例的信息呈现方式不同，或为报道或为通讯，因此教师要根据阅读需求和教学需求选取关键信息。四个案例的内容不同，或是通篇文字表述或是图文并茂呈现，因此教师要充分考虑学段差异，结合学生需求进行阅读和教学呈现（如小学阶段，针对学生的学习兴趣，多用图文、视频的信息呈现方式；初中阶段，针对学生思维发展特点，多用文字和案例的信息呈现

---

① 该时事案例省略一张少先队员植树照片。

方式，以提高学生分析总结的能力；高中阶段，针对学生思辨能力及实践能力的发展，多用问题式、项目式的信息呈现方式，以培养学生正确的价值观和社会实践能力）。四个案例的视角不同，或是系统谋划、总体布局的国家视角，或是积极稳妥推进的地方视角，或是低碳生活的大众视角，因此教师要根据教学和应用主题，选用合适的时事材料，并进行整理综合，避免时事信息的单一化处理。四个案例的信息表达不同，或客观陈述或分析点评，因此教师在阅读时事时要遵循方向性、客观性、思辨性的阅读原则。

（二）解读时事信息，提炼时事价值

1. 解读信息，双向阅读

四个时事案例，虽然标题不同，内容呈现方式不同，但是经过阅读，可以得知以上四个时事案例，均指向碳达峰、碳中和"双碳"主题时事。教师对"双碳"主题时事进行阅读时，要对"时间、地点、人物、起因、经过、结果"有具体的把握。中国将提高国家自主贡献力度，采取更加有力的政策和措施，二氧化碳排放力争于2030年前达到峰值，努力争取2060年前实现碳中和。对这两个时间点，教师要有清晰把握。同时对于"双碳"目标所涉及的坚定不移贯彻新发展理念，以国家、企业、产品、活动和个人为主体，开展产业结构调整、科技创新发展、绿色低碳生活等具体过程，助力生态文明建设，指向经济与生态和谐发展等内容都要有充分了解。

进行时事阅读要保持双向阅读。一方面，要基于时事本身进行多渠道信息关注和收集，进行内容解读，提炼时事主题，这是归纳的阅读路径；另一方面，要针对教学需求，寻找相关时事资料，这是演绎的阅读路径。两种方向的阅读，相辅相成，不断提升教师的时事阅读能力。

2. 聚焦关键，提炼价值

针对"双碳"时事主题，教师不仅要聚焦关键信息，提炼新发展理念和生态文明建设的相关价值，做到深度解读；而且要开辟多维度多领域解读视角，做到扩展阅读。

首先，教师要对"双碳"目标有所把握。2020年我国明确提出2030年"碳达峰"与2060年"碳中和"目标。2021年，《中共中央 国务院关于完整准确全面贯彻新发

展理念做好碳达峰碳中和工作的意见》《国务院关于印发2030年前碳达峰行动方案的通知》相继出台，共同构建了中国碳达峰、碳中和"1+N"政策体系的顶层设计，重点领域和行业的配套措施也围绕以上意见和方案陆续公布。教师要围绕有关政策文件，对"双碳"目标进行整体解读和深度把握。

其次，教师要知道"双碳"目标不仅是国家层面的设计，而且有多方面多层次的其他表达，关系到行业、产品、活动以及个人。要对"双碳"目标进行更深度的价值阐释。例如，推进"双碳"工作，体现了我国创新、协调、绿色、开放、共享的新发展理念，这不仅是中国共产党以人民为中心的价值追求，而且体现了我国主动担当大国责任、推动构建人类命运共同体的积极努力。

最后，教师要针对案例关键信息进行深度解读和扩展阅读。除了对"双碳"目标的绿色、环保、低碳进行解读，还要注意对案例信息的其他视角进行扩展阅读和深度解读，以探究其价值意义。例如，案例（一）中的"碳达峰碳中和"的顶层设计，是以习近平同志为核心的党中央统筹国内国际两个大局做出的重大战略决策，是着力解决资源环境约束突出问题、实现中华民族永续发展的必然选择，是构建人类命运共同体的庄严承诺。教师要注重挖掘我国致力于构建人类命运共同体的世界意义。又如，案例（二）中双碳工作的"积极稳妥推进"，注重分析在经济层面优化能源结构，调整产业结构，建立市场机制，增加森林碳汇的同时，积极应对气候变化，以推进生态文明建设、实现高质量发展。除此之外，案例（三）可以从科技创新与气候变化的视角进行分析解读，案例（四）可以从低碳生活方式的角度进行分析解读。总之，教师要将各地区各部门以及个人的行为与国家战略和发展进行关涉，提炼价值并凝练意义。

（三）融入学科教学，促进学生发展

1. 把握学科差异，进行深度教学

作为时事阅读的主体，教师在进行阅读时，有双重身份，一方面是作为时事信息的受众进行阅读理解，另一方面是作为时事信息的传播和应用主体进行阅读应用。因此，在指向教育教学实践的时事阅读过程中，教师必须明确阅读目的，了解学科特色、学科核心素养的培养指向，解读并整合相关时事信息，设计科学合理的时事教学案例和实施路径。

例如，数学教师要对数学学科本质和数学课程核心素养有充分的了解和把握。在进行以上"双碳"时事案例阅读时，数学教师可以结合案例（二）、案例（三）中涉及的数据，对其中涉及的数学运算、数据分析等能力指向，进行恰当的信息整合，设计合理的教学案例，采用科学的表达方式，让学生学会用数学的眼光观察世界，用数学的思维思考现实世界，用数学的语言表达现实世界，并在这个过程中养成数学核心素养。让学生在数学运算、数据分析的过程中，感受"双碳"目标推进过程中的中国力量。同时，要兼顾"双碳"时事案例的其他价值表达，实现数学学科的育人指向。

又如，语文教师要对语文学科本质和语文课程核心素养有充分的了解和把握。在进行以上"双碳"时事案例阅读时，除了可以聚焦四个案例中的不同表达和不同主题，进行相关信息整合以及教学案例设计，语文教师还可以结合案例（三）、案例（四）中涉及的科技创新和志愿活动，协助学生进行相关碳达峰碳中和作品呈现，可以设计多种主题，如"双碳行动　中国力量""科技创新　协调发展""绿色中国　贡献有我"等，可以是个人形式的报告、小论文的撰写，也可以是团队形式的项目调查、社会实践；可以是书面形式的撰写，也可以是口头形式的播报，还可以是动作表达形式的角色扮演等。需要注意的是，语文教师在运用"双碳"时事案例之时，要明确教学目标，充分考虑教育教学规律和学生的认知发展规律，充分考虑教学需求，帮助学生在"双碳"时事案例的学习和体会之中，提升相关的核心素养，同时不断提升思维能力，树立正确的价值观。

2. 开展时事阅读，指向全面发展

教师作为阅读者和教育者，承担着关注、认知和解读、分析社会并指向教育实践的责任。学生不是模式化、工具式的，每个学生在成长过程中都会遇到各自的问题和困惑，这些问题和困惑以真实的、复杂的形式直接呈现在学生各自的生活中。因此，遇到数学问题，单一运用数学运算解决；遇到生物问题，单一运用生物方法解决；遇到历史问题，单一运用历史思维解决，这种割裂式的问题解决和素养培养的过程，是不存在的。学生生活的社会是真实的，面对的社会关系是真实而复杂的，因此学生作为人的本质属性的社会规定性的形成，也是真实而复杂的。人的发展与社会的发展具有高度一致性，因此学生必须关注社会，关注时事。

时事，作为凸显社会发展关键问题的重大事件，具有重要的关注意义和探究意义。时事以聚焦热点的方式，凝结了社会各领域的关键问题，反映了社会发展中值得思考的深层问题，是教师进行阅读理解和案例应用的宝贵资源。正是在对时事的恰当、合理和深度解读之中，学生认知社会、分析社会并促进自身的健康成长与全面发展。因此，教师具备时事阅读理解和教学应用的技能，一方面是为了自我的成长和提升，另一方面是为了学生的真实而全面的发展。

第六章
读懂艺术

本章概述

本章中的"读""阅读""读懂"特指对艺术作品的"观看""品读""欣赏""鉴赏"。"读"的对象——"艺术"也并非泛指,而是指以视觉形象和图像为载体,或与美术学科密切相关的视觉艺术和造型艺术,如绘画、雕塑、建筑等。

在上述范畴中,本章第一节意在帮助教师找到读懂艺术的途径,重点界定和厘清了形象、图像、图像学等概念。第二节以教师如何读懂艺术为线索,通过鉴赏艺术作品的审美历程,在读懂艺术中提升审美素养,像艺术家一样阅读艺术三个方面,揭示教师在鉴赏艺术作品中从审美感知到审美判断的过程。第三节结合艺术素养与课程教学,提出在课堂教学中阅读艺术的方法,具体包括创设读懂艺术的情境、建立有效的阅读方法和途径、学科融合促进读懂艺术,并以一堂《千里江山图》鉴赏课为例加以附证。

图像源于生活

19世纪70年代在西班牙北部阿尔塔米拉洞窟发现的距今17000—12000年前的壁画中出现了野牛、驯鹿及猛犸等动物的形象;中国仰韶文化、半坡文化和马家窑文化中,远古先民也做了同样的事情,他们在日用的陶器上画出悠闲自得的小鸟、徘徊游荡的小鱼、手拉手翩翩起舞的人群……这些表意形象都是古人日常生活的图谱。现代人通过解读这些视觉形象和图形,了解远古人们的生活状况,进而解释人类文明的起源问题。在此,视觉形象和图形起到了记录文明的重要作用。

随着时代的进步,人们的理性思考不断深入,意识逐渐觉醒,日常的视觉形象和图形逐渐提升成为艺术形象和图像。经过人们思维的加工,艺术形象和图像逐渐融入地域和时代特征,形成美的风俗、习惯和对美的认识,最终成为艺术发展和审美的推动力。

罗曼·罗兰说,"艺术的伟大意义,基本上在于它能显示人的真正感情、内心生活的奥秘和热情的世界","艺术是一种享受,一切享受中最迷人的享受"。对视觉形象和图形的解读和辨析,是人类思想觉醒的重要过程。艺术图像承载了人们主观意识的变化。识读视觉形象,读懂艺术图像,以人类生存繁衍、心理特性和文化生态等视角对之进行多维度的审视和解析,能够使我们更加深入地了解过去、现在和未来。

了解艺术种类

毫无疑问,艺术来源于生活。像生活一样,艺术是一个有着丰富的内涵和广阔外延的大概念。按照单一(统一)性原则和稳定性原则,遵循大类分类模式、基本分类模式和细化分类模式,每一个艺术种类又可以分化出多种形式,其中包括:以诗歌、散文、小说为载体的语言艺术,以绘画、雕塑、设计为载体的视觉艺术,以舞蹈、音乐、话剧为载体的表演艺术,以电影、电视、音乐剧为载体的综合艺术,等等。① 《黑格尔美学讲演录》将建筑、雕塑、绘画、音乐、诗称为五大艺术。从艺

---

① 艺术类型是对艺术进行分类的结果;艺术分类是对艺术特征抽象化的结果,艺术分类也是对特征认识稳定化的结果,艺术分类更是对特征标准统一化的结果。参见蓝凡:《艺术分类的一般原则与哲学基础》,载《艺术百家》,2017(6)。

术整体概述的角度来说,艺术的分类有以下几种。

以艺术形态的存在方式为标准,分为三个类型:空间艺术,包括绘画、雕塑、工艺美术、摄影艺术和园林艺术等;时间艺术,包括音乐、文学、曲艺等;时空艺术,包括戏剧、电影、电视剧、舞蹈和杂技等。

以艺术形态的感知方式为标准,分为四个类型:视觉艺术,包括绘画、雕塑、工艺美术、摄影艺术、舞蹈、杂技、建筑艺术和园林艺术等;听觉艺术,包括音乐、曲艺等;视听艺术,包括戏剧、电影和电视剧等;想象艺术,主要指文学,因为文学的形象内容,是以书面或口头语言为媒介,通过想象而呈现于头脑中的。

以艺术形态的创造方式为依据,分为四个类型:造型艺术,包括绘画、雕塑、工艺美术、摄影艺术、建筑艺术和园林艺术等;表演艺术,包括音乐、舞蹈、戏剧、曲艺和杂技等;语言艺术,包括文学的各种样式;综合艺术,包括电影和电视剧等。[1]。

总的来说,我们最早谈及的艺术主要有绘画、音乐、雕塑、建筑、舞蹈和戏剧这六种。随着人类生活的不断丰富,思维想象不断延展,又有很多新的艺术形式加入。1911年,意大利诗人、电影理论先驱乔托·卡努杜将电影视为"活动的造型艺术",认为电影是综合绘画、音乐、舞蹈等前六种形式的新的艺术,并将其命名为第七艺术。[2] 2011年,美国国家艺术基金会正式宣布"电子游戏是一种艺术形式",可以与广告、电视等项目一起申请最高的艺术基金赞助。史密森尼美国艺术博物馆甚至还在2012年举办了"视频游戏的艺术"展览。自2016年起,VR(虚拟现实)在各个行业得到广泛尝试,科技团队、艺术团队与运营团队合作,使人们又获得了与以往完全不同的视觉享受,于是就有学者将VR称为"第十艺术"。

艺术与意识形态的区别在于它的审美价值,这也是其最主要、最基本的特征。艺术家往往通过艺术创作来表达自己的审美理想和感受。当视觉形象与艺术相结合时,人们就会产生无限的想象,从而形成好恶和判断。本章所讨论的"艺术"范畴结构如图6-1所示。

---

[1] 王宏建:《艺术概论》,113页,北京,文化艺术出版社,2000。

[2] 乔托·卡努杜最开始将其命名为第六艺术,并以此为撰写了一份宣言 The Birth of the Sixth Art,后来将之改为第七艺术,同时声称这是一种新的艺术。参见马睿、吴迎君:《电影符号学教程》,重庆,重庆大学出版社,2016。

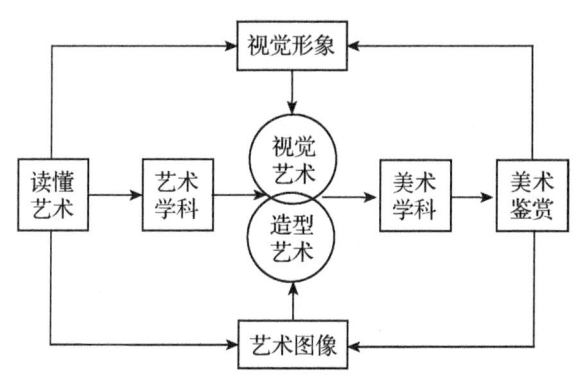

图 6-1　"艺术"范畴结构图

教师需要读懂艺术

从教师能力①和素养的角度来看，读懂艺术是教师获取知识、更新观念、完善自身艺术素养的重要方法。教师的能力构成一直是教师发展研究的重要内容。早在 20 世纪中后期，经济合作与发展组织下属的教育研究与革新中心就对教师各方面的能力提出了较为明确的指标和评价标准，其中"个人发展技巧""独立的自修能力"主要针对解决教师自我发展问题。

近年来，我国对教师能力结构②的研究也有了长足进展，除了对教师的教育教学、教研、科研、管理、创新等能力提出了多层次、多维度指标，还提出教师应该具备较强的学习和自我完善的能力。日前，对北京地区近 11400 名艺术教师的调查表明，有 25.15% 的教师认为"自身艺术素养与艺术水平储备不足"，有 65.86% 的教师需要"艺术专项"的培训，有 44.80% 的学科教师没有开展过与艺术跨学科的课程开发。可见，无论是艺术教师还是其他学科教师，都需要通过不断学习更新知识，掌握教育教学的前沿动态和成果，收集和分析信息，完善自我知识储备，适应

---

① 美国佛罗里达州早在 20 世纪 70 年代就进行了一项教师能力的研究，该研究提出了教师的 1276 项能力表现。主要包括：(1) 量度及评价学生行为的能力；(2) 进行教学设计的能力；(3) 教学演作的能力；(4) 负担行政职责的能力；(5) 沟通的能力；(6) 个人发展技巧；(7) 使学生自我发展的能力。日本学者西昭夫通过研究在 1981 年提出了教师应具备 8 种基本能力。经过不断探讨与修改，日本提出以下现代教师的能力要求：(1) 必须具备富有成效的教学和学习指导能力；(2) 具备对学生强有力的生活指导能力；(3) 具有理解和把握学生心理的能力；(4) 具有教育管理的能力；(5) 具有独立的自修能力。参见李斌：《关于教师能力结构的分析研究》，载《江苏教育学院学报(社会科学版)》，2005(6)。

② 教师能力包括教师的基础能力、教师的职业能力、教师的自我发展和完善能力三个层次。参见罗树华、李洪珍：《教师能力概论》，济南，山东教育出版社，2001。

教学工作需要。除了这些基本条件，我们认为教师还应当养成艺术鉴赏能力，针对本章的范畴，即教师为何阅读艺术，如何读懂艺术，因而提升艺术品位和审美素养，这一指标同样是教师自我发展的重要组成部分。图6-2为教师读懂视觉艺术构架图。

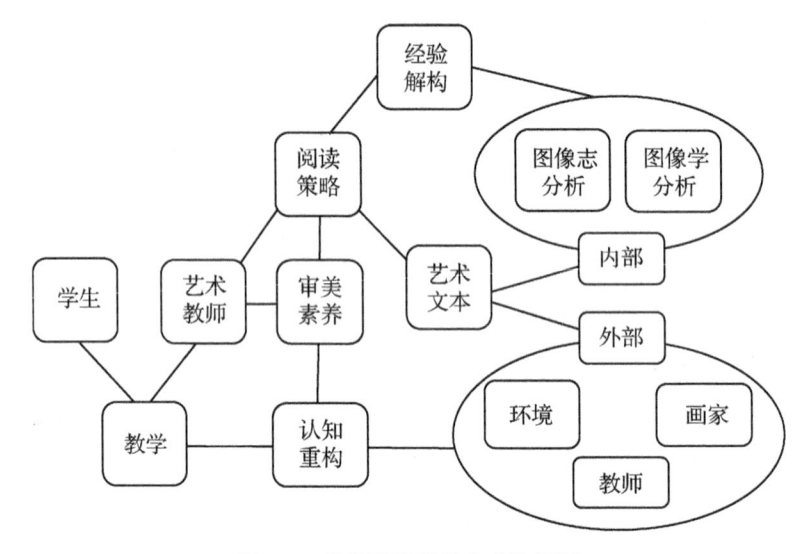

图 6-2　教师读懂视觉艺术构架图

因此，读懂艺术，品味艺术，理解艺术，就成为教师提升个人修养的优选途径之一。

第一节　找到读懂艺术的途径

一、什么是读懂艺术

阅读艺术是一个过程，也是一种能力和一种素养，其目的在于鉴赏和品评艺术，提高我们的审美素养和艺术品位。基于本章所谈论的艺术范畴，读懂艺术则更多地集中于对图像学的文本(形象与图像)理解,是"大阅读"观念下视觉审美的"泛文本"阅读,找到读懂艺术的途径将是首要任务。

对于视觉艺术而言,"阅读"一词并非指直观地、被动地浏览作品,而是主动地、有目的地观察、识别和解析视觉形象和艺术图像,并根据自己的审美得出相应判断。细读—解读—品读是一个有机的、不可分解的过程,是个大概念。① 基于引言中所设定的前提,我们认为阅读艺术可以分为两种形式:第一种阅读即阅读与艺术相关的文本(原典),这种阅读与其他的文本阅读方式相同,这里我们不去过多讨论;第二种阅读则建立在对艺术作品中视觉形象和图像的识读与分析之上,是带有审美感知、判断的艺术鉴赏,在美术课程素养中被称为图像识读素养,它具有学科特点,是审美感知、艺术表现、创意实践和文化理解艺术素养的基础,同样适用于教师阅读艺术。

图像是一种语言。《普通高中美术课程标准(2017年版2020年修订)》将图像识读素养定义为"对美术作品、图形、影像及其他视觉符号的观看、识别和解读",强调"以联系、比较的方法进行整体观看,感受图像的造型、色彩、材质、肌理、空间等形式特征;以搜索、阅读、思考和讨论等方式,识别与解读图像的内涵和意义;从形态、材料、技法、风格及发展脉络等方面识别图像的类别;知道图像在学习、生活和工作中的作用与价值,辨析和解读现实生活中的视觉文化现象和信息"。《义务教育艺术课程标准(2022年版)》中"欣赏·评述"的艺术(美术)实践要求学生"学会解读美术作品,理解美术及其发展概况"。在影视(含数字媒体艺术)方面则要求学生能融合美术、音乐、舞蹈、戏剧(曲)欣赏"精彩的情节""鲜活的形象",感悟"深刻的主题""匠心的制作",其目的在于"通过可见的形象来表达、理解和解释事物的文化形态",逐步提升学生的"审美感知"和"文化理解"核心素养。

以图像方式传递信息的文化,是将视觉性作为内在精神的。直观性只是观看图像的最初阶段,观者需要通过对图像的直观印象,获得整体感受,以便进一步探寻图像背后的结构和意义。图像识读在整个读懂艺术的过程中不是全部,更不是终

---

① [美]欧文·潘诺夫斯基:《图像学研究:文艺复兴时期艺术的人文主题》,戚印平、范景中译,13页,上海,上海三联书店,2011。

结，而是前提。观者必须与以往的审美经验、审美趣味、审美判断进行某种联系，并得出相应的结论，才算完成整个阅读过程，这也是欣赏和鉴赏的过程。正如斯洛文尼亚学者阿莱斯·艾尔雅维茨所说："无论我们喜欢与否，我们自身都已处于视觉成为社会现实主导形式的社会。"[1]甚至有学者认为后现代主义文化就是视觉文化。因此，图像识读素养对于教师读懂视觉作品、品味视觉艺术是重要和有效的，而且是必要的。

在讨论教师如何读懂艺术之前，我们有必要对视觉形象和图像、艺术美和审美这些概念以及它们之间的联系进行梳理，并沿着这些概念去寻找读懂视觉艺术的路径。

二、在图像中认识形象

(一)形象与图像

我们常见的绘画、雕塑、建筑、舞蹈、影视，乃至游戏、VR 等艺术中最外化的两个概念就是视觉形象、图像，它们是艺术家基于现实生活的感受而做出的主观情感表达。艺术创作是一种心灵建构活动，形象和图像就是材料元件，艺术家通过一定的审美法则进行搭建，艺术作品则是建构结果的意义表征。因此，形象和图像是在图像识读和品味艺术过程中不能绕过的两个概念。

古人有"画虎形象，以劝学者"(《东观汉记·高彪传》)之说。形象是一个一般概念，它分化出各种具体的类似物，是它们用"知识图形"把世界整合在一起。[2] 形象包括具象形象和抽象形象、物理形象和心理形象、实在形象和隐喻形象等多种存在形态。例如，图形形象(图画、雕塑、设计)、光学形象(镜像、投影)、心理形象(梦、记忆、思想、幻影)、语言形象(隐喻、描写)、知觉形象(感觉数据、可见形状、表象)等，形象成为众多学科研究的对象。我们在这里讨论的形象概念集中

---

[1] [斯洛文尼亚]阿莱斯·艾尔雅维茨：《图像时代》，胡菊兰、张云鹏译，26 页，长春，吉林人民出版社，2003。

[2] 参见[美]W.J.T. 米歇尔：《图像学：形象、文本、意识形态》，陈永国译，北京，北京大学出版社，2020。

在视觉形象，以及由其组合形成的图形和图像。

图像在英文中有三个称谓，即 iconology、image 和 picture。iconology 为图像学术语，源于古希腊语和拉丁语中的"肖似"一词，多用于阐释中世纪和文艺复兴时期宗教艺术的图像或圣像。image 更多指向形象，且概念较为宽泛。picture 指图画、绘画、电视电影图像等图形形象，涵义更为通俗化和大众化，并具有后现代主义平民文化色彩，是对潘诺夫斯基等图像学基本原理的修正。米歇尔做过一个贴切的比喻："你可以挂一幅画，但你不能挂一个形象"[1]，这就是形象与图像之间的区别。

达·芬奇说，眼睛是心灵的窗户。黑格尔说，视觉(还包括听觉)不同于其他感官，属于认识性感官，所谓认识性感官意指人们可以通过视觉自由地把握世界及其规律，不像嗅觉、味觉或触觉那样局限和片面。进入 20 世纪，从海德格尔的"视觉图像时代"理论到本雅明的三种文化形态(其中印刷文化与以电影为表征的机械复制文化与阅读和视觉相关联)，再到阿尔温·托夫的三种文盲(其中文字文化文盲、影像文化文盲与阅读有密切的关系)，由形象和图像所构成的视觉文化与大众生活的关系越来越密切了，甚至须臾不能分离。以视觉形象为出发点观看和识读其意义成为阅读艺术、研究历史不可缺少的手段之一。

(二)形象、图像蕴含的信息

古人主张"画虽状形，主乎意"(王履《华山图序》)，又说"立象以尽意"(《周易·系辞上》)。无论是形象还是图像，其实际内容要比我们"所见"多得多，这是不争的事实，也是艺术高于生活的决定因素。我们阅读视觉艺术最重要的就是通过对形象和图像的解读，辨明其中的象征意义，得到某种精神启示，就像潘诺夫斯基所说："一个民族、一个时代、一个阶级、一个宗教和一种哲学学说的基本态度，这些原理会不知不觉地体现于一个人的个性之中，并凝结于一件艺术品里。"[2]和阅读文字文本不同，展开一幅古老的画卷，我们获得信息的一切方式就是通过形象和图像，通过破解蕴藏在其中的历史密码，探秘古人的所思所想。我们可以通过形象了

---

[1] [美]W. J. T. 米歇尔:《图像何求?——形象的生命与爱》，陈永国、高焓译，XII，北京，北京大学出版社，2018。

[2] [美]欧文·潘诺夫斯基:《图像学研究：文艺复兴时期艺术的人文主题》，戚印平、范景中译，5页，上海，上海三联书店，2011。

解事物和内容；通过图像了解情节和主题；通过服饰、姿态、用具以及周边环境了解作品所反映的社会状态和风俗习惯；通过构图、造型、色彩和笔墨了解创作者的审美趣味和审美主张；还可以通过以往知识经验解构和重建的图像信息，对作品背后的艺术流派、艺术现象以及艺术发展的时代特征进行探讨，提取我们认为有价值的东西，在获得审美享受的同时补充和完善我们的认知体系。

为了分析和构建从形象和图像中得到的信息、知识和判断后形成的新认知，我们通常需要知识整合与学科融合，如艺术与哲学、历史、文学的联系就十分紧密，有时还会与自然科学发生横向的联系。文艺复兴时期被誉为"美术三杰"之首的达·芬奇就是集艺术大师、科学家、军事家于一身的全能型画家；中国明代"畸人"徐渭也是这样，他在文学、戏剧、诗歌、书法、绘画、哲学，乃至军事参谋等方面都有极高的成就，被誉为旷世奇才。在中外艺术发展史中还有很多人，如果我们没有相关的自然、文史和科学知识作为支撑，就很难全方位地研究和分析这些大师的成就。

(三)读懂艺术，寻找艺术美

柏拉图说，美是理念。达·芬奇说，美的根源在于事物本身，不同的艺术形象引发不同的美感。黑格尔认为，美就是理念的感性显现。艺术美是美的高级形式，从理念出发，通过否定之否定，从自然美达到艺术美。他提出艺术美高于自然美，宣称理想即艺术。马克思主义美学认为，艺术美是美学研究的主要对象，艺术离不开形象，因而艺术美主要是艺术形象美，艺术形象源于现实生活，同现实生活中的形象一样具有生动性和丰富性等特征，但是艺术形象又不同于现实生活中的形象，是人类审美活动的结晶。艺术中的美更集中、更典型。因此，艺术美就是形象美，艺术美具有形象性、典型性、主观性、永久性等特征。艺术美通过造型元素和形式原则存在于视觉艺术作品之中，人们通过观察形象和图像体会到它。

在中国，我们的先人有自己对艺术美的追求，从某种角度说艺术美就是意象——"以象立意"，这和古人的哲学观是相通的。与西方哲学不同，中国古人提倡天人合一，道法自然，无论是精神与物质还是人与自然都强调"中和""中庸"，也就是"大乐与天地同和""天地有大美而不言"的和谐之美。在这一哲学思想框架下，古人对艺术美的追求也是如此。例如，中国古代的画家始终倡导"以形写神"，"形"是"生活美"，"神"是"艺术美"，"形神兼备"就是"存形"与"传神"、气韵与意境完美统一。魏晋南北朝是中国艺术创作与品评的觉醒时期，艺术美的标准被提升到了空前的高度——顾恺之的"传神在阿堵"、谢赫的"气韵生动"、宗炳的"神思"等美学观点，都强调"旨微于言象之外者，可心取于书策之内"，在"披图幽对"移情画卷的同时，更看重精神升华。唐代张璪的"外师造化，中得心源"；宋代苏轼的"诗中有画，画中有诗"；元代倪瓒的"不求形似"，"聊抒胸中逸气"则将艺术美的审美本质直指艺术家内心的感受。

"取之象外"是中国绘画的传统审美理念，对于物体的描绘不能仅限于其外在形象，而要表现神采，寻找意象所在。"书画同源"是中式审美的重要基础，中国画家用笔墨表达自我的神与思，以生活"蒙养"笔墨，同时也绝妙地以笔墨观念和外化的抽象美感为中国艺术审美提供将"存形"转向"传神"的绝佳途径。

"画虽状形，主乎意"，因此我们可以说审美是以"生活美—艺术创造—艺术美"这样一个前提而展开的。

三、文本阅读与图像识读

（一）望文生义与披图幽对

《周易·系辞下》记载伏羲氏"观鸟兽之文"，文即鸟兽身上的彩羽花纹；又云"物相杂同，故曰文"，即物体的形状、线条、色彩相互交错，也称"文"。《说文解字叙》中"仓颉之初作书也，盖依类象形，故谓之文"，"文者，物象之本"的说法与之基本相同。《说文解字》解释"文"为"错画也"。《周易·贲卦》云："观乎天文，以察时变，观乎人文，以化成天下。"

文本的概念后来逐渐演变为"任何由书写所固定下来的任何话语"[1]，是指书面语言的表现形式，通常是具有完整、系统含义的一个句子或多个句子的组合。

---

[1] ［法］保罗·利科尔：《解释学与人文科学》，陶远华、袁耀东、冯俊等译，148页，石家庄，河北人民出版社，1987。

文本是外观的，即用一定的符号来表示，文本是有限的，即有头有尾。文本是根据一定的语言衔接和语义连贯规则而组成的整体语句或语句系统，有待读者阅读。

图像文本的含义正如本章前述，以视觉形象为基础，以形象、图像为表现形式，文本与图像，时而有所区别，时而共生，表达着自然的客观现象和人类的情感世界。元代王冕的《墨梅图》以黑白二色、坚毅的线条、沉着的点虱，表现出傲寒梅花挺拔的枝条、高洁的花朵。画家在作品中题诗云：

吾家洗砚池头树，朵朵花开淡墨痕。

不要人夸好颜色，只留清气满乾坤。

画家形在梅花，意在述志，通过艺术图像表现"诗情画意"，表现自己高洁的人格。元代王冕的《墨梅图》是中国古代艺术"诗书画印"四位一体的典型作品（见图6-3），是"文"与"图"结合而传达整体审美观念的极好例证。

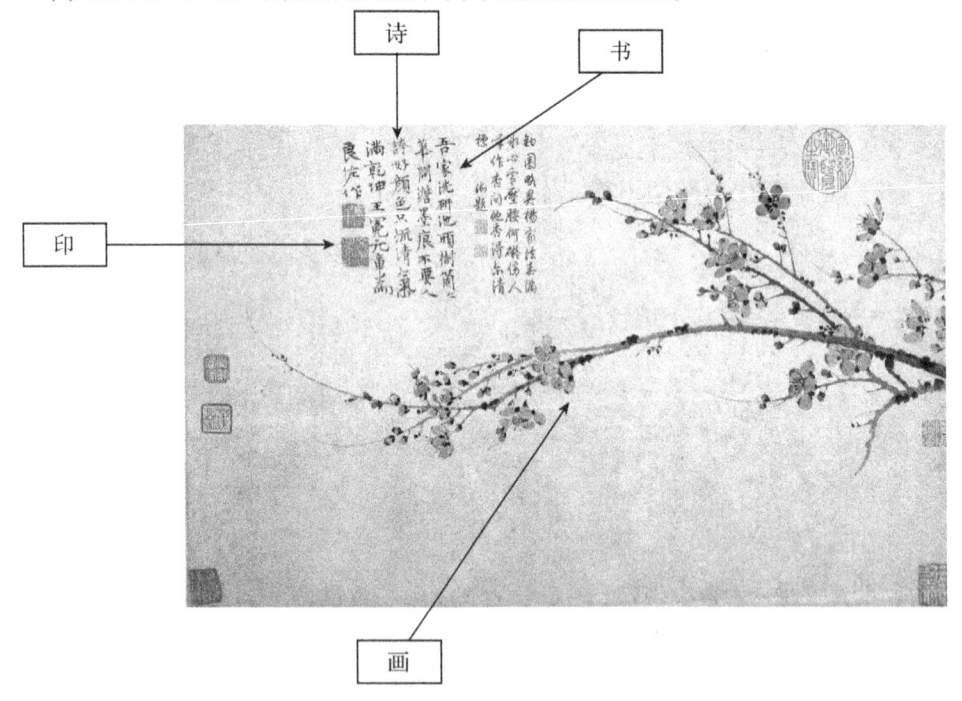

图6-3 《墨梅图》"诗书画印"四位一体

人们关于对视觉艺术作品的解读通常有四种方法。第一，以克莱夫·贝尔和罗杰·弗莱为代表的形式主义方法，主张笔触、色彩、轮廓线、质感、形状、体积和块面等形式语言是重要的形式主义图像解读要素。第二，以鲁道夫·阿恩海姆为代表的心理分析法，认为艺术样式传递出"具有倾向性的紧张力"，每个视觉式样都是一个力的式样。第三，以潘诺夫斯基为代表的图像学方法，认为美术作品分析分为三个层次。第一层是前图像学的描述，第二层是图像的分析，第三层是图像学层次。第四，以琳达·诺克琳为代表的女性主义方法，认为性别的不平等影响了艺术创作、艺术消费、艺术批评。[1]

(二)图像学与阅读方式

读懂视觉艺术离不开对图像的分析与研究。一幅艺术作品到底画了什么，表现了什么，是什么意思，有什么象征意义，这些都是我们在观看时提出的问题。要想得到回答，就不得不借助图像学知识。图像学知识对于读懂艺术是十分有效的。

徐渭是一个鲜明例证。在阅读他的作品时，我们要尽力还原当时的创作情境，如此才能真正了解他一贯主张的"真我"和"本色"的创作意图。机缘巧合使徐渭的人生有了几次重要转折。天赋异禀与现实窘境之间的巨大矛盾，人生跌宕起伏，徐渭的身心因之转变，晚年的徐渭落魄成"数点梅花换米翁"。他创作的那些"恣媚狂放""信手拈来俱天成"的水墨画，是"戏谑涂花卉"的"泼墨"与"草书入画"的完美结合，需要我们在大写意花鸟画的"类型史"中寻找答案，并在笔飞墨舞的视觉形象中加以印证，如此才能走进他的内心，读懂他的艺术。那么，什么是图像学呢？

图像学一词由希腊语"图像"演进而成的图像志发展而来，目的是通过形象和图像研究艺术作品主题的传统、意义及其内在文化象征。图像志指对艺术作品内容的描述与分类，在确定作品的制作年代、地点、真伪等方面为进一步研究、解释图像提供基础。[2] 图像志历史属于人类思想的历史，体现着不同时期的总体概观和审

---

[1] 周春花：《美术学科核心素养的图像识读教学内涵与方法》，载《课程·教材·教法》，2021(3)。
[2] [美]欧文·潘诺夫斯基：《图像学研究：文艺复兴时期艺术的人文主题》，戚印平、范景中译，上海，上海三联书店，2011。

美态度。① 与图像志不同，图像学的最终目的在于从内容分析出发，依据我们的知识背景来解释艺术作品除形式、形象、母题、情节以外的象征的内在意义。图像学研究是现代视觉艺术研究中十分重要的理论学科，代表了学科融合的艺术史和艺术学的研究方法，是我们读懂视觉艺术的重要方式。

"观看先于语言"是20世纪艺术发展的重要议题，从某种程度影响了我们的社会生活，"读图时代"就是一个显著的标签。图像学成为学科是在20世纪初。德国艺术史学者阿比·瓦尔堡首倡"图像学"一词。其后，在潘诺夫斯基等人的推动下，图像学逐渐脱离辅助地位成为研究艺术史的必然学科。图像学以考察观念与图像之间的关系、内容和事件、历史和解释学为基础，将艺术作为文化史或心灵史的象征，解读主题背后的文化内涵，其整个分析过程是"有机的、不可分解的"②，通过多学科融合，还原作品的象征性内在意义，这是对经典的艺术作品的"阅读方式"。图像学解释的三个层次分为：第一层是凭借共同实践经验解释艺术作品的事实性主题和表现性主题所构成美术母题的世界，是前图像志描述阶段，其解释的矫正原理是风格史；第二层凭借原典知识，用对特定主题和概念的熟练，分析图像故事和寓意的世界，以图像志分析洞察特定主题和概念在不同历史条件下被对象和事件所表现的方式，其解释的矫正原理是类型史；第三层凭借综合直觉（对人类心灵的基本倾向的熟悉），以图像学解释艺术作品内在意义和内容，构成"象征"价值的世界，其解释的矫正原理是一般意义上的文化征象或象征的历史。③ 潘诺夫斯基的这一理论在现代图像学发展史中具有纲领性意义，对我们读懂艺术形象和图像，以及艺术作品具有明确的指导作用。

贡布里希为我们提供了很好的读懂艺术的方式。他认为除了注重艺术作品的思想内容，还要注重它的形式要素。贡布里希对以往的图像学概念进行了修正，把作者意图作为图像学的阐释对象，并以此为中心任务，重建艺术家的创作方案，依靠

---

① [英]E. H. 贡布里希：《象征的图像——贡布里希图像学文集》，邵宏校译，278～280页，南宁，广西美术出版社，2015。
② [美]欧文·潘诺夫斯基：《图像学研究：文艺复兴时期艺术的人文主题》，戚印平、范景中译，13页，上海，上海三联书店，2011。
③ [美]欧文·潘诺夫斯基：《图像学研究：文艺复兴时期艺术的人文主题》，戚印平、范景中译，13页，上海，上海三联书店，2011。

原典、上下文、类型和意图意义，确定作品唯一的可证明的意义。如同我们要读懂某位大师的作品，就必须将他的作品放到他生活的社会之中，了解他的人生经历、心路历程，并结合艺术发展脉络，以及其他物质条件后，才能深刻理解他的创作动机、风格形成的必然，才能真正读懂他的艺术。贡布里希引入了情境分析的理论，从心理、生理、文化以及视觉历史角度，强调了类型第一和得体原理的重要性。①贡布里希反对无视意图的做法，反对过于随意的阐释。他的图式论、再现理论、错觉理论、装饰理论、秩序感、象征意义等图像学话题对研究艺术史具有重要的作用。其中，他的图像再现理论为儿童绘画和成人艺术图像的共同观看提供了一个广阔的视角。

米歇尔为了回答"形象"的问题，首先建立了形象的谱系概念，从哲学角度提出了艺术的阅读方式。这个谱系（见图6-4）几乎囊括具象的、抽象的、物理的、心理的、实在的和隐喻的各个方面的形象，并指出"形象是一个一般概念，它分化出各种具体的类似物，是它们用'知识图形'把世界整合在一起"。②在视觉文化与图像理论研究中，他提出了"图像转向""形象/图像之区分""元图像""生命图像"四个基本概念③，组成了他的"形象科学"，解释了形象、图像、文本与词语的关系，讨论了视觉、想象、感知、相似和模仿等问题。从分析图像学领域中形象、文本和意识形态之间的错综关系，一直到关注和评述整体的视觉文化现象，其中经历了漫长而细致入微的思考过程，强调观看与各种阅读形式同样深刻，视觉经验或"视觉读写"可能不能完全用文本的模式来解释，而形象或图像应该获得与语言或文本同等的话语权。④他的"图像转向"理论主张一切艺术都是合成艺术，一切媒介都是混合媒介，对当代视觉文化也有很深的影响。

---

① "得体原理"的两个基本要求是：一件艺术品中的各种成分要相互协调；艺术品与它所反映的外部现实的各个方面要相适应。[英] E. H. 贡布里希：《象征的图像——贡布里希图像学文集》，邵宏校译，34页，南宁，广西美术出版社，2015。
② 徐丽娜：《米切尔的形象理论研究》，博士学位论文，中国美术学院，2011。
③ [美] W. J. T. 米歇尔：《图像理论》，陈永国、胡文征译，7页，北京，北京大学出版社，2006。
④ 杭迪：《W. J. T. 米歇尔的图像理论和视觉文化理论研究》，博士学位论文，山东大学，2012。

```
                        形象
                        相像
                        相似
                        类似
    ┌──────┬──────┬──────┼──────┬──────┐
   图像    视觉   感知    精神   词语
   图画    镜像   感觉数据 梦    隐喻
   雕像    投射   "可见形状" 记忆  描写
   设计           表象    思想
                        幻影
```

图 6-4　米歇尔"形象的谱系"

费德曼就美术鉴赏提出了一个程序。这一程序是读懂视觉艺术文本较为直接的方式，即描述、(形式)分析、解释、评价。① 除了通过观察画面内容，用语言直接叙述看到的视觉形象外(描述)，还要探讨作品的"造型关系，包括各种形状的相互依存及作用方式、色调处理、空间营造、构成原理的应用等"，这是为了让观者说出他看到的画面是什么样子的，之后进一步"推测作品的含义"以及画家的意图，也就是画家为什么这样做(分析)。此时观者需要对作品的形式规律、历史背景、创作情境、风格和某种艺术现象进行讨论和解读(解释)。最后，对作品的价值在一定范围内进行比较，以判断它的优劣，"应尽可能在相当广的范围内进行，不能仅局限于某一流派或时期。再就是要充分注意形式与表达内容是否有协调性与统一性"(评价)。这一美术鉴赏的程序综合了形式主义鉴赏、心理学鉴赏、文化和社会学鉴赏等原理，与巴莱特的"主题+媒介+形式+背景=意义"②是相互联系、相互依赖的。费德曼的欣赏程序是一种简而易行的视觉艺术的阅读方式，目前比较普遍地应用于中小学视觉艺术作品的鉴赏教学实践之中，对于其他学科教师读懂艺术作品也有借鉴作用。图 6-5 为一幅视觉艺术作品所蕴含的信息结构。

---

① [美]埃德蒙·伯克·费德曼：《艺术教育哲学》(修订版)，马菁汝译，杭州，浙江人民美术出版社，2018。
② [美]特里·巴莱特：《艺术的阐释》，徐蕾、王春辰译，长沙，湖南美术出版社，2008。

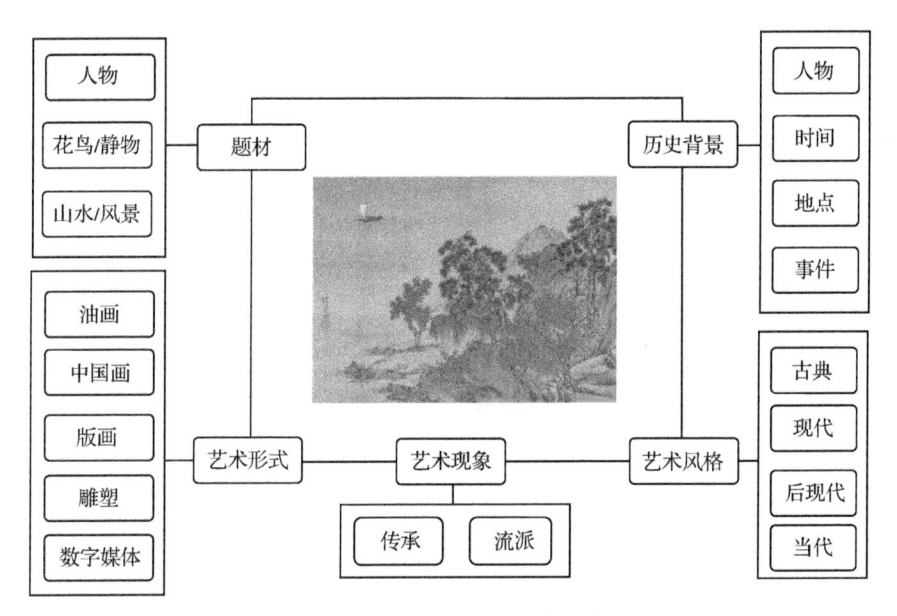

图 6-5　视觉艺术作品信息结构

总之，图像是视觉艺术主题和象征意义以及文化、社会和历史背景的重要载体，以图像学为基础，专家提出了各自的阅读方式，加之语言学、符号学、心理学、社会学等学科被越来越多地引入视觉艺术的研究之中，我们阅读视觉艺术的方式变得越来越多样，越来越有效。无论哪种方式，当面对一件视觉艺术作品时，视觉形象和图像都是我们最重要的解读对象。

理论研究是必要的，但是更重要的是要将这些学说付诸实践以检验理论的可行性。通过以上对图像学的概念以及几个重要观点进行简要介绍，我们了解了图像识读的理论支撑。学习并有效运用这些原理，有机融合其他学科，使之成为阅读作品、品味艺术的有力指引，成为认知和素养提升的强大推动力量。

第二节　教师如何读懂艺术

人们通过视觉观察来理解图像和使用图像，并在此基础上学会图像感知、解读、审美和表达，从而培养鉴赏能力。"形象是图像中引发认知，尤其是重新认知的元素"①，基于图像识读的艺术阅读，是品味艺术魅力的逻辑起点，是认知解构和重构的必经途径。通过"细读""解读""品读"，完成鉴赏；以仔细了解内容、题材和形式的"细读"为前提，以"解读"分析解释作者意图、作品寓意和艺术表现为主要过程，以"品读"和评价作品的内在意义为目标。(见图6-6)

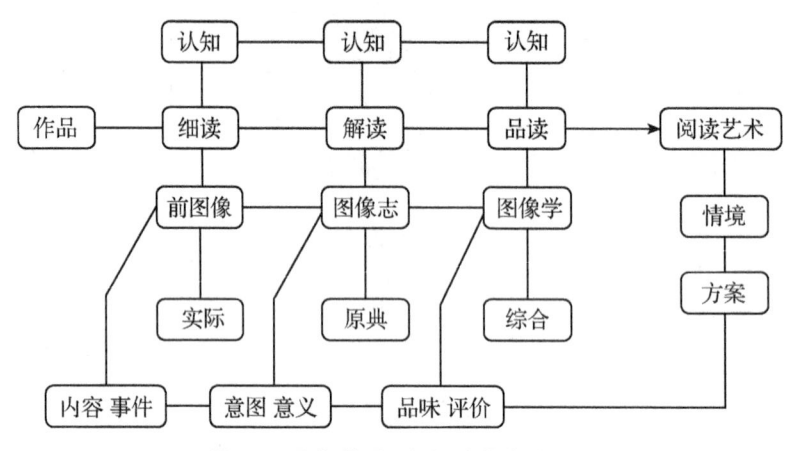

图 6-6　图像学原理与阅读艺术关系图

无论从教学、教研、科研和自我发展哪个角度来讲，懂得一些审美原则、过程，了解艺术阅读方式，能够欣赏和品味艺术作品之美，都是一个当代教师必备的素养。

一、鉴赏艺术作品的审美历程

(一)读懂艺术是审美判断

艺术是一种特殊的精神生产。美有"内在尺度"和"美的规律"。人类通过美的创造赢得感性的自由。例如，远古时期，人类在制造日常用品的同时，在器皿的表面画上他们认为好看的线条和图案，以使这些器皿看起来更加美观，这就是人类区

---

① [美]W.J.T.米歇尔：《图像何求？——形象的生命与爱》，陈永国、高焓译，Ⅻ页，北京，北京大学出版社，2018。

别于动物的劳动和创造。古希腊雅典学派数学家欧道克萨斯首次提出了黄金分割的概念。黄金分割是一种被广泛应用于艺术和建筑中的比例关系，具有严格的比例性、艺术性、和谐性，蕴藏着丰富的美学价值。古希腊的很多人体雕塑都是按照这个比例进行创作的。这个比例，后来经常被画家用于创作之中，人们能在达·芬奇的《蒙娜丽莎》中找到很多黄金分割点。(见图 6-7)

图 6-7 《蒙娜丽莎》中的黄金分割点

通过艺术创造，生活美被塑造成艺术美，并通过鉴赏判断完成审美过程，即审美判断的过程。审美判断是审美能力、审美标准和审美价值的总和，通常基于先前的审美趣味、审美经验、审美倾向、审美理想。

何为审美判断？审美判断指审美心理过程，即主体对事物审美特性进行感知、分析和概括，并做出确认、评价的过程。康德用一分为二的方法给出审美判断的四个契机：第一，它是愉悦的，但是不带任何利害关系；第二，它是普遍的但不是概念；第三，它具有合目的性，但无目的(无目的的合目的性)；第四，它是主观的，却带有必然性(康德在这里提出了"共同感"的重要概念)。[①] 康德将审美判断赋予了反思判断的属性，与人们的其他认知能力同等重要。审美判断只涉及事物的形式

---

① 康德：《判断力批判》，邓晓芒译，52 页，北京，人民出版社，2002。

而不触及利害关系等内容；是自由的、无明确目的的；是个人主观的，又有着广泛的普遍性；是一种非逻辑的不借助概念的"情感判断"和个人先验的无关功利的"纯粹观照"。

(二)审美也是一个过程

教师观看艺术作品，会经历一个从图像识读到艺术鉴赏的审美素养积累的过程。例如，教师读懂一件艺术作品，首先要根据他们的知识背景，在头脑中建立视觉形象和图像的图像志，包括作品的主题、内容、形式、技巧等，这就需要教师对于相关的艺术史、艺术样式、艺术家和艺术现象等有一定的了解，这对于一般教师也并非难事。其次要对视觉形象和图像进行分析，找出作品背后所隐含的意义，以及影响作品形成的故事和寓意，这就需要教师平时留心积累艺术和历史的相关知识。最后要通过图像学解析方式，结合自己的世界观和心理感受，努力透过"创作方案"还原创作情境，探求创造者彼时的创作意图、情感与动机，并且以"综合直觉"寻求作品象征的内在意义和内容，这一层次需要教师有相当的专业知识和审美经验。需要说明的是，这一探究过程是"有机的""不可分割"的整体，是对作品的完整理解，从而对教师的素养要求也是综合的。

审美判断的过程是感性判断和理性判断对立统一的过程。前者指简单地通过视觉感受，感性判断作品的美丑，这一阶段有时是准确的，有时却是模糊的，因为我们在观看艺术品时难免受到当时心情或周围环境的影响，而感性判断也会因时空变化而变化。比如我们心情好时看一件细密画，就会很容易被细节的刻画所吸引，从而发现精致的笔触，但是当心情比较烦躁时，我们便没有耐心看进去，就会觉得这种绘画过于琐碎，而凭感性将其判断为不好的作品。在进行理性判断时，我们通常会通过理论并结合以往的认知结构或上下文来论证作品的优劣，得出的判断相对稳定。

审美判断的过程又是绝对性和相对性的矛盾统一的过程。一些艺术作品的形象无论时代、文化和社会如何变化，人们对它的美的判断是不变的。古希腊时期那些符合人体美学的雕塑，自从它们被创造出来之后，就一直被作为永恒美的典范而存在。中国的书法艺术，无论哪朝哪代的书体书风如何变化，作为伴随中华文化发展和传承的记录形式，用毛笔所书写出来的线条，都一直被作为审美对象欣赏，不因时代的变迁而变化，具有经久不衰的审美典范价值。然而一些为了某种特定社会生活需要而创造出来的艺术风格和样式，其时空局限性就比较明显。

二、在读懂艺术中提升审美素养

读懂艺术是一个素养积累的过程，会经过"阅读习惯—阅读方式—阅读方法—阅读能力—阅读素养"等环节。从读懂艺术到形成审美素养是一个经验积累—问题探究—认知重构—能力形成的螺旋上升的过程，同时也始终伴随着审美过程。

审美素养是审美情趣、审美经验、审美理想、审美能力等因素的总和。对教师而言，审美素养则体现为对艺术美的接受和欣赏能力以及对审美文化的创造和鉴别能力。

《中国学生发展核心素养》把文化基础作为培养全面发展的人的一个方面，并将审美情趣与人文积淀和人文情怀作为构成人文底蕴素养的三个基本要点。教师也应当具有同样的素养，因此，以审美素养为基础的审美情趣则是教师读懂艺术的出发点。鉴赏艺术作品，从中得到审美感受，做出审美判断，探究作品中所蕴含的知识信息，运用相关的图像学和其他学科的知识理解其中蕴含的逻辑与意义，并对未来的教育教学和自我发展起到助力作用，这才是教师阅读艺术品、鉴赏艺术品的真正目的。

读懂艺术的过程是教师培养审美素养的过程，同时也是教师审美认知重构的过程。我们之前讨论的以图像学的方法鉴赏和分析作品，必定使我们以往的知识在某种程度上分解成更小的元素单元，经过审美过程，重新构建审美认知，形成新的鉴赏能力和审美判断的能力，日积月累形成认识美、评价美、感觉美、鉴赏美、享受美、表达美、创造美等意识和能力，这就是审美素养培养的过程。

因此，我们为教师推荐读懂视觉艺术作品的阅读模型是："细读（内容与事件、前图像志描述、认知解构）—解读（意图与意境、图像志分析、认知渐构）—品读（品味与评价、图像学解释、认知重构）"。

三、像艺术家一样阅读艺术

读懂艺术作品最好的方法是像艺术家创作一样，还原作品创作的时空情境，了解艺术家的"工作方案",观察作品中每一处细腻的笔触和变化的线条、色彩、造型与构图等形式元素和视觉形象,激发想象,尽可能接近信息的本意。但是要真正解读作品的含义,就不能仅限于欣赏作品本身,还需要借助其他辅助文本、文献信息,形成整体理解和概念,以达到真正意义上的"品读"。图像学方法鉴赏艺术作品本身的意义就在于此。

  读懂艺术的有效方法是一种"大阅读观"下的"泛文本"阅读,需要教师对多种材料信息进行分析整合和跨学科知识的融合。比如,我们耳熟能详的传世名作——五代顾闳中的《韩熙载夜宴图》就蕴含了大量丰富的历史、文化信息,如果我们不能以知识链接的眼光来欣赏这件作品,就不能"读懂"其万分之一。这是一幅和历史事件、真实人物相关的作品,我们要通过查找历史文献、风格史文献了解这幅作品的创作主题、人物、事件等,借助图像学分析,得出作品完整印象。画中人物都是谁?他们在干什么?他们的服饰有什么特点?他们吃的是什么?他们用的是什么?画家运用了什么技法,线条、色彩、造型、构图都是怎样处理的?画中人物的比例、大小是不是有意为之,其与中国古代的伦理道德有什么关系?随着阅读的深入,我们还会碰到诸如这幅画的内在含义是什么,这幅作品与同时代作品或者同类型作品在风格和样式上有哪些异同,为什么中国画家喜欢用含蓄的造型和色彩创作作品等问题。这些问题必须通过"大阅读"才能得到解决。(见图6-8)

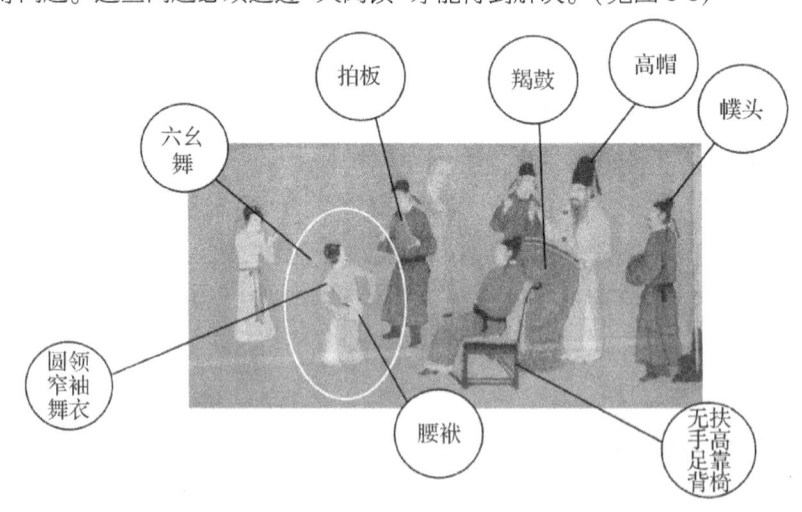

图6-8 《韩熙载夜宴图》"观舞"一段人物、装饰与乐器关系图

因此，只是就作品而论作品，就阅读而论阅读是不能理解艺术的"真美"的。词是思的形象，而思是物的形象。① 教师通过解读形象、图像所蕴含的意蕴，并将其与其他学科融合，以跨学科的视角，用图像学方法科学阅读，如此才能将日常生活与艺术作品有效连接。感受生活美，认知艺术美，像艺术家一样阅读艺术才能理解"大美之道"。

第三节 教师读懂艺术，提升课堂教学

一、艺术素养和问题意识

教师读懂艺术，学会鉴赏艺术作品的方式方法，不仅能提高自身艺术修养和审美素养，而且能将其转化为教学能力，提升教学效果。

审美感知、艺术表现、创意实践、文化理解是在素质教育和课程改革的背景下鉴赏艺术美、创造艺术美的具体素养指标。以视觉形象、图像为基础的美术学科增加了"图像识读"，将"读懂"作品视为艺术学习的开始。在艺术教学过程中，教师将引导学生发现、感受、认识艺术作品中的艺术形象、艺术语言、风格意蕴、情感表达等。教师对艺术作品的理解程度无疑影响着课堂教学和学生学习质量。

"欣赏·评述"（义务教育阶段）和"艺术鉴赏"（高中阶段）的课堂实践是美术课程的重要组成部分。教师应根据学生特点设计教学环节，着重解决诸如"怎样帮助学生掌握基本的欣赏方法？""怎样在教学中创造感悟艺术作品的创作情境？""怎样引导学生走进艺术家和作品，感受欣赏的乐趣？"等问题，并在教学中逐步培养学生对视觉形象和图像的观察能力，对艺术语言的感受和理解能力，引导学生利用文字与对话对作品进行评价，形成读懂艺术的整体观念，积累审美体验，奠定审美基

---

① 参见[美]W.J.T.米歇尔：《图像学：形象、文本、意识形态》，陈永国译，北京，北京大学出版社，2020。

础，提升文化素养，树立正确的价值观和人生态度，最终达到以美育人、以美培元的目标。图 6-9 为艺术课程素养、美术学科核心素养的关系图。

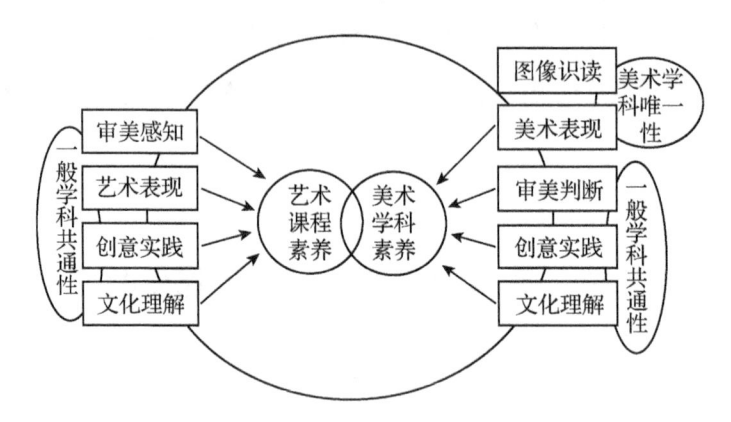

图 6-9 艺术课程素养、美术学科核心素养的关系图

在一次主题为"感受欣赏摄影之美"的社团艺术实践活动①中，教师为 20 名三年级以上的学生开设了一堂摄影课，目的是使学生在实践中了解"欣赏摄影作品的三原则（鲜明的主题、吸引注意力的主体、画面简洁）"，掌握欣赏摄影作品的基本方法，培养其对艺术作品的分析能力和表达能力。为此，教师设定了 4 个活动环节和一系列活动目标（见表 6-1）。

表 6-1　活动环节和活动目标

活动环节	活动目标
感受摄影之美	介绍摄影作品，激发兴趣，初步感受摄影之美
欣赏摄影之美	了解欣赏原则，分析摄影作品，感受、欣赏摄影之美
筛选作品游戏	筛选作品，合作运用方法，正确欣赏摄影作品
分享摄影之美	共享摄影之美，建立对摄影的喜爱之情

教师根据活动设置了 3 个问题，在课堂上共同讨论：

第一，试着为摄影作品起个名字。

分析：为什么大家起的名字大相径庭呢？

---

① 北京市西城区青少年美术馆摄影小组艺术实践活动。

第二，作品中最吸引大家的是什么？

分析：为什么每幅摄影作品吸引大家的地方都是不一样的呢？

第三，观察"主体"以外画面，你还发现了什么？

分析：为什么"主体"以外的画面不是虚化就是没有物体呢？有没有其他构图方式？

师生在活动中通过观察、描述、分析、比较、鉴别、解释等方法，以游戏互动的方式对拍摄的照片进行分组比对，根据摄影原则和审美原则，筛选出5张最好的照片，共同欣赏、讨论。

在整个欣赏活动中，教师通过对问题的设定，引导学生认识和了解了摄影中的"主体"概念和运用方法，了解了摄影的构图与形式美，并用欣赏摄影作品的三原则对作品进行了筛选。学生在讨论问题、解决问题的过程中逐步掌握知识，保证了学习的有效性。

二、在课堂教学中阅读艺术

教师读懂艺术，始于"阅读"，终于审美。教师将自身的鉴赏能力和审美素养运用于教育教学，既能极大地增强教学的启发性、逻辑性和支撑性，也能使课堂教学变得更加具有创意。

（一）创设读懂艺术的情境

在一项调查中我们发现，有37.9%的教师需要充足的学校美育探索模式的典型案例，48.2%的教师认为艺术课程需要社会美育资源的注入。这说明艺术课堂除了需要教材和课程标准以外，还需要借助大量社会美育资源创设整体艺术课堂和美育育人的情境。

教师可以根据自己的审美经验，参考教材和课程标准，寻找和利用真实或虚拟的视觉形象和图像资源，融合线上线下开放的信息资源，如美术馆、艺术馆、博物馆等社会美育资源，为学生提供艺术欣赏环境，激发其艺术学习兴趣。例如，创设特定的情境，引导学生置身于某个特定的时期，某个特定的地方，以艺术家的视角选择一种合适的艺术形式进行创作，或以评论家的视角对艺术作品进行欣赏和评价。

为了考查学生平时美术学习的过程，教师特意制作了"多彩美术印记"手册，其中设置了"我与美术""名作解析""课堂随笔""创意表达""独特设计""收获成长""活动采撷"7个环节，目的在于创设一个整体环境，使学生在一段时间内对美术学习成果有一个多角度、多层面的呈现。

表 6-2　"名作解析"环节任务单

学校最近要举办一场"中国经典美术作品"的主题展览，邀请你当讲解员。请你将美术课上印象最深的一件中国美术作品介绍给大家。
作品基本信息。 作品名称：　　　　　创作者：　　　　　作品类别： 作品尺寸：　　　　　创作年代：　　　　使用材料：
把你要介绍的这件作品简单画下来。 请你按照下列提示介绍这件作品。 结合作品的创作年代和背景，联系相关的其他学科知识（如历史、地理、语文等）简单描述作品的内容： 说说作品的构图、造型、色彩有什么特点： 画家想要表达的思想和情感有哪些： 你推荐的理由：

表 6-2 是教师通过创设情境为学生解析艺术作品所设计的任务单，也是关于他们艺术学习的成长手册。学生用文字和描绘的形式，记录读懂一件艺术作品的经历和过程，最终达到深度了解作品的目的。在学习过程中，学生对艺术作品鉴赏和解读的兴趣得以提升。

(二)提供有效的阅读方法和途径

以艺术课程素养为教学理念,以"像艺术家一样创作"为学习过程,以读懂艺术作品的视觉形象和图像为审美导向,以感受艺术之美为大概念,并在不同阶段解决不同的基本问题,设计教学方案,完成实践活动,是现在中小学艺术课堂实施的有效策略。

在人民美术出版社普通高中美术教材第四单元"无声之韵——建筑艺术"鉴赏部分的课程中,教师为学生选择了福建土楼、苏州博物馆、圆明园海晏堂、故宫等中国建筑,以及卢浮宫、凡尔赛宫等西方建筑为鉴赏对象,对比古今中外建筑在材料与空间、建筑特征、建造理念等方面体现建筑之美的因素。通过思维导图,我们可以看出教师为学生提供的可行的阅读方法和途径。教师借助图像学方法引导学生从建筑中的造型元素(线条、形状、形体、空间、明暗、色彩、肌理)、形式原理(平衡、强调、比例、节奏、统一、变化)、审美理念、主题意义、风格类型,以及文化理解层面的时空比较、社会意义、美学价值等方面进行深入探究和学习,注意解决"建筑背后的文化"和"传统建筑的社会价值"等问题,系统地运用图像综合分析,多角度、多层次思考建筑之美是如何产生的这个核心概念。(见图 6-10)

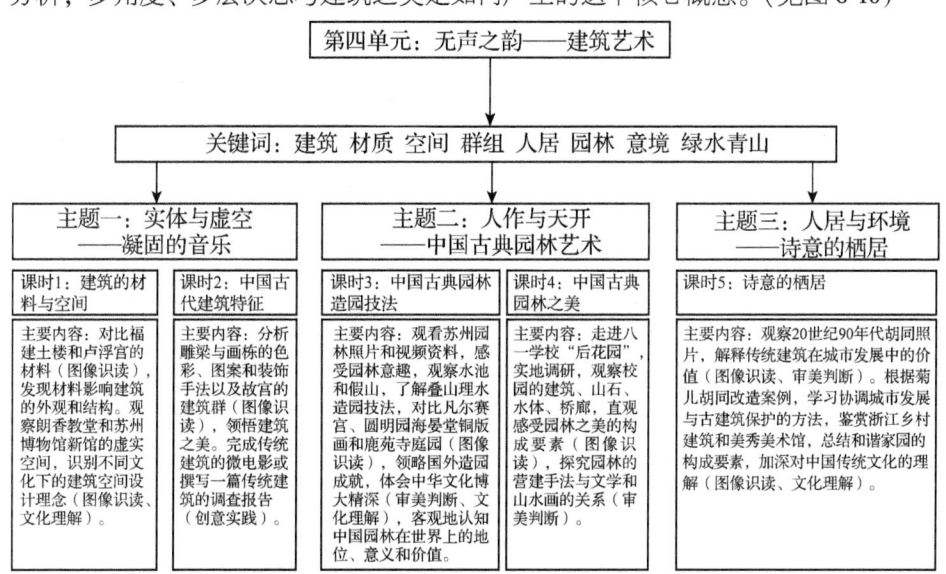

图 6-10 "无声之韵——建筑艺术"单元教学结构图

(三)学科融合促进读懂艺术

无论是经典作品还是当代艺术,都与社会、文化、科技等领域有着密不可分的联系,都具有跨学科的属性。根据视觉艺术作品中形象、图像普遍存在这一特征,加强不同艺术种类的融合,如美术与音乐、诗歌、戏剧的融合,当代艺术与传统艺术的融合;根据艺术作品往往体现社会思潮、科技水平和生活时尚的特征,加强艺术与人文学科,如语文、外语、历史、哲学、心理学、政治学,以及科学学科如数学、地理、物理、化学、生物学等各学科的融合;根据艺术作品普遍反映思想理念的特征,加强艺术与现实社会、生活情境的融合;等等。

单元课程"非物质/再物质:计算机艺术简史"就是基于馆校合作模式,利用社会美育的场馆展览资源开发的学科融合课程。展览回顾了 20 世纪 60 年代至今"计算机艺术"的发展历程,并对机器学习美学、数字客体性以及科学技术的反思展开了探讨。教师带领九年级学生参观展览,让他们在展览中用视觉、听觉多重感官来感受作品;随后教师为学生推送有关计算机简史的相关信息,引导他们了解计算机给我们的生活带来的巨大变化,理解艺术与科学在当今的社会生活中密不可分;之后学生用文本、PPT、草图等方式展现各自的想法,并写出具体步骤,完成自我创意实践。

在系列活动之后,学生绘制了"改变情绪"艺术装置思维导图(见图6-11),目的是"在未来的某一天我们可以改变环境,从而调节自己和身边的人的精神与情绪,给他们带来幸福与快乐。"

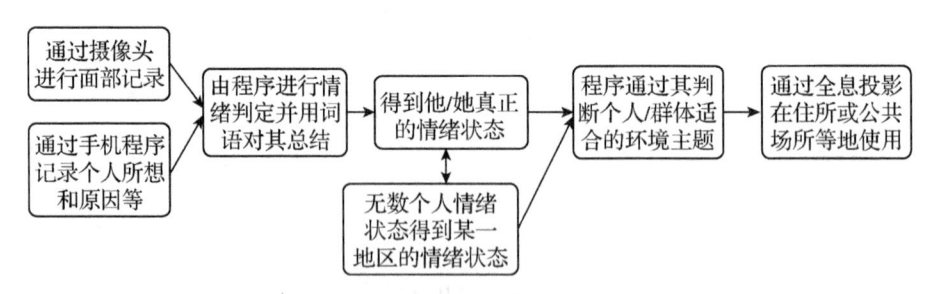

图 6-11 "改变情绪"艺术装置思维导图

在鉴赏与创作过程中,教师鼓励学生用开放的思维去解读展览和作品,鼓励他们通过知识链接、多重思辨、学科融合的综合展现形式,表现自我创意实践能力。

三、以一堂《千里江山图》鉴赏课为例

中国书画是高中美术课程选择性必修模块之一,目的在于使学生体会中国书画的艺术特征,了解中国书画的审美原理,培养学生对中国传统艺术的认同感。我们以《千里江山图》(见图6-12)为案例,完整展示教师如何读懂艺术,并将之运用于艺术鉴赏教学中。

图6-12 《千里江山图》(局部)

以《千里江山图》为典型对象的美术欣赏课,其主要目的除了让学生对山水长卷有整体感知,能够描述作品的主题内容、表现技法、时代背景、艺术特征外,还要求学生能够将其和其他山水长卷作品进行比较,归纳总结中国绘画独有的形式美感及审美特点。教师在授课过程中可以将图像学阅读方法与实践相结合,通过细读、解读、品读[1],结合中国古代传统品鉴方法——谢赫六法,层层深入剖析作品,并最终形成对中国青绿山水艺术美的整体认知。(见表6-3)

---

[1] 也有研究者将这一过程分为四个环节:略读、精读、解读、品读。参见刘菲菲:《高中美术图像识读素养培养研究》,硕士学位论文,华中师范大学,2021。

表 6-3 阅读环节与鉴赏艺术作品对比表①

阅读环节	鉴赏方法	图像学层次	主导问题	具体要求
细读	描述	前图像志描述	作品内容和事件	基本信息 造型元素 形式原理
解读	分析	图像志分析	作者意图和作品意境	主题思想 作者意图 情感内涵
品读	解释	图像学解释	作品的意义和价值	社会背景 文化影响 艺术思潮 作者生平

(一)细读——内容与事件

教师在这一环节出示作品,并结合视频或音频,初步创设情境,使学生对《千里江山图》有一个整体的印象。学生通过获得的基本信息,探寻造型元素和形式原理等问题,之后可以做如下描述:

这是一幅在中国美术史上十分重要的作品,出自北宋画家之手(至于画家学界还有争论,这样的信息也可以提供给学生,让他们有进一步的探究,得出各自的结论)。此卷纵 51.5 厘米,横 1191.5 厘米,绢本,设色,是宋代青绿山水中的巨制杰构。画面上峰峦起伏绵延,江河烟波浩渺,气象万千,壮丽恢宏。山间高崖飞瀑,曲径通幽,房舍屋宇点缀其间,绿柳红花,长松修竹,景色秀丽。山水间野渡渔村、水榭楼台、茅屋草舍、水磨长桥各依地势、环境而设,与山川湖泊交相辉映。画家在构图上充分利用传统的长卷形式所具有的多点透视之特点,将景物大致分为六部分,每部分均以山体为主要表现对象,各部分之间或以长桥相连,或以流水沟通,各段山水既相对独立,又相互关联,达到步移景异的艺术效果。高远、深远、平远多种构图方式的穿插使用使画面跌宕起伏,富有强烈的韵律感,引人入胜。此卷以概括精练的手法、绚丽的色彩和工细的笔致表现出祖国山河的雄伟

---

① 参见王大根:《中小学美术教学论》(第 2 版),177 页,南京,南京师范大学出版社,2021。

壮观。

这个环节的重点在于图像学解释的第一层面，学生在情境中观看作品，由浅入深观察图像，从整体到局部再回归整体，能够回答诸如这幅作品不同段落是如何形成的，是如何利用"起承转合"连接山峰的聚散，以体现画面的"经营位置"特点的等问题。在这一阶段学生应当能够通过语言、文字加以描述，获得视觉经验，体现"视觉识读能力"，奠定鉴赏基础。①

（二）解读——意图与意境

解读是对前一个环节的深入阅读，着重运用图像志的方法分析和解释作品的主题思想、作者意图、情感内涵等，是一个信息元素重组、新认知逐渐建构的阶段，我们也称之为"渐构"。

青绿山水是中国古代山水画的一种艺术样式，由勾勒、皴擦、着色、点苔等几个步骤完成。在这幅作品中，作者试图以"繁皴""厚色""细染"等技法建构繁复的艺术风格，展现全景式、写实的山川景象，在"丰亨豫大"审美意识的关照下，体现青绿山水的样式特征和恢宏壮观、富丽堂皇的艺术魅力与审美价值。青绿山水是中国山水画最早的表现形式，后来成为古代宫廷绘画的一支，是中国传统美学的重要组成部分，有着与水墨画淡雅清秀、逸笔草草截然不同的审美趣味，二者相辅相成，共同构成中国山水画的审美内涵。

在这个环节，教师应当尽量使学生仔细再仔细地观察作品的图像，以精微的态度深入图像细节，与自己的审美素养相结合，从造型和形式角度分析作品意境美感，适当结合文献资料和时代背景，探寻作者意图，解释作品主题、内容和寓意。

（三）品读——品味与评价

通过前两个环节的观察与分析，学生对《千里江山图》基本信息、造型元素、形式原理、主题思想、作者意图、情感内涵等已经有了比较深入的了解，这个环节要对图像的内在意义和背后的审美象征做进一步的解释。

---

① 参见米歇尔关于图像转向的定义。[美]W. J. T. 米歇尔：《图像何求？——形象的生命与爱》，陈永国、高焓译，8页，北京，北京大学出版社，2018。

谢赫提出了"六法"，即气韵生动、骨法用笔、应物象形、随类赋彩、经营位置、传移模写。"六法"概括了中国绘画在用笔、用墨、章法、色彩和学习模式等方面的品评标准，也是最为重要的鉴赏方法。"六法"中"气韵生动"被视为最高意境。在这一个环节，通过讨论，学生更深刻地理解了图像的象征意义、作品背后所隐含的中国传统的审美特征、在道法自然的世界观里焕发着的中国传统文化的理趣之美。刘勰所说的"登山则情满于山，观海则意溢于海"体现着人与自然的和谐统一，"物我两忘""天人合一"是中国自然观念的核心，"澄怀味象"是中国山水画的哲学基础，"外师造化，中得心源"指出自然"实景"再好，也必须通过心灵的过滤，情感的迁移，才能成为"真景"的理想之地。"畅神"和"卧游"是中国古代山水画审美原则，山水画要有"可行""可望""可游""可居"的"神景"境界才是佳作。这些都在《千里江山图》中得到了极大的彰显。

这些观点都是比较抽象和理性的，学生通过青绿山水这种艺术形式，在对比西方艺术中的风景画形式后，将作品中的视觉形象和图像作为理解这些观念的支架。例如，中国人的传统色彩观是"色尚红黑"，为什么偏偏用青绿创作山水画，这种转变是如何形成的？再如，出自宫廷的山水长卷是如何以"洞天福地"观念来隐喻社会秩序和伦理纲常的？这类涉及社会、文化的问题，都可以在这个环节讨论。

（四）拓展——从《千里江山图》品中国画的四种美感

从审美的角度来说，中国画有四种美感：媒材之美、笔墨之美、形式之美、意境之美。这四种美感决定了中国画的独特属性。对《千里江山图》的阅读，以图像学和鉴赏程序的细读、解读、品读为主，最后要体现在美学、文化的层面。纸、墨、笔、砚、绢、石青、石绿、赭石、朱砂体现了媒介材料之美；丰富的技巧和勾皴染点的程式化工艺流程，是保证水墨和青绿完美体现的不二法门；符号化的笔墨造型观念给笔墨之美留出了广阔的展现空间，写意、工笔、水墨、青绿体现了以不同技法为载体的表现形式之美；孜孜不倦地追求诗情画意、气韵生动，"借笔墨以写天地万物而陶泳乎我也"的境界，则是中国画的至高目标。从媒介材料到作画过程，从表现形式到意象意境，中国画展现在我们面前的不仅是对一个画种或一个图像的审美，而且是对中华传统文化的解读。

中国画课程是中国书画模块的内容之一，接续了义务教育阶段中的水墨画、中国画课程，进一步学习和了解中国画的工具以及背后所蕴含的文化信息、基本技法形式和审美特征，能够使用传统中国画论的基础知识和相关术语对经典的作品进行描述、分析、解释和评价，使学生初步具备阅读和鉴赏中国画的素养，这是高中美术鉴赏课的教学目标。

无论从哪个角度来说，读懂作品、品味艺术对教师的职业生涯都是有益处的。作为美的载体，艺术使人们在精神享受的同时增加了观念的沟通、文化的理解。

我们对于影响阅读艺术的关键词，如形象、图像、图像学、美和审美等概念——这些艺术文本的基本构成元素进行梳理，并且充分参考图像学、美术鉴赏程序、核心素养指标等逻辑构架，探讨各元素之间的组织关系，初步建构教师鉴赏艺术、读懂作品的策略和方法，即细读（内容与事件、前图像志描述、认知解构）—解读（意图与意境、图像志分析、认知渐构）—品读（品味与评价、图像学解释、认知重构）。在此过程中我们掌握艺术作品的基本信息、观察视觉形象与图形，了解造型元素和形式原理，以探究艺术家的"工作方案"，还原创作情境，弄清创作意图，从而获得艺术图像的整体概念，找到艺术作品的真正意义。

有效的阅读策略在品味艺术的实践中发挥积极作用。教师通过阅读艺术，得到艺术享受，提升艺术素养，转化成教学能力，最终使学生受益。这也是教师读懂艺术的价值所在。

第七章
读懂教育数字化

本章概述

蓬勃发展的数字技术深刻影响着教育发展的格局，全面革新了教育发展的逻辑内涵与实践路线。教育数字化、数字教育、人工智能+教育已成为新时代教育改革的重要议题。数字时代面前，谁能抢抓数字化发展机遇谁就能勇立潮头、引领潮流。怎样读懂教育数字化已经成为新的时代命题。本章分为三节。第一节从"读懂教育数字化时代背景：从信息化迈向智能化""读懂教育数字化：从赋能教育到重塑教育""读懂教育数字化的价值和意义"三个方面阐述了为什么要读懂教育数字化。第二节从读懂国家教育数字化战略及相关政策、读懂教学评一致性、读懂数字化教育资源建设、读懂人工智能带来的教育数字化颠覆性所指四个方面阐述了如何读懂教育数字化。第三节"读懂教育数字化案例分析"。通过案例展示教育数字化在改变教育方式、提高教育效果和促进教师专业发展方面的潜力和优势。本章内容为更好地把握教育数字化的发展趋势和更好地进行数字化教育实践提供了参考和指导。教育数字化是未来教育发展的重要趋势，我们应积极适应并与其共同发展，以推动教育的现代化和创新发展。

第一节　为什么要读懂教育数字化

一、读懂教育数字化时代背景：从信息化迈向智能化

(一)数字时代：人类迈入数字化生存新境界

数字时代的到来，标志着人类迈入了一个全新的生存境界。当今世界，新一代数字技术开启了一场比工业革命更为急速、涵盖更广、更具颠覆性的社会变革。"数字化时代的到来，进一步推动教学突破时空限制，促进教与学的双重革命，打造了没有围墙的校园，汇聚海量的知识资源，为学习者提供更加优质、多样、个性化的学习支持，推进不同地区、不同群体之间教育的平衡发展，使得教育公平理念从理想走向现实。"[1]数字化技术已经深刻影响了人类的学习、工作、思维和交往方式，催生了现实世界与虚拟世界并存的社会形态，创造出更为丰富的文化生态。

随着云计算、人工智能与区块链等新一代数字技术的发展与应用，以数字驱动的变革与发展已经成为世界性主题。历史经验同样告诉我们，每一次科技革命和产业变革都会给教育带来跨越式发展，数字技术也必将推动教育发生飞跃。党的二十大报告首次把教育、科技、人才进行"三位一体"统筹安排、一体部署，并首次将"推进教育数字化"写入报告，赋予了教育在全面建设社会主义现代化国家中新的使命任务，明确了教育数字化未来发展的行动纲领。习近平总书记指出："数字技术正以新理念、新业态、新模式全面融入人类经济、政治、文化、社会、生态文明建设各领域和全过程，给人类生产生活带来广泛而深刻的影响。"[2]社会数字化转型是技术进步和生产力发展的必然，也是新生产关系和人类命运共同体构建的基础。

---

[1] 杨晓哲、任友群：《数字化时代的 STEM 教育与创客教育》，载《开放教育研究》，2015(5)。
[2] 中共网络安全和信息化委员会办公室：《习近平总书记关于网络强国的重要思想论述》，145页，北京，人民出版社。

技术是人类社会变革的强大动力，是教育改革的制高点和突破口。[①] 人类在面对每一次科技革命时，总是将改善教育作为回应。在数字时代，以大数据、人工智能等为代表的数字技术智能化程度加速提升，不断推动人类迈入"数字化生存"新境界。《教育部2022年工作要点》明确提出，实施教育数字化战略行动，加快推进教育数字转型和智能升级。2023年全国教育工作会议强调，大力实施国家教育数字化战略行动，推动塑造教育发展新赛道新动能新形态。2024年全国教育工作会议指出，要不断开辟教育数字化新赛道，坚持应用为王，走集成化道路，以智能化赋能教育治理，拓展国际化新空间，引领教育变革创新。因此，加快实施国家教育数字化战略行动，积极推进教育数字化转型，是我国教育实现从基本均衡到高位均衡、从教育大国到教育强国的必然选择。

（二）信息化，数字化，智能化

当前，5G、人工智能、大数据、区块链、元宇宙等新兴技术不断推动人类生产生活迈向数字化生存新境界。各行各业迎来了从信息科技时代进入数字科技时代的历史机遇。社会信息化、数字化、智能化转型也成为社会进步的必然趋势。

从历史逻辑看，数字化转型是技术发展和社会进步的必然产物。数字技术具有重塑教育体系和教育生态的力量，并由此掀起了一股教育数字化发展浪潮。在教育领域，以"化"称教育发展趋势的语词比较常见。"技术的持续创新及其与教育活动日益紧密的联结赋予教育发展多样化的趋向与特征，诸如'信息化''数字化'等皆是如此。以教育数字化为例，这里的'化'可以理解为以数字技术使教育发生变化，主要指向教育系统中物和人两个层面的数字化过程。前者指教育基础设施和环境的数字化改造升级，后者涉及教育活动中人的数字意识、思维、素养和能力的转变提升。"[②]在教育领域，随着教育信息化的发展，教师的教、学生的学和管理者的管理面临着数字时代全新发展逻辑的挑战与重塑，促成一种以数字技术推动信息的数字化思维向数字化模式的转变。从以多媒体、局域网、单机为基础所形成的天网地网

---

① 何克抗：《论现代教育技术与教育深化改革（下）——关于ME命题的论证》，载《电化教育研究》，1999(2)。

② 陈廷柱、管辉：《教育数字化：转型还是赋能》，载《中国远程教育》，2023(6)。

结合应用，到以云计算、多终端、互联网为基础所形成的三通两平台，再到以大数据人工智能与区块链等为基础的数字技术与教育融合创新，我国的教育信息化正向数字化转型进发。我国的基础教育数字化建设正在有条不紊地进行，朝向全面建成以信息化、数字化、智能化为主体方向的新时代教育体系发展。

二、读懂教育数字化：从赋能教育到重塑教育

（一）读懂教育数字化：提出背景和含义

"行之力则知愈进，知之深则行愈达。"（张栻《论语解·序》）经过教育信息化1.0和2.0的建设，我国数字技术与教育经历了起步、应用、融合、创新4个阶段，目前正处于融合与创新并存的时期。教育部教育信息化战略研究基地（北京）主任、北京师范大学教授黄荣怀表示，如果把教育信息化视为信息技术推动教育发展的量变过程，那么教育数字化转型将在多年量变积累基础上实现质变。2021年，国务院印发《中华人民共和国国民经济和社会发展第十四个五年规划和2035年远景目标纲要》，提出加快数字化发展，建设数字中国。作为"数字中国战略"的一部分，推进教育数字化转型是贯彻国家战略的应有之义。党的二十大报告明确提出："推进教育数字化，建设全民终身学习的学习型社会、学习型大国。"习近平总书记在中共中央政治局第五次集体学习时强调，"教育数字化是我国开辟教育发展新赛道和塑造教育发展新优势的重要突破口"。教育部以建设国家智慧教育公共服务平台为抓手，加快推进教育数字化转型和智能升级。数据驱动、以学定教、因材施教等数字化手段正在推动教、学、管、评、考、就业各个环节的改革走向深入，为未来教育发展插上提速的翅膀。

教育数字化是一个历史进程，初始于数据化，以计算机、多媒体为代表的数字信息技术，将事实、信号或符号转化为结构化数据并产生意义，以改进教学；发力于网络化，以互联网为代表的网络信息技术，促进教育资源通过网络进行汇聚，实现优质资源的普及和共享；加速于智能化，以人工智能、大数据为代表的智能信息技术，促进教育过程中的数据挖掘、分析、利用和各类智能化教育服务的实现。目前，我们正处于从网络化向智能化跃进的重要历史节点，把握好这个节点，明确教

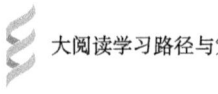

育数字化转型该转什么，怎么转，对加快教育高质量发展步伐、实现新的历史突破具有重要意义。

(二)赋能与重塑：从量变到质变的教育数字化

数字化不仅赋能教育而且重塑教育。教育数字化是对现有教育的改造，更是对未来教育的想象。充分认识和发挥教育数字化的作用对于把握未来教育的走向十分重要。学校的诞生是人类第一次教育大变革。人类开启了有目的、有计划、有组织的文明传递历程，知识被有效地组织起来，文明进程大大加速。但在很长的时间里，学校教育是极为小众的教育。工业革命到来，大工业生产对每个进入社会生产过程的人提出了具备现代科学常识的要求，也为提供这种科学常识的教育创造了条件，因此以班级授课制为基础的现代教育制度建立了，这是人类第二次教育大变革。班级授课制极大地提高了教育效率，大规模、大众化教育得以实现。但是，这种教育也让人类付出了沉重的代价，人类教育从此走上了标准化、统一化、单一化道路，标准的答案、统一的节奏、单一的内容，极大地限制了人的个性化和自由发展。尽管几百年来人们进行了各种努力，力图通过学分制、选修制、走班制、弹性授课制等多种方式减少班级授课制带来的标准化弊端，但总的说来只是杯水车薪，收效甚微。要通过已有的制度和模式打破标准化教育定制几乎是不可能的。

数字化的发展深刻改变了人类的生产方式和生活方式，也深刻改变着人类的学习方式和教育方式。数字化教育为实现大规模个性化教育，为人类第三次教育大变革的到来提供了变革的力量。数字化教育打破了教育的时空限制，形成了时时、处处、人人可学的泛在学习新形态；打破了一门课、一本书的局限，极大地丰富了教育内容，为学习者选择学习内容提供了广阔的天地；打破了一个班级四五十个学生伴随数年不变的局限，通过各种学习共同体的建立，交往空间大大拓展；打破了标准化、统一化的教学模式，为真正实现因材施教提供了可能。数字教育实现教育个性化的关键是自适应学习技术的运用，它通过构建揭示学科知识内在联系的知识图谱，测量和诊断学习者的已有水平，跟踪学习者的学习过程，收集和分析学习者的学习数据，为学习者提供个性化的学习方案，推送合适的学习资源和学习路径，在反复测量、推送、学习、反馈的过程中，把握学习者的最近发展区，为每个学习者提供适合的学习内容和学习节奏，激发学习者的学习兴趣和学习热情，满足学习者的成就感，建立学习者的自信心，促使每个学习者成为独特的个体。

（三）以人为本：教育数字化区别于其他领域的本质特征

在大多数领域，数字化程度越高，人参与的程度越低，就越便利、越高效、越精准、越成功，如果能够彻底代替人，那就是数字化的彻底成功。但是教育领域并不是这样的，教育活动不是物与物的联系，而是人与人的联系，教育数字化以人的发展为目的，通过人、依靠人、为了人，以是否促进了人的发展为衡量标准。人的发展主要通过内因起作用，通过人的自主能动性激发变化。教育是人和人的互动，离开了人教育就没有了。数字化如果仅仅联结客观数据，不能与人的思想情感联系起来，不能激活人的脑神经机制，其作用是非常有限的。只有人和机器融为一体，实现人机交互、人机融合，教育数字化的功能才能真正发挥出来。但到目前为止，数字化教育总的来说还是以技术为中心的数字化。其特征表现为以下几个方面：一是重技术应用，轻人的发展，关注的是数字化的通用技术在教育上的运用，满足于提高现有教育的功能和效率，而很少研究对人的发展起了什么作用；二是重技术功能，轻教育功能，关注的是把已有的技术应用到教育场景中去，而不是以教育需求为导向，关注如何教书育人；三是重已有条件，轻未来想象，关注的是基于现有的教育场景、教学条件、教学模式的技术应用，是在传统教育背景上做加法，而不是创设新的教育形态和场景，促进教育变革创新；四是重"大数据"，轻"小数据"，和数字技术在其他场景中的应用类似，当前数字教育也大都是建立在大数据的思路上，尚未深入人的个性化发展的内在需求，缺乏对多维度、个体化的"小数据"的收集、挖掘和使用。这种现象被称为"数字化+教育"，是"冷数字教育"。而教育事业是以人为对象，为国家育人才、为个人促发展的活动，是有情有义、有温度的活动。人始终是教育的出发点和落脚点。数字教育要向"教育+数字化"转变，发展有温度的数字教育。"教育+数字化"就是要以人为中心，以学习为中心，以促进人自由的、全面的、个性化的发展为目的，从教育的问题出发，从未来的需要出发，以解决问题和变革创新为导向，以教育规律和人的发展规律为引导，让技术为育人服务，在促进人的发展过程中发挥数字教育的不可替代性。

(四)人机融合：教育数字化转型成功与否的决定性因素

数字教育会取代教师吗？数字化技术无疑将越来越多、越来越快、越来越好地替代简单、重复和繁重的劳动，使人类得到极大的解放，同时自然会取代人类的很多工作和岗位。由此，很多人担心数字化技术也会取代教师，使教师失业。其实这种担忧是多余的，数字化教育不仅不会取代教师，而且会促进教师回归本职工作，把精力和才智用于和学生进行思想的沟通、情感的交流和生命的对话，真正成为人类灵魂的工程师。

随着科学的发展，技术已经成为人的本质的一部分，科学技术越发达，这种本质性就越凸显。人类的发展与工具的发明和使用是同步的。从最初使用石器、铁器，到后来使用蒸汽机、电动机，再到后来使用电脑、手机，人类的手臂不断延伸，人类的五官更加灵敏，人类的大脑功能更加强大。随着数字化智能化的发展，人类的学习时间和空间在拓展，学习的能力在提高，人类和机器的优势都表现出来，人机交互并产生1+1>2的效应。人机融合不仅是人和机器的融合，而且包括机器和环境的融合，超越了人与机器的二元关系。人机融合是教育者、受教育者、机器、教育环境的多元交互，融合教育者的智慧和机器的智能，形成超越人机各自智能的新型智能形式。未来，人机融合不仅可以改变教育者与机器主客分离的状态，使教育者与技术以真正融合的姿态实现技术的具身与应用，而且能够以人机一体化的方式重构教育者本体，使其身体、感知、认知，尤其是智能得到质的增强，以更具创造性的方式应用智能产品，开展教育教学，进而实现变革教育的理想。

人机融合可以分为三个层次：人机互动、人机协同、人机融合。人机互动的数字化教育是当前发展的阶段，虽然数字技术已逐渐参与教、学、管、评的各个环节，但是教学活动仍然以传统的方式进行组织，教师在教室中面对多个学生开展教学活动。数字技术通过收集相关教学数据，进行离线建模，对教、学、管、评各个环节进行赋能。人机协同的数字教育是人与机器深度参与教、学、管、评等各环节，深刻改变教育的组织形式，教师可以在实体和虚拟两个空间组织学生开展教学活动，学生可以随时随地通过虚拟技术参与教学活动，教学活动突破了实体空间的限制。通过收集相关教学数据，机器进行实时建模分析，与教育参与者共同完成教学任务。人机融合的数字教育是高级发展阶段，拥有人工智能的虚拟人与实体人的界限变得模糊，他们将组成共同体参与教学活动，实体教师和虚拟教师、实体学生和虚拟学生在虚拟学习空间内自由组成虚拟班级开展教学活动。学习活动以更加灵活的形式展开，教育模式也将发生革命性变化，面向每个人、适合每个人的教育真正实现。

三、读懂教育数字化的价值和意义

（一）教育数字化是教育现代化的基本内涵和显著特征

教育现代化是一个多元立体的现代化体系，在中国式现代化的整体框架下，教育数字化是实现教育现代化的重要路径。教育数字化的根本目的不在于转型，而在于通过数字思维、技术等赋能教育，推动教育实现更高水平的发展。教育数字化必须坚持以赋能教育为基本指向与旨归，促进教育目标、内容、模式等多维度、深层次变革，让更优质、更公平、更多元的教育惠及更多受众，推动教育高质量发展。教育数字化是推进中国式教育现代化进程中的范式创新。在社会主义现代化强国建设的征程上，加快推进数字化转型是实现中国式教育现代化的必然选择。

数字化转型是中国式教育现代化的一个重要维度，能够帮助我国教育现代化在实践中闯出新路。[1] 教育数字化是建立在数字化转换、数字化升级基础上的转型，是驱动教育系统结构优化、促进教育系统中各要素转型的变革性力量，是将数字技术整合到教育领域的各个层面，推动教学范式、组织架构、教学过程、评价方式等全方位的创新与变革。教育现代化是一项重大时代课题，需要与时代发展的脉搏同频共振。[2]

当前，第三次技术革命发展以"赋智"为目的，以网络化、数字化、智能化技术为抓手，使全球教育发展发生深刻的变革，而当下中国式教育现代化处在数字化转型的大变局中，教师需要把握发展的关键节点和战略机遇。

---

[1] 郑金洲：《中国式现代化的教育意蕴》，载《中国教育学刊》，2022(12)。
[2] 祝智庭、胡姣：《教育数字化转型的实践逻辑与发展机遇》，载《电化教育研究》，2022(1)。

(二)教育数字化是实现教育现代化的战略支撑和动力引擎

教育数字化"将数字技术整合到教育领域的各个层面，推动全方位创新与变革"，是多种信息、计算、通信和连接技术的组合，全方位、多维度、深层次赋能教育，推动教育的全领域转变，具有跨越式、根本性、革命性的发展特征。

首先，教育数字化有效推动教育资源的普惠共享，推动教育的均衡发展和公平公正。数字技术通过创设虚拟与现实、正式和非正式等有机融合的教育环境，形成泛在化教育形态，使教育活动由物理空间延伸至虚拟空间，教育场域从学校拓展到整个社会，教育过程从青少年时期延伸到人的一生，由此使不同地区、学校共享优质教育资源，使有不同学习需要的人可以在任何时间、地点选择学习方式与途径，扭转教育供给结构性失衡的局面，推动形成更加开放和包容的兼顾质量与公平的高等教育新生态，为实现"人人可学、处处皆学、时时能学"的学习型社会、学习型大国提供坚实支撑。

其次，教育数字化促进教育供给侧结构性改革和人才培养过程优化，提高教育质量和吸引力。当前，社会发展和人民群众日益增长的对优质教育的迫切需求与教育发展不平衡、不充分之间的矛盾被认为是教育的主要矛盾。数字技术在教育领域中的创新应用助力构建智慧教育生态和学习环境，赋能教、学、管、评等全链条的创新，优化教育教学过程，改善教育体验。特别是数字技术带来的更加精准的学业诊断和教学评估，使教育者更科学地把握学习者的成长规律及其教育需求，制定更加适应其身心特征和发展需要的教育方案，推动教育教学从高度同质化、同构化转向多样化、精细化，使个性化培养、菜单式教育和定制化学习等成为可能，赋予学习者更多机会释放潜能。

最后，教育数字化推动建设形成教育新生态，推动教育持续健康发展。教育是一个国家发展水平和发展潜力的重要标志。数字技术的智联互通、虚实结合等优势有益于推动教育场域的智能化与泛在化、教育教学的个性化与定制化以及教育治理的科学化与精准化，建设形成兼具智能性、开放性、共享性等特征的教育新生态和新形态，赋予教育创新发展更多的可能性。总之，教育数字化的深入发展创新了教育的形态与生态，驱动教育提质增效。

(三)教育数字化是建设数字中国和实现教育强国的重要前提

教育兴则国家兴,教育强则国家强。数字技术驱动全球变革,数字教育对教育强国建设具有重要赋能意义。历史上,科技革命驱动教育变革是强国崛起的重要前提。科技进步既是社会变革的动力源泉,也是推动教育变革的关键力量。科技革命激发教育变革,而教育变革进一步助推科技发展和社会进步,是历史上教育强国的共同特征。教育数字化不仅为了适应数字经济与社会发展,而且直接指向建设公平的教育强国,满足人民群众的教育需求,培养数字化社会的未来公民。我国教育部部长怀进鹏在各级会议中多次强调,切实以教育数字化推动教育高质量发展,促进教育现代化,实现教育强国,培养信息科技时代的国家人才。从1984年"计算机普及要从娃娃抓起",到2000年我国中小学"信息技术学科"诞生并将培养学生"信息素养"作为主要目标,再到2022年正式确立了中小学信息技术课程标准,培养全体中小学生的数字素养在不断发展与深化。

扎实推进教育强国建设,关键是以数字教育开辟新赛道、注入新动能。社会数字化转型是技术进步和生产力发展的必然,也是新生产关系和人类命运共同体构建的基础。社会发展中教育的基础性、先导性、全局性作用,更加赋予教育数字化转型战略意义。数字教育新形态是现行教育形态的系统性跃迁和质变,开辟了教育高质量发展的新赛道。如同历史上历次科技革命与重大教育变革一样,当前,谁能把握数字教育的先机,率先构建教育新形态,谁就有更大可能在新科技革命浪潮中为国家经济社会发展提供关键的智力赋能与人才支撑,发挥教育在强国崛起中的战略作用。放眼世界,各国都高度重视这一重大变革,均从多个方面谋划布局,积极行动,推动教育数字化转型,力求在数字教育新赛道上抢占先机,提升国家教育和人才竞争力。

(四)教育数字化是开辟教育发展新赛道和塑造教育发展新优势的重要突破口

自教育数字化战略提出以来,教育部多次强调教育数字化的重要意义,同时要求各地教育部门和学校要用好数字化红利,推进优质资源的均衡配置。在2022年北京市数字教育工作推进会中,吕玉刚司长讲道:要"提高认识,切实增强推进基础教育数字化的紧迫感使命感"。进入"十四五",我国基础教育踏上了高质量发展、加快实现教育现代化的新征程。我们要充分认识到教育数字化既是教育现代化的基本内涵和显著特征，又是实现教育现代化的战略支撑和动力引擎。构建优质均衡的基本公共教育服务体系、加快缩小区域城乡校际教育差距、推进基础教育高质量发展、实现教育现代化必须紧紧依靠现代信息技术支撑。现代信息技术发展为推进教育数字化战略行动创造了有利条件。我们要抓住有利机遇，充分利用科技赋能，通过实施教育数字化战略行动，加速推进信息技术与教育深度融合，创新教与学的方式。这种教育新形态，在根本上通过科技赋能和数据驱动，全方位推动教育变革，突破学校边界，融合物理、社会和数字空间，构建开放灵活的终身学习体系，聚焦学习者素养创新学习内容，为每个学习者提供适合的教育，使每个学习者在数字时代生存、生产和发展的必备能力得以发展。

第二节　如何读懂教育数字化

教育数字化变革已经成为世界性趋势。从各国推动实施数字教育的战略、举措和路径来看，教育数字化变革的核心目标是面向未来提升所有人在数字时代生活和工作所必需的数字素养；数字教育政策的首要关注点是以数字技术支持教育资源共享，拓展终身学习，促进教育公平；教育数字化转型在根本上要实现教育理念和教育模式的深层次变革，这在人工智能技术加速演进的背景下更为必要和紧迫。

一、读懂国家教育数字化战略及相关政策

（一）读懂教育数字化政策

数字技术正在推动全球新一轮科技革命和产业革命加速前进，不仅为社会和经济的发展创造了条件，而且在改变着国家的比较优势和竞争优势。而教育将成为重建数字化时代世界格局的关键力量，教育数字化已然是各国教育发展的关注点，也是传统教育迫切转型的风向标。为了抢抓数字技术发展机遇、推动教育现代化、赢

得未来社会经济教育发展的竞争优势，我国采用以教育部为主其他部门辅助的形式，积极有为地出台了系列政策推动教育数字化转型发展。在政策上，《教育信息化2.0行动计划》《中国教育现代化2035》《教育部等六部门关于推进教育新型基础设施建设构建高质量教育支撑体系的指导意见》等文件的出台，为教育数字化转型提供了政策引导。我国教育数字化发展政策是伴随教育信息化政策发展而发展的一种渐进型政策，是教育信息化政策发展演进的结果。① 2018年，《教育信息化2.0行动计划》提出构建数字化教育体系，实施数字资源服务普及行动，要从传统的信息技术走向更加智能、更加数字化的发展，标志着教育数字化成为教育信息化发展的新动向。在此阶段，教育数字化转型的国家方案相继出台，标志着教育数字化转型进入国家战略规划的新发展阶段。2022年，全国教育工作会议提出的"实施教育数字化战略行动"、教育部提出的"智慧教育示范区"建设等推动教育数字化转型进入正式化、系统化、战略化阶段。教育数字化从传统的技术发展走向深度融入教育、高度赋能教育发展，智能化、自动化成为教育数字化发展的主要特征，教育数字化进入赋能教育发展的高水平阶段。

这些国家政策对教育数字化转型起着主导和推动作用。首先，国家政策支持和鼓励教育数字化转型，通过建立教育数字化生态系统，包括互联网接入、数字平台、数字素养、数字领导力和数字化人才等的布局，直接或间接影响教育数字化转型的主导逻辑与意愿。其次，国家政策为教育数字化转型提供了战略性方向，国家政策体现出国家的战略需要和教育的发展需求，可以直接转变为教育数字化转型的直接动力需求。最后，国家政策也给教育数字化相关产业带来了政策红利，促进了教育数字化产业的发展，如智能平台、智能学具、学习管理系统等企业的发展，而数字化产业与教育联动，又会继续拓展教育数字化转型的空间。

(二)读懂教师数字素养标准

强教必先强师。教师作为推进教育数字化的重要基础，如何切实加快数字时代教师发展成为当前教育领域的重点任务。高水平的教师数字素养不仅可以促进教师适应数字时代发展和教育创新变革，而且对培育学生数字素养、培养高素质人才起

---

① 杨聚鹏：《新时代教育数字化转型的政策议题及建构路向》，载《电化教育研究》，2023(11)。

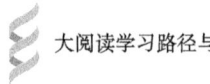

到关键性作用。提升教师数字素养已成为当前我国教师专业发展、队伍建设的重要工作。2022年11月30日，教育部正式发布《教师数字素养》行业标准，为教师数字素养发展指明了方向。这是我国发布的第一份关于教师数字素养的教育行业标准，对推进教师数字素养高效发展具有关键意义。该标准明确提出了教师数字素养五维三级框架(如图7-1所示)。

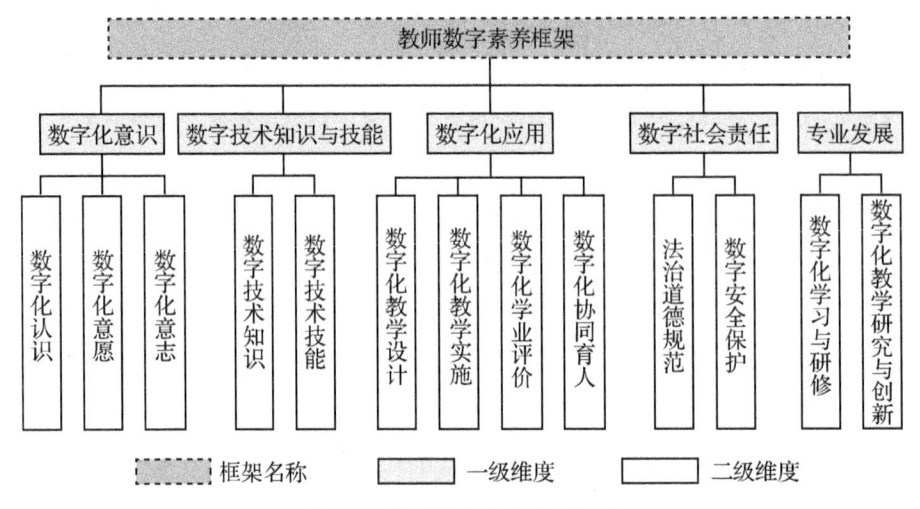

图7-1 教师数字素养框架标准

教师数字素养是教师适当利用数字技术获取、加工、使用、管理和评价数字信息和资源，发现、分析和解决教育教学问题，优化、创新和变革教育教学活动而具有的意识、能力和责任。《教师数字素养》标准进一步给出了教师数字素养框架，规定了数字化意识、数字技术知识与技能、数字化应用、数字社会责任，以及专业发展五个维度的要求。

数字化意识是指客观存在的数字化相关活动在教师头脑中的能动反映，是教师在数字时代有效开展教育教学和持续发展的前提条件，包括数字化认识、数字化意愿、数字化意志三个二级维度。数字技术知识与技能是指教师在日常教育教学活动中应了解的数字技术知识与需要掌握的数字技术技能，是教师实现数字技术与教育教学深度融合的基本要求。数字技术知识与技能是数字技术与教育教学深度融合的坚实基础，包括数字技术知识和数字技术技能两个二级维度。数字化应用是指教师应用数字技术资源开展教育教学活动的能力，服务于教学设计、教学实施、学业评价与协同育人等教育教学全流程。该维度即教师数字素养的核心内容，包括数字化教学设计、数字化教学实施、数字化学业评价和数字化协同育人四个二级维度。数字社会责任是指教师在数字化活动中的道德修养和行为规范方面的责任，也是数字教育可持续发展的必要前提，包括法治道德规范和数字安全保护两个二级维度。专业发展是指教师利用数字技术资源促进自身及共同体专业发展的能力。该维度的提升既有利于教师个体及共同体专业能力持续发展，助力服务全民终身学习，也能有效支持教师开展数字化创新应用与实践。专业发展包括数字化学习与研修、数字化教学研究与创新两个二级维度。

该标准为教师提升数字素养提供了方向指引与工具支持，有助于发挥教师在数字教育中的主导作用。此阶段的首要问题便是提升教师对数字素养重要性的认识，使其充分意识到如果没有良好的数字素养将无法适应新阶段教师岗位的要求。我们应树立高度重视教师数字素养的意识，深刻把握提升教师数字素养的时代背景与现实需求，加强组织领导，健全教师数字素养发展工作机制。在教师层面，可通过培训、观摩、交流、实践、反思等多种形式帮助教师理解数字素养的价值、内涵及基本要求，激发教师内在动力。

（三）读懂数字校园标准

数字校园建设是推进教育数字化转型的重要抓手。我国高度重视数字校园建设，先后发布系列政策文件推进教育数字化转型，提高中小学数字校园建设质量。2018年，教育部发布了《中小学数字校园建设规范（试行）》，对数字校园的建设目标和主要内容提出了具体要求，明确了中小学数字校园的建设方向；同年出台的《教育信息化2.0行动计划》也将"数字校园规范建设行动"列为八大行动之一，提出"数字校园建设覆盖全体学校"的发展目标。2019年，中共中央、国务院印发《中国教育现代化2035》，明确提出要建设智能化校园，为我国中小学校的数字化转型提供了新思路。2021年，《教育部等六部门关于推进教育新型基础设施建设构建高质量教育支撑体系的指导意见》，将"智慧校园新型基础设施"列为教育新基建要推进的六大重点方向之一，明确提出"支持有条件的学校利用信息技术升级教学设施、科研设施和公共设施，促进学校物理空间与网络空间一体化建设"。具体而言，中小学数字校园建设涉及基础设施、教学应用、能力提升等多个环节，其建设内容主要包括以下四个方面。一是基础设施的数字化升级与智能化改造。中小学数字校园基础设施主要包括网络、终端以及数字化环境三大部分。二是优质资源的系统化构建与智能化监管。中小学要通过建立优质资源共建共享的良性机制，推动优质教育资源惠及更多师生。三是信息技术与教学、管理的深度有效融合。四是师生数字素养的全面提升与持续发展。学校要支持基于多维数据的教师专业发展和学生成长指导，激发师生的自我能动性，让数字技术成为支撑学校变革的内生变量。当前，我国中小学数字校园建设在网络、终端等方面取得了显著的发展，中小学数字化教学条件提档升级全面完成。

二、读懂教学评一致性

（一）读懂智慧课堂

随着人工智能、大数据、VR/AR、区块链等新兴数字技术的加速发展与应用，智慧课堂日渐流行，且成为数字时代课堂变革的主要形态。智慧教育是数字时代教育的新形态，是当前教育系统革新的有效推动力。教育数字化转型借助技术塑造以改变和创新教学模式、形态和架构，变革传统教育模式走向智能教育模式。智慧课堂既是智慧教育的主场景，也是学校教育数字化转型的核心和主阵地。智慧课堂是技术发展与课堂教学整合应用的产物，是利用人工智能、大数据等新兴技术打造的智能高效的新型课堂。智慧课堂依托数字技术与教学深度融合，激发数据要素潜能，驱动教学智慧生成，促进教学系统结构性变革与创新，在教学数字化转型过程中发挥引领和推动作用。基于技术整合的智慧课堂专门研究与实践至今已有十多年的历程，2011年，行业内首次使用信息技术支持的智慧课堂概念；2015年，提出智慧课堂的正式定义；2017年，教育部文件中首次提出智慧课堂构建与应用；2022年，教育部工作要点明确提出，"加快推进教育数字转型和智能升级"，"探索大中小学智慧教室和智慧课堂建设"。智慧课堂被赋予了更多的教育使命和更高的价值期望，智慧课堂是教学数字化演变的高级阶段，智慧课堂作为技术支持的教学变革的产物，在迭代发展过程中充分体现了教学数字化转型的本质属性。

智慧教育是数字时代教育转型的新形态，智慧课堂无疑是教育数字化转型的核心和主阵地，是教学数字化发展的时代特征和高级阶段。经过长期的产品研发、理论探索、技术应用、模式创新等系统的研究与实践，智慧课堂发展已经形成了较为完整的教学技术、理论与实践体系，成为教学数字化转型和智能升级的典型成功案例。智慧课堂的迭变和升级始终依托数字技术与教学的深度融合，把数据作为教学系统变革的关键要素，致力于多个层面的教学变革创新，呈现为从课堂教学模式创新向学科教学范式转型、学校育人体系重塑的不断拓展深化，实现教育教学的整体性、系统性变革，展现了智慧课堂迭代发展、转型升级的历程。总体上看，智慧课堂至今大体上经历了三轮迭代发展（见图 7-2）。这三轮迭代发展过程无不体现了教学数字化转型发展的本质要求。

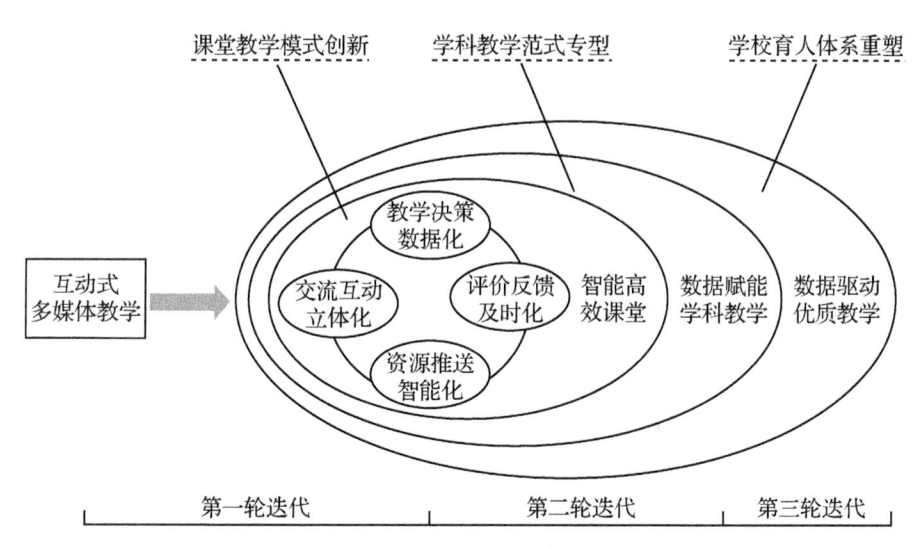

图 7-2　智慧课堂三轮迭代发展过程

（二）读懂智慧教研

教研工作是保障基础教育质量的重要支撑。数字时代需要让数据说话，让数据为教师教研的质量管理提供客观、科学的解释、说明和描述，推动数据支持教学决策，通过数据赋予区域教研新的内涵。基于教研需求的诊断性数据，是确定教研工作的逻辑起点。基于教研可视化的反馈性数据，能发现教研工作的薄弱环节。基于阶段性教学测评的形成性数据，可以度量教研工作的阶段成效。因此，收集与精准化分析大数据平台教研反馈数据，可以为参与区域教研活动深度研讨的教师提供智能化诊断，为区域教研过程的即时互动提供全过程、动态化的实时反馈，为教师分层教研、服务定制、个性化指导以及教学资源的精准化推送等提供服务支持。同时，在教学诊断环节，通过智能化大数据分析平台，围绕"教—学—评—补"等关键环节，对教师的常态化教学进行数字画像，为教师提供更有针对性的教研指导，从而实现常态课堂的提质增效。

通过科学合理地将新技术与区域教研实践深度融合，充分发挥数字技术对教研的支持作用，实施基于网络的混合式教研，可以实现教研工作的高效率和精准化。打造包容合作、融通共享、开放交流的区域混合式教研数字化环境，尽快完善智慧教研工作流程与规范，持续推进教研工作的信息化建设，形成集智慧管理、智慧教研、智慧教学、智慧环境为一体的教研工作体系。同时，借助技术支持下的网络教研模式创新，持续推进智慧教育应用实践，构建"人人皆学、处处能学、时时可学"的数字化学习环境，为区域教研提供实用、便捷的技术支持；大力推进智慧教研，形成信息技术"课堂用、经常用、普遍用"的新常态，实现教研管理、教研诊断、教研指导、教研评价等方面的精准化，满足教师专业发展的个性化、多样化需求，有效助推教研工作方式的转型升级。基于大数据的智能分析，能够实现高精度的个性化学习推送。因此，教研工作要借助数据的分析诊断作用，从片面研究教师的"教"，转向更加关注学生的"学"，坚持以"学"定"教"，确立以学习者为中心的教学理念，从而实现高质量学习。

总之，借助数据驱动，教研工作者将依据教育数据的深度挖掘与结果分析，实施基于数据诊断的精准教研，推动教育管理、质量监测与教育决策等工作，持续促进传统教研的运行方式变革和工作机制创新，有效推动教研管理者不断做出教研方式的创新选择。这不仅能优化区域教育质量建设与教研工作管理方式，而且能促进区域教研品质和内涵质量的提升，更有助于区域教研管理体系的现代化，真正实现技术助力于教育，实现核心素养导向的人才培养，迈向人机协作的高质量教育教学新时代。

（三）读懂精准作业

"双减"政策的出台与全面实施，掀起了中小学课堂教学、作业设计与课堂管理等领域改革的新一轮浪潮。作业作为学生核心素养培育的重要环节和载体,如何实现"控量提质"改革目标,需要教育界从管理政策、教学模式与支撑技术等不同角度开展研究。在此背景下,智慧作业成为当前广受关注的研究与实践热点。

在数据驱动与技术赋能范式下,智慧作业基于作业完成过程的多源数据采集与处理分析,实现学习者作业认知负荷智能计算与分层调控,并在人机协同作业批改模式下实现作业目标、认知程度、能力水平与学习品质的跨模态诊断分析,最后依托学科课程标准的要求,以学科知识图谱耦合教师在教学设计中的重难点与学习者在完成作业过程中的薄弱项,精准映射其个性化认知画像,为教师设计既适切课程标准又贴合学生学情的高质量作业体系提供支持,并整合个性化资源实现智能导学。本质上,精准作业是以师生为主体、依托智慧作业支撑平台开展的教学实践活动,通过人工智能技术与作业环节的深度融合,实现作业设计、作业评价、作业指导与作业管理的智能化、个性化、流程化,推动作业从"育知"向"育人"转变。多技术融合的精准作业生态赋予作业设计、服务与育人实践的增量价值,将倒逼以"减负提质增效"为核心的课堂教学改革理论研究加速发展。

(四)读懂多元评价

教育评价作为一种价值判断活动,对改善教育活动、提高教育质量、促进教育改革具有重要作用。传统唯分数论导向的评价已不能满足数字时代的人才培养需求,教育评价方式亟须全面革新,以实现教育全过程的个性化、综合性、伴随式评价。数字时代教育评价转变的实质在于对传统教育评价的迭代升级,构建富有时代特征、满足实际需求和彰显中国特色的教育评价体系。

教育数字化转型带来了全新的评价技术,学习者画像、可视化技术、知识图谱、自适应评判系统、可穿戴设备等底层技术,让多模态、全样本、全时空的评价成为可能,智能多元评价甚至被称为通向第五代教育评价的突破口。数字技术的应用被视为对传统教育评价的彻底革命,并被当作衡量教育评价是否与时俱进的关键标准。技术的迭代升级带来了评价方法与工具的颠覆性变革,提高了教育评价的科学化、现代化与专业化程度,推动教育评价从阶段单一性向全面多元性转变。传统教育评价方式存在局限性,主要是教育评价反馈速度慢、操作烦琐、无法记录过程数据和无法全面评价学习者在不同情境下的表现。数字化评价能够全方位地提升评价的客观性、可操作性、专业性，特别是考试评价的方式，教师需要不断探索计算机环境下的自适应评价。在一定程度上，"怎么考"与"怎么教"具有相互影响的紧密关系。这一关系不仅体现在考试内容与教学内容的关联上，而且包含了考试的方式方法。

因此，推进基于新技术的评价改革是重要一环，直接撬动教学改革的全过程。与此同时，数字化评价不仅要对学生的知识与能力进行全面评价，而且要注重学生的情感等非认知维度。数字化评价基于学习者学习过程性数据，可实现对学生非认知因素的无痕、伴随式评价，构建学习者的成长踪迹，全面、准确、及时地进行过程性、表现性学习评价，关注学习者的全面发展，改进结果评价，强化过程评价，探索增值评价。多元评价方式通过建立教育大数据平台，通过全样本、全过程、多模态的数据采集，包括学生成长数据、学校运行数据、教材开发与使用数据、教育资源配置数据、教育决策与实施效果数据等，支持对教育体系运转中的诸多要素进行测评反馈。通过数字技术，形成不同层次、不同范围、不同视角下的可视化测评"体检表"，实现教育数据的长效追踪与归因分析。一方面，数字化测评真正的价值在于促进整体生态的迭代反馈与改进；另一方面，教育应用场景中的诸多问题并不一定来自特定的教育数据本身。因此，增强测评的尺度和范围，不再仅限于教育本身的数据，而是将教育数字化测评融入社会、经济、科技、文化等领域中。因此，多元评价是一种促进学生全面发展和个性化成长的评价方式。

三、读懂数字化教育资源建设

（一）读懂国家中小学智慧教育平台

国家中小学智慧教育平台既是教育数字化转型的阶段性成果，也是基础教育数字化转型重要的支撑平台。国家中小学智慧教育平台作为教育数字化转型战略部署的"国家队"，为中小学生带来了精准且均衡的教育资源与教育机会，为中小学教师提供了优质丰富的教学资源。基于教育资源的均衡性、教育理念的先进性以及教育内容的全面性与个性化的现实需求，国家中小学智慧教育平台以数字教育新资源促进学生全面发展；以平台教研新模式促进教师数字素养提升，为弘扬先进的教育理念奠定基础；以在线课堂新生态促进教学智慧互动，改善教育资源不均衡的现状，从学生、教师、课程三方面打造新型教育平台，推动基础教育数字化转型，为教育教学的高质量和深层次发展提供新的动能。

国家中小学智慧教育平台在大数据和人工智能技术的辅助下，创建了"人人学、处处学、时时学"的开放型学习空间，将以"网络化"和"数字化"为主要特征的信息技术融入基础教育教学中，改变了知识的传输途径，赋能了教育理念的改革创新，有助于培养学习能力强和创造力高的智慧型人才。要充分利用科技赋能，以国家中小学智慧教育平台为依托，更好地提供免费线上学习服务，为教育落后地区提供新型网络联校资源，促进优质教育资源的共建共享，让亿万孩子同在蓝天下共享优质教育。国家中小学智慧教育平台集成了思政德育、课程智育、公共体育、艺术美育、劳动教育等功能，构建了"五育并举"的功能框架，有效服务了学生自主学习、教师教学改进、农村优质资源共享和家校协同育人，自正式上线以来获得了师生广泛好评。尽管其正处于发展的初级阶段，存在许多上升发展空间，但其着眼于现实需要、对基础教育阶段数字化教学赋能的潜力优势依旧无限，为推动基础教育数字化转型、立足创新人才培养的素质教育路径提供了新的支撑。[1]

(二)读懂学科数字化资源

数字教育资源已成为现代教育公共服务的基础组成要素，国家教育新型基础设施建设计划明确提出要将数字教育资源新基建作为重点任务之一。数字教育资源既包括承载教学内容的课件，也包括教育教学过程中使用的各种工具软件。以人工智能为代表的新型数字教育资源正逐步推进我国数字教育资源供给侧结构性改革。随着互联网在教育生态体系中的应用与渗透，数字教育资源的内涵不断丰富，它在激发学生学习兴趣、促进学生自主学习、提高课堂教学质量、推动教育均衡发展等方面发挥了基础性、支撑性的作用。优质数字教育资源在激发学习兴趣、辅助教学活动、促进教学创新、提升教学质量等方面具有独特优势。

---

[1] 徐碧波、裴沁雪、陈卓等：《国家中小学智慧教育平台推进基础教育数字化转型的现实意义与优化方向》，载《中国电化教育》，2023(2)。

2021年,《教育部等五部门关于大力加强中小学线上教育教学资源建设与应用的意见》为如何扩大义务教育阶段优质数字教育资源覆盖面、提升中小学教学质量提供了行动指南,明确提出要充分用好平台资源,以优化教学设计、丰富教学内容、创新教学方式,不断提升课堂教学效率与质量。该意见提出,到2025年,基本形成定位清晰、互联互通、共建共享的线上教育平台体系,覆盖各类专题教育和各教材版本的学科课程资源体系,涵盖建设运维、资源开发、教学应用、推进实施等方面的政策保障制度体系。学校终端配备和网络条件满足教育教学需要。师生信息化素养和应用能力显著提升,利用线上教育资源教与学成为新常态。优质教育资源共享共用格局基本完善,信息化推动教育公平发展和质量提升的作用得到有效发挥。由此可见,依托国家数字教育资源公共服务体系,逐步建立以"广汇聚、多模态、多用途"为主要特征的教育大资源观,推动数字教育资源供给侧结构性改革,创新数字教育资源供给模式,提高数字教育资源供给与服务质量,成为数字教育资源新基建的重要诉求。例如,我国当前短缺理工科教学研究工具,如数学建模工具、知识建模工具、虚拟仿真软件等。打破部分学科教育科研支撑软件的技术封锁,支持国家电视空中课堂资源建设,既可保障极端情况下应急教育的开展需求,也为教育薄弱地区访问优质教育资源提供新途径。不断优化数字教育资源供给体系促进教育教学流程再造与结构重塑,提高育人质量。

(三)读懂通用数字化资源

在"互联网+教育"大平台、大资源、大服务的新发展理念指导下,数字教育资源建设要求始终与时代发展的脉搏和技术变革的浪潮同频共振。通用数字化教育资源建设的目的是要以新一代信息技术支撑国家数字教育资源公共服务体系建设,助力构建高质量教育体系。

应用各类新兴技术丰富数字教育资源的表现形态,提升数字资源的教学交互性与应用体验。一方面,丰富数字教育资源的形态与功能。借助VR/AR、人工智能、人机接口等技术,实现虚实融合教学场景、智能导学系统、智能助教、智能学伴、教育机器人等新型资源开发,使数字教育资源更好地服务于师生的知识建构、技能训练、交流协作、反馈评价等教学活动。另一方面,拓展数字教育资源的应用场景。推进数字教育资源兼容适配物联网、智能教学终端、VR/AR等各类信息化教学场景的部署，实现在线上线下融合的泛在学习空间中适切资源和工具的有效应用。从资源内容角度，面向学生自主学习的优质数字资源不单指学科知识学习，也应涵盖满足综合素养发展需要的资源，为学校课堂教学与课后服务提供多元化内容支撑；从资源形式角度，面向学生自主学习的优质数字资源不局限于电子教材、微课等简单形式，也应融合 VR/AR 等新兴技术创新资源应用形态，培养学生的创新意识与问题解决能力；从资源使用对象角度，面向学生自主学习的优质数字教育资源除服务于义务教育阶段外，也应满足特殊教育、乡村教育等特殊学习需求。发挥互联网优势整合优质教育资源，实现各主体的优势互补与合作共赢，从而推动形成可持续发展的数字教育资源供给体系，促进数字教育资源跨区域、跨城乡、跨学校的在线流转。例如，北京市通过网络点播的方式将优秀教师资源开放共享，满足郊区学生的课后个性化辅导。在微观层面，推动构建师生个体的互联网协作机制，支持知识创生与知识付费，为建成服务全民终身学习的现代化教育体系奠定坚实基础。

四、读懂人工智能带来的教育数字化颠覆性所指

（一）读懂生成式人工智能

生成式人工智能（generative artificial intelligence）旨在利用人工智能技术自动化生成文本、图像、视频、音频等多模态数据，受到教育领域的广泛关注。生成式人工智能的问世，意味着人工智能开始从量变走向质变。生成式人工智能成为人工智能技术发展的新里程碑。在技术层面，生成式人工智能实质上是人工智能内容生成（artificial intelligence generated content，AIGC）技术的最新应用成果——生成式预训练转换器（generative pre-trained transformer，GPT）的 3.5 版本。生成式人工智能所遵循的学习模式本质上是在对大量文本数据集进行预训练后，基于所学习数据的上下文信息形成语言生成概率模型，从而模拟出非常接近自然语言的回答。生成式人工智能要在技术方面实现这一效果，必须以先进算法、强大算力和海量数据为支撑。但我们更须明白的是，生成式人工智能并非赋能教育的唯一数字技术，而且技术更新速度日新月异，现有生成式人工智能崛地而起，日后还会有其他新型技术涌

现。在探索数字化时代教育治理转型发展方向之时，我们不能"只见树木，不见森林"，而应既关注生成式人工智能给教育治理带来的动能，也兼顾其他数字技术给教育带来的机遇。

生成式人工智能让每个学生都能拥有私人助理和顾问成为可能，实现了"师师有助教，生生有学伴"的理想。它对教学模式、内容和评价方式都有着重要的影响。然而，智能工具并非完美无缺，教师需要了解其优势和局限性，并以适当的方式应用，以提高工作和教学效率，增强教学效果。随着智能技术的不断进步，生成式人工智能在教育场景中的创新价值可能超出我们的想象。例如，它可以自动处理作业、在线答疑、辅助语言学习和实时沟通，甚至用于评估和科学研究。国内外对生成式人工智能在教育创新中的应用场景已经有了丰富的描绘。然而，从教育的本质来看，生成式人工智能对教育创新的发展性价值在于改变了师生家长的行为方式，改变了学校教育的思维模式、内在结构，乃至教育制度本身，为实现"人人皆学、处处能学、时时可学"的学习型社会提供了实际机遇。

(二)读懂生成式人工智能对教育的影响

看待教育问题时，我们要跳出教育看教育，立足全局看教育，放眼长远看教育。同样，我们看待生成式人工智能之于教育这一问题，也需要跳出教育看生成式人工智能，立足全局看生成式人工智能，放眼长远看生成式人工智能。跳出教育看生成式人工智能启发我们不能将生成式人工智能的影响局限于教育，生成式人工智能的影响是方方面面的，我们应该立足全局看生成式人工智能发展对教育的影响。

面对生成式人工智能技术的发展，我们必须把握好教育的"不变"与"变"。"不变"的是人的培养目标、立德树人根本任务、教育的基本理论和教学的原则。教育是为了促进人的自由、全面发展，是一个心灵启迪另外一个心灵的过程。教育始终坚持以人为本和德育为先，遵循有教无类、因材施教等理念。"变"的是教育场景、教育环境、教学内容、教学模式、学习方式、育人理念等。过去的教育主要发生在师生、生生的人际场景中，生成式人工智能在知识提炼和内容创作方面具有强大能力，成为学生学习的综合助手和教师教学的辅助工具，推动教育场景从人际转向"人际+人机"。教育场景的变化引发教育的系统性变革，教育环境从信息化向智能化方向演进，教学内容从静态的学科知识转向动态的综合任务，教学模式从以教为主转向以学为主，学习方式从人际协作扩展到人技协同，育人理念从以知识为主转向更加强调"能力为重，价值为先"。在过去的教育中，教师的精力主要集中在教书，聚焦在学生记忆、理解和应用层面的认知水平，生成式人工智能使教师将精力更多地转移到育人过程中，承担培养高阶思维的任务，在经验交流和思维碰撞中启迪智慧，提升学生在分析、评价和创造层面的认知水平。这些变化对教师的能力和角色提出新的要求，如何培养符合未来教育需求的教师成为教师教育面临的重要挑战。一方面，要提升教师的数字素养，帮助他们驾驭智能技术，适应新的教育场景，创新教学模式和方法；另一方面，要重新定位教师角色，帮助他们从知识的传授者转向学习的引导者、成长的教练员、发展的分析师。此外，生成式人工智能可能重塑师生关系。以往，教师不仅承担知识传授工作，而且肩负情感传递和价值引领的责任。人工智能的强大理解能力，能够在沟通过程中让用户感受到"同理心"，这可能导致学习者对其产生虚幻的情感依赖，甚至逃避人际的沟通与交流。对此，教师要提高沟通能力，及时发现并填补学生的情感缺陷，帮助他们建立持久、可靠的社会关系。

虽然人工智能生成的内容仍然存在诸多局限，但其所具备的核心能力已开始对教育理念产生直接影响和启示作用。我国现阶段教育仍存在通过大量记忆、识别和练习而获取知识，忽视通过分析思考而发现并掌握知识的方法与技能的现象。生成式人工智能技术已逐步显现出高效积累知识与合理使用知识的基本能力，可以预见将替代和超越只能获取和存储知识的低阶思维脑力劳动者。因此，教育应该更加侧重于培养学生的高阶思维能力，尤其是跨学科多元思维能力、批判性思维能力与创造性思维能力。只有具备较强的跨学科多元思维能力，学生才能认识和区分现实世界的复杂问题和情境，并最终完成人工智能难以应对的实际任务；只有具备良好的批判性思维能力，学生才能对知识和技能有超越人工智能模型的深入理解和分析，并充分认识到人工智能技术的局限性及其工具属性；只有具备一定的创造性思维能力，学生才能充分挖掘和发挥自身在特定领域的创新潜力和作用，避免被智能机器在专业领域简单替代。同时，教育工作者开展新技术条件下的教育，需要加速教师队伍的观念转变，让一线教育工作者充分认识到技术变革所带来的社会需求变革，充分调动教师在教育理念变革过程中的积极性和创造力。教育需要积极适应人工智能技术的快速发展，对其持有更加开放和包容的态度，鼓励教育工作者秉持技术向善理念，研究和使用相关技术和工具，协作完成各类教学任务。同时，需要充分认识到这类新技术不再是"拍照搜题"或"换脸软件"，而是可能成为未来教育的重要组成部分并对教育领域具有深刻的变革性意义。另外，教育领域也需要高度关注生成式人工智能技术的潜在安全与伦理风险，针对教育领域的应用场景，制定相关法律法规，形成技术与教育双螺旋式的互促共进。当通用人工智能已经逐步接近人类社会，教育作为人类文明进步的基石，应该从容应对挑战且充满自信。

（三）读懂人机融合的教育构想

生成式人工智能推动人类与机器从合作协同走向人机共生。人机共生是人机协同的更高级阶段，意味着人类与机器之间"取长补短"，机器对于人类智能不是简单的辅助、增强，而是充分发挥融合潜能实现更深入、更高层次的交互协作与共融，将人类智能与机器智能有效协调、有机融合为智能整体，形成 1+1>2 的效果。一方面，生成式人工智能促使人类与机器的关系性质发生改变，两者共同生长并在交叉迭代升级过程中相互启发和赋能，共同创造、生成新的教育内容增长点；另一方面，人类与机器的不断发展深化和高层次互动也将持续生成新的数据语料，以人脑启发类脑，赋能人工智能算法，深入解析人机关系交互的教育计算和神经认知机理，从而引起群体智能的涌现。

生成式人工智能促进教育主体关系从"师—生"向"师—生—机"转变。随着机器智能化水平的不断提升，传统"师—生"之间的二元主体关系逐渐被打破，"师—生—机"三元主体结构逐渐建立。生成式人工智能对于师生主体具有赋能作用，如可以扮演虚拟专家、智能助教、数据分析助手等角色助力教师专业发展；也可以扮演智能导师、口语学伴、辩论对手等角色促进学生个性化成长，实现"师师有助教，生生有学伴"的理想。

从生成式人工智能的成功经验来看，教育领域的人机协同已经具备了必要的技术基础。它意味着，在智能助手、智能伙伴、智能导师的加持下，构建教育与技术之间的创造性伙伴关系；随着 AIGC 在识别、理解、推理和判断上的能力增强，教育不仅越来越有可能摆脱自身的迷思、偏狭和成见，也越来越有机会开阔视野、丰富内涵与创新体系。反言之，对现有教育体系而言，根据机器需要先将个人选择简单化与标准化，进而为了配合机器把个人选择和创新予以排除的现代化思路也就被置于格外刺眼且必须予以消解的境地。一方面，机械教育即便还能在相当程度上发挥作用，但这样的教育体系是否足以承载可持续的人类未来显得日益可疑；另一方面，尽管很多人们熟悉的工作岗位正在消失，但是人类对教育的需求从未止步，反而还在增长。这也意味着，教育的本质需要被反思和改变。在一个知识可以按需提供的数字世界，人们需要重新思考自己需要知道什么，以及如何知道。更何况，若是没有 AIGC，那么这种以机器为先的教育体系不仅能被视作"情有可原"，类似地，人机协同也难以成为多数人想象教育的起点和参照。但是，AIGC 的强势崛起表明，人机协同不仅随时可以从实验室走向教室，而且能轻而易举地构成不容回避且更加为人所接受的教育趋势。在此情形下，教育若再不做好人机协同的思想准备，它失去的绝不仅仅是那些基于 AIGC 的技术、方法或者应用，还包括那些与 AIGC 密切相关的高附加值就业机会。一言蔽之，AIGC 推动教育走向人机协同的机遇在于，它将迫使人们站在更为广阔、开放的视角超越一味迁就机器的传统教育观念，换之以教育与技术的创造性伙伴关系，以便使人类因为教育保有可持续的未来。

第三节　读懂教育数字化案例分析

　　数字赋能课程教学改革不是简单把数字技术应用于已有的教育场景，而是要创新应用场景，在人机有效融合上获得突破，需要促进数字技术与学校课程、教学、评价、空间、队伍建设等要素的深度融合，不断探索数字环境中的新课程、新教学、新评价、新空间、新治理等，形成数字技术全面支持的教育发展新生态。在这一过程中，我们要为学校特色建设、教师自主发展和学生个性成长留有空间和余地，让更多鲜活的数字化课程教学改革经验和做法从学校土壤中不断生长出来。下面我们分创新教育场景和数字化资源建设两部分，介绍教育数字化的两个要素在实际中的应用案例。

一、数字教材：教育数字化战略实施过程中的重要工具之一

数字教材是数字化教育资源建设的重要代表，也是推进教育数字化的一个重要工具和途径，代表了数字化重塑教育的重要表现。2023年，韩国教育部和韩国教育研究信息服务社(KERIS)联合发布《AI数字教科书开发指南》。人工智能数字教科书是一种利用智能信息技术，包括人工智能，提供各类学习材料及学习支持功能的软件。它能根据每个学生的学习能力和水平，为学生量身打造独特的学习机会。韩国人工智能数字教科书提供的主要服务，如表7-1所示。

表7-1 韩国人工智能数字教科书提供的主要服务

基本服务 （学生、教师和家长共享）	提供每个学生学情数据的仪表板分析； 促进教育实体（学生、教师和家长）之间的互动与沟通； 提供单点登录（SSO）服务，实现便捷登录与操作； 拥有简单易用的用户界面（UI）和用户体验（UX），确保无障碍访问（UDL、多语言支持等）
学生特享服务	提供深入的学情分析报告，帮助学生了解自身学习状况； 为每个学生推荐最佳的学习途径和学习内容，实现个性化学习推荐； 提供个性化学习支持（AI导师），辅助学生进行针对性学习
教师特享服务	提供课程设计支持和定制指导（AI教学助理），帮助教师制订高效的教学方案； 支持重组和添加学习内容，满足不同教学需求，实现教学内容的灵活调整与更新；支持基于数据的学习管理，包括管理学生的学习历史、进度和成绩等，帮助教师更好地把握学生的学习状况

数字化教育教学是教育信息化的核心，是教育系统性变革的内生变量，支持推动和引领教育理念更新、模式变革、方式重构、流程再造，促进教育质量的全面提升。在信息化教学的推进中，数字教材的核心作用不可替代。数字教材基于教科书审核管理的相关要求和步骤来实现其内容的政治性、科学性等方面的保障。从这个角度看，数字教材的出版属性，使其具备作为国家对课程教学内容和行为监管的抓手，进而成为教育数字化战略实施过程中的重要工具之一。

数字教材的应用过程，就是 5G、VR/AR、人工智能等新一代信息技术与课堂教学深入融合的过程，也是采集师生伴随式的教与学数据的过程。利用数据分析模型进行诊断、分析和评价，并在此基础上对学生学习方式、教师教学方式的适应性和有效性进行监测、调控和指导，最终形成可持续的智慧教学服务机制，发挥大数据服务于教育教学和教育决策的功能，实现教育教学的数字化和智能化。

随着"教育数字化"被定位到更重要的位置，我们有理由相信，教育的全面数字化转型将成为必然趋势，通过推进信息技术与教育的深度融合，转换教育发展动力结构，促进教育的理念重塑、结构重组、流程再造、内容重构、模式重建，打造更加公平、更有质量、更加美好的未来教育。

二、数字化学习：支持课堂教学实现因材施教

人之为人的差异体现于个性之中。技术支持下的规模化因材施教一直是国内外教育界人士矢志追求的"理想"。数字化时代，人们对于实现个性化学习满怀期待。而此时，精准教学所表现出的"量身定制"性能在很大程度上满足学生个性化、差异化的学习需求，进而有效推进教育质量的提升。具体而言，在数字化时代，学生在学习中的行为状态都能够转换成相应的数据符号，成为学习表现的考察因素。依托数字化工具，精准教学可以实时性探查学习各环节的行为数据，形成全面、精准、及时反映学情状况的多模态数据源。比如，穆德里克等开发了一款名为 Meta-Mentor 的数字化智能系统，它可以实时采集学习过程及学习结果数据，包括眼动追踪、面部表情、语音识别、生理变化等方面的数据。以此为基础，借助大数据画像技术，智能工具可对前期收集的多维度行为数据进行定性和定量分析，将图像、音频、视频、语义等进行关联，使不同模态呈现映射关系。而后，智能技术会从这些映射关系中提取典型特征，借助异构模态数据协同推理，并用具体的"标签"进行画像描述。

近年来，北京、浙江、江苏、上海等地推进的精准教学改革实验进展明显，取得了积极成效，为全国推广规模化因材施教提供了区域样本和学校样本。北京市"一个学生一张课表"和"一个学生一条路径"数字化行动是这一技术初步运用的案例，它力图按照每个学生的学习风格和学习基础制订个性化学习方案，推送合适的

学习资源，让每个学生拥有自己专有的"课程表"；对学生发展的多种因素进行定义、量化和评估，通过分析学生多模态有时序性的学习数据，预判学生学习状态，为每个学生推荐适合的学习路径，以实现"因需导学"。如此这般，精准教学就能够通过立体动态、直观具象的方法呈现学生的样貌，掌握学生差异化的学习状况。教育者则依据标签所示的教育对象的需求特征，调整教育内容和教育方法，实现"供给侧调整"，以推进供需双方的精准对接，满足学生个性化的学习需求。窥之可见，凭借数据基础和技术条件，数字化时代的精准教学能够有效助力个性化学习的实现。

数据驱动的精准教学在继承因材施教教育思想的基础上，倡导一种以"精益、高效、和谐"为核心文化特色的极致发展的理念。通过大数据精准教学系统的支持，教师能够开展课前的精心教学设计、课中的精细授导、课后的精益辅导，最终实现"轻负高质、兼顾人人"的教学。

三、数字化教学：从被动接受走向主动探究

课堂是教育教学的主阵地，是提高教育质量的关键环节。但是，教了不等于学了，学了不等于学会了。只有从被动学习走向主动探究，学生才能真正成为学习的主人。充分的互动促使学生高度投入与深度参与教学过程，促进学生高阶思维、团队协作、社会情感能力发展。教师应充分发挥数字技术拓展时空的优势，创设促进在线交流的学习空间，丰富合作学习的途径，引导学生通过独立思考、充分表达、相互包容、沟通交流的途径深化内容理解、增进情感体验、发展合作能力。数字技术可助力数字化教学，推动学生在学习的过程中从被动式接受知识向主动探究知识转变。同时，借助数字技术及时采集并多样呈现学习结果的优势，通过具有思维含量的问题引领、呈现典型的学习结果以及引导学生开展相互评价，促进师生交流与生生互动，提升学生的参与水平，发展学生分析、评价、反思、创造等高阶思维能力。这样的数字化教学模式为学生创造了更加积极、深入的学习环境，培养了学生的自主学习和合作学习能力，激发了学生的学习兴趣和学习动力，使学生成为知识的主动探究者和创造者。各地学校需要结合实际推动学校课程教学改革实施，注重增强教学的综合性、实践性与选择性，满足学生多样化学习需求。例如，江苏省徐

州市云龙区在精准教学平台基础上，针对学生的个性化学习需求，开展了"云码云学"行动。"云码"基于国家、省、市智慧教育平台，将网络优质资源按学科、单元、课时进行收集、梳理，并统一制作成系列二维码，不仅拓展了学生的学习空间，而且打通了学生开展自主学习的通道。

四、无边界学习：数字化技术实现教师教研智慧化

教研是促进教师专业发展的重要途径，大数据是精准教研的基石。教师教研正在从经验导向的传统教研向数据驱动的精准教研转变。下面以浙江名师网教师教研数字画像为例进行分析。浙江名师网是一个中小学教师成员数量多达36.7万名的网络研修社区，拥有820余个省、市、县三级名师网络工作室，共享314.7万条教研资源，组织了1.5万余次线上线下主题研修活动，开展了48.6万个话题研讨，已成为我国较有影响力的教师网络研修社区之一。教师网络研修社区的类型、运行模式和研修成效具有大数据驱动的特征。我们采用简单随机抽样法，选取100个名师网络工作室，作为数字画像模型的测试样本集，通过开发教师网络研修社区的数字画像原型，来服务决策者的精准施策。

数字画像是大数据助力精准教研的决策工具。目前，教师网络研修社区的经典评价方法存在可靠性、效用性和导向性偏弱等问题。对此，首先，采用基于数据科学的大数据驱动研究范式，针对浙江名师网235个教师网络研修社区的样本数据集，运用主成分分析法提取研修社区的研修资源和研修活动的主特征，包括交互生成类资源、名师精品类资源、教学实践类活动和教学反思类活动。其次，基于教师网络研修社区数字画像原型（见图7-3），选择浙江名师网中的100个研修社区作为应用测试数据集，进行聚类分析，发现研修社区存在三种类型（潜能成长型、特长发展型和全能突出型）及其运行模式，再进行逐步回归分析，发现三种类型研修社区的研修成效影响因素，并生成相应干预策略。最后，设计教师网络研修社区的数字画像原型，验证其感知有用性、感知易用性和使用态度。最终研究结果有助于发挥数字画像的评价决策功能，帮助网络研修社区负责人精准施策，提高研修社区的研修成效。

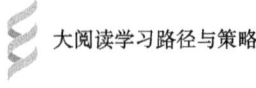

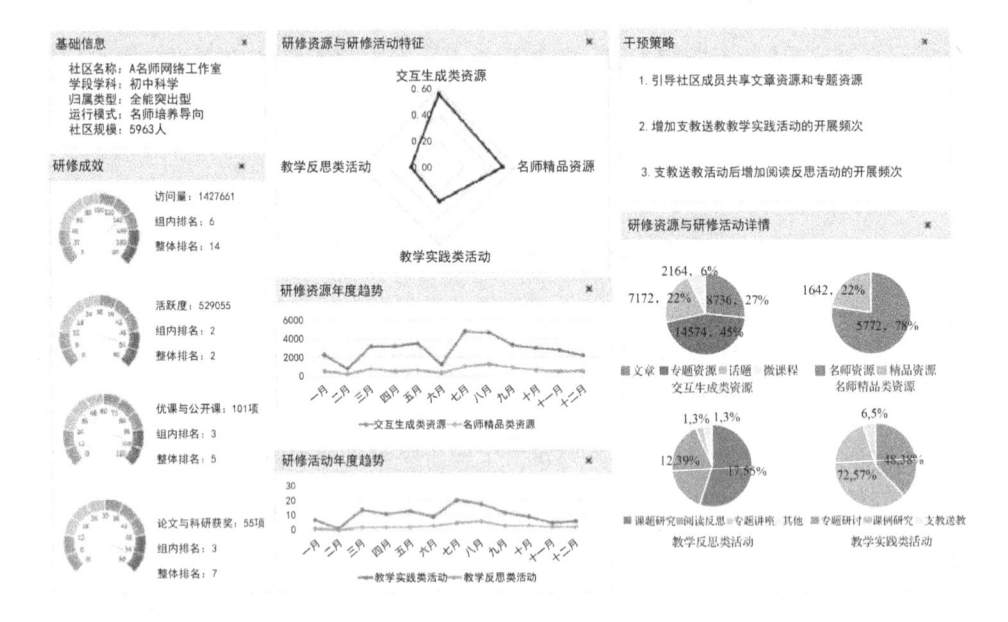

图 7-3 教师网络研修社区数字画像原型

五、数字化管理：从静态监管到动态治理

　　数字化管理平台能够从整体上对学校资源进行组织和分配，以更加客观的方式统计数据，从而对学校发展现状有更为全面的把握。从数据收集和整理方面来看，数字化平台具有多种数据收集途径，能够有效化解传统管理模式下数据收集受到物质和技术双重限制的问题，数字化资源库始终处于动态更新状态中，能够随时将崭新资源纳入总资源库，保持信息的准确性和实时性。例如，在传统考试模式中，学校组织考试需要耗费大量的人力和物力，考试准备环节冗长复杂，学生在考试完成后，需要经过较长一段时间的等待期才能获得最终成绩，而学生成绩登记和排序又是一个浩大的工程。在数字化背景下，学生评价模式和方法已经在近年发生了较大转变。例如，学生在网上平台完成选修课程学习后，便可以直接利用互联网客户端完成线上考试，成绩可以立刻显现，并纳入考试信息平台，实现管理系统信息与信息之间的有效沟通，保证使用者能够得到最新的一手信息。

数字化平台可以容纳更大基数的人口管理，通过网络端管理方式缩短人员管理的时间和空间限制，保证信息在流通过程中的高效率和准确性。近年来，随着义务教育和普及教育的有效落实，考入高校的学生人数呈现急剧上涨的态势，传统学校管理模式的适用人群数量有限，只适用于人口基数较小的人员管理，面对高校大基数的招生情况，信息化和数字化平台能够发挥其无限制空间的容纳优势，缓解高校人员管理的压力。利用互联网技术可以将学生信息进行归类整理，使学生信息呈表格和图例形式，将学校管理按照统一程序进行信息系统化搭建。数字化平台的搭建为多人管理、多方管理创造了条件。以往学校管理模式下，学校管理人员以学校领导集体为主，学校其他人员参与管理的机会较少。仅由学校领导集体进行学校管理有较大的局限性，学校领导对于学校顶层设计层面的管理知识较为全面，但是对学校具体建设和细节规划则不如学校一线教师更为了解。在数字化背景下，学校网络端将学校建设的多方主体组织起来，形成全员参与的管理模式，为学校的管理建言献策，有效地促进了学校管理民主化发展。

伴随着教学管理流程的数据化，以及数据采集方式的多样化，教育管理逐步实现有效监管，进而不断优化管理流程与机制。通过对学生学习、教师教学、资源应用、平台使用等方面的数据进行实时采集，建构数字孪生的学校环境，建立有效决策的教育治理机制，实现平台的智能化管理与动态治理。

六、数字化评价：从选拔走向促进学生个性化成长

随着新一代数字技术的迅猛发展，人们可以利用大数据技术，采集过程性学习数据，全面展现学生的知识结构、能力表现和内在潜能，为每个学生提供精细的"数字画像"；利用人工智能技术，创设模拟仿真测验、虚拟任务场景、协作学习环境等，在真实任务情境中考查学生的问题解决能力，破除唯分数的顽瘴痼疾；利用区块链技术，建立分布式学习档案，认证学生的多样化学习成果，有效防止数据被篡改，助力解决学生综合素质评价存在的信任问题；利用可穿戴智能设备，实时采集运动与健康数据，及时发现学生在体质健康、运动技能等方面存在的问题，提供个性化的改进方案，实现伴随成长全过程的诊断反馈。可以说，数字技术正在触发一场教育评价的深刻变革，从根本上改变传统评价过于强调甄别与选拔的现状，

使评价重点从"容易测量的技能"扩展到"难以测量的素养",更加关注"软素养"、高级认知技能和非认知学习成果,促进学生全面发展。[①]

教育数字化转型从宏观角度勾勒了未来教育信息化发展的基本框架,这其中既包括有形的基础设施与教学资源,也包括无形的组织制度与评价方式。值得注意的是,以教育数字化转型为契机,推动教育高质量发展需要协同努力,深入理解数字化转型赋能教育高质量发展的历史机遇,通过需求牵引、政策驱动、技术支撑实现教育场域全要素的数字化重塑,推动组织制度、教育理念、服务模式的创新。同时我们也应认识到,信息技术与教育场域的融合赋能并不是教育要素单纯的更新与重组,而是人、机器、环境、理念、制度在数字化变革中协同融合、共创共生的过程,是由量到质、由局部到整体的渐进式上升过程。因此,以问题为导向,强化顶层设计,注重协同融合,强化实践应用,立足教育技术的育人本位,扎根中国大地,方能书写数字时代教育高质量发展"大有可为"的生动篇章。

[①] 吴龙凯、程浩、张珊等:《智能技术赋能教育评价的时代内涵、伦理困境及对策研究》,载《电化教育研究》,2023(9)。

参考资料

瓦·阿·苏霍姆林斯基. 给教师的建议[M]. 杜殿坤, 编译. 北京: 教育科学出版社, 1984.

D. P. 奥苏伯尔, 等. 教育心理学——认知观点[M]. 佘星南, 宋钧, 译. 北京: 人民教育出版社, 1994.

D. 库恩. 心理学导论——思想与行为的认识之路[M]. 郑钢, 等译. 9版. 北京: 中国轻工业出版社, 2004.

E. H. 贡布里希. 象征的图像——贡布里希图像学文集[M]. 邵宏, 校译. 南宁: 广西美术出版社, 2015.

W. J. T. 米歇尔. 图像理论[M]. 陈永国, 胡文征, 译. 北京: 北京大学出版社, 2006.

W. J. T. 米歇尔. 图像何求?——形象的生命与爱[M]. 陈永国, 高焓, 译. 北京: 北京大学出版社, 2018.

W. J. T. 米歇尔. 图像学: 形象、文本、意识形态[M]. 陈永国, 译. 北京: 北京大学出版社, 2020.

阿莱斯·艾尔雅维茨. 图像时代[M]. 胡菊兰, 张云鹏, 译. 长春: 吉林人民出版社, 2003.

埃德蒙·伯克·费德曼. 艺术教育哲学[M]. 马菁汝, 译. 修订版. 杭州: 浙江人民美术出版社, 2018.

北京师联教育科学研究所. [当代]课程与教学理论发展与课程改革文论选读[M]. 北京: 中国环境科学出版社, 学苑音像出版社, 2006.

边玉芳. 心理健康教育读本[M]. 杭州: 浙江教育出版社, 2002.

陈芬萍. 新时代中小学名师专业成长与基本理路[J]. 中国教育学刊, 2020(5).

成俊华，吴丽．我国名师研究的现状及前瞻[J]．教育理论与实践，2017(10)．

成尚荣．非连续性发展：名师成长的理论新视野[J]．中国教育学刊，2017(11)．

程岭．教学模式创新发展的核心要素——以十大名师名家为例[J]．教育研究，2016(9)．

程雪燕．《散步》教学案例[J]．语文教学与研究．2010(19)．

崔允漷，沈毅，吴江林，等．课堂观察Ⅱ：走向专业的听评课[M]．上海：华东师范大学出版社，2013．

丹尼尔·笛福．鲁滨孙飘流记[M]．郭建中，译．南京：译林出版社，2010．

单留玉，等．读懂学生的课程Ⅰ[M]．郑州：大象出版社，2019．

邓志伟．论中小学教师人文素养的内涵建构[J]．全球教育展望，2008(11)．

丁芳．一种正在演进着的人类发展观——人的发展的生物生态学模型述评[J]．华东师范大学学报(教育科学版)，2009(2)．

方健华．名师专业成长的规律、影响因素与机制——基于名师成功人生的解读[J]．教育发展研究，2011(Z2)．

费孝通．乡土中国[M]．北京：人民文学出版社，2019．

冯忠良，等．教育心理学[M]．2版．北京：人民教育出版社，2010．

耿超，徐目坤．文化自信：中国自信的根本所在[M]．桂林：广西师范大学出版社，2019．

谷禹，王玲，秦金亮．布朗芬布伦纳从襁褓走向成熟的人类发展观[J]．心理学探新，2012(2)．

顾明远．教育大辞典[M]．增订合编本．上海：上海教育出版社，1998．

韩爽，于伟．我国名师工作室研究的回顾与省思[J]．东北师大学报(哲学社会科学版)，2014(5)．

杭迪．W．J．T．米歇尔的图像理论和视觉文化理论研究[D]．济南：山东大学，2012．

贺雪峰．新乡土中国[M]．修订版．北京：北京大学出版社，2013．

胡春梅．新教师教学模仿的主要特征、关键内容与认知过程[J]．教育科学研究，2021(1)．

黄寿祺，张善文．周易译注[M]．上海：上海古籍出版社，2004．

黄淑娉，龚佩华. 文化人类学理论方法研究[M]. 广州：广东高等教育出版社，1996.

加西亚·马尔克斯. 百年孤独[M]. 范晔，译. 2版. 海口：南海出版公司，2017.

蹇世琼，彭寿清，罗杰，等. "名师工作室"成员遴选：潜在风险与规避路径[J]. 中国教育学刊，2020(5).

金钊. 小学传统节日文化教育的课程化建构[J]. 未来教育家，2021(5).

景俊海. 始终站在普通劳动者一边——路遥及《平凡的世界》给我们的启示[N]. 人民日报，2015-04-24.

卡尔·雅斯贝尔斯. 什么是教育[M]. 童可依，译. 北京：生活·读书·新知三联书店，2021.

康德. 判断力批判[M]. 邓晓芒. 译，北京：人民出版社，2002.

蓝凡. 艺术分类的一般原则与哲学基础[J]. 艺术百家，2017(6).

李斌. 关于教师能力结构的分析研究[J]. 江苏教育学院学报(社会科学版)，2005(6).

李健吾. 李健吾文集：文论卷1[M]. 太原：北岳文艺出版社，2016.

李松林. 论教师学科教材理解的范式转换[J]. 中国教育学刊，2014(1).

李松林. 深度教学的四个实践着力点——兼论推进课堂教学纵深改革的实质与方向[J]. 教育理论与实践，2014(31).

李秀萍. 读懂学生：老师眼中的中学生[M]. 北京：中国青年出版社，2003.

李镇西. 李镇西：读出来的真性情[N]. 中国教育报，2011-11-10.

列夫·维果茨基. 社会中的心智——高级心理过程的发展[M]. 麻彦坤，译. 北京：北京师范大学出版社，2018.

林崇德，杨治良，黄希庭. 心理学大辞典[M]. 上海：上海教育出版社，2003.

林崇德. 发展心理学[M]. 北京：人民教育出版社，1995.

林崇德. 学习与发展——中小学生心理能力发展与培养[M]. 北京：北京师范大学出版社，1999.

刘菲菲. 高中美术图像识读素养培养研究[D]. 武汉：华中师范大学，2021.

刘立平. 哲学自觉：名师内涵积淀的有效范式[J]. 教育理论与实践，2016(14).

鲁迅. 呐喊 朝花夕拾[M]. 北京：作家出版社，2015.

陆扬，王毅. 文化研究导论[M]. 3版. 上海：复旦大学出版社，2022.

路遥. 面对着新的生活[J]. 中篇小说选刊, 1982(5).

路遥. 平凡的世界：第一部[M]. 北京：北京十月文艺出版社, 2012.

罗树华, 李洪珍. 教师能力概论[M]. 济南：山东教育出版社, 2001.

马睿, 吴迎君. 电影符号学教程[M]. 重庆：重庆大学出版社, 2016.

欧文·潘诺夫斯基. 图像学研究：文艺复兴时期艺术的人文主题[M]. 戚印平, 范景中, 译. 上海：上海三联书店, 2011.

潘涌, 陈苏仙. "浙江一师"国文名师：历史影像、教学风采与当代启示[J]. 教师教育研究, 2021(6).

裴跃进. 教学名师资源：内涵、分类及开发[J]. 中国教育学刊, 2013(8).

钱初熹. 再论学校视觉艺术教育的价值与目的[J]. 中国美术教育, 2018(3).

邱昭良. 复盘+：把经验转化为能力[M]. 3版. 北京：机械工业出版社, 2018.

全力. 名师工作室环境中的教师专业成长——一种专业共同体的视角[J]. 当代教育科学, 2009(13).

儒尔·凡尔纳. 海底两万里[M]. 沈国华, 钱培鑫, 曹德明, 译. 南京：译林出版社, 2008.

沈彩霞. 学习与思维：基础理论[M]. 北京：北京师范大学出版社, 2021.

史铁生. 史铁生散文[M]. 北京：人民文学出版社, 2007.

斯海霞, 孔梦蝶, 叶立军. 初中生活数学类拓展性课程课堂数学活动特征研究——基于名师教学视频分析[J]. 数学教育学报, 2021(4).

宋剑华. 无地彷徨与精神还乡：《朝花夕拾》的重新解读[J]. 鲁迅研究月刊, 2014(2).

宋君, 等. 读懂学生[M]. 郑州：大象出版社, 2019.

谭旭东. 教师如何阅读[J]. 中国教师, 2017(8).

陶东风. 比坏心理腐蚀社会道德[N]. 人民日报, 2013-09-19.

特里·巴莱特. 艺术的阐释[M]. 徐蕾, 王春辰, 译. 长沙：湖南美术出版社, 2008.

童富勇. 名师并不遥远——来自浙派名师的调查与研究[J]. 人民教育, 2011(21).

童庆炳. 文学理论教程[M]. 北京：高等教育出版社, 1992.

童秀英, 沃建中. 高中生创造性思维发展特点的研究[J]. 心理发展与教育, 2002(2).

托比·米勒. 文化研究指南[M]. 王晓路, 等译. 南京：南京大学出版社, 2018.

汪国祥.读懂学生：从"预习后教"到"学导课堂"[M].宁波：宁波出版社，2017.

王标，宋乃庆.中小学名师类型、特征及成长策略[J].中国教育学刊，2013(5).

王大根.中小学美术教学论[M].2版.南京：南京师范大学出版社.2021.

王宏建.艺术概论[M].北京：文化艺术出版社，2000.

王磊，李海刚，綦春霞.基于学习进阶的卓越教师专业发展项目研究——以北京市中小学名师发展工程为例[J].教师教育研究，2019(3).

王荣生，高晶."课例研究"：本土经验及多种形态(下)[J].教育发展研究，2012(10).

王汝弼.白居易选集[M].上海：上海古籍出版社，1980.

王帅.名师的地域文化属性及其专业实践支持[J].教育研究与实验，2017(4).

王永固，聂瑕，王会军，等."互联网+"名师工作室促进乡村教师专业发展：机制与策略[J].中国电化教育，2020(10).

温寒江，陈爱苾.学习学：上卷[M].北京：教育科学出版社，2016.

吴恢銮.如何读懂学生：基于学生实证研究的小学数学学与教的探索[M].杭州：浙江大学出版社，2017.

夏洛蒂·勃朗特.简·爱[M].黄源深，译.南京：译林出版社，2018.

谢汝强."读图能力"培养与高中美术鉴赏教学研究[D].济南：山东师范大学，2013.

熊德勇，和金生.SECI过程与知识发酵模型[J].研究与发展管理，2004(2).

徐丽娜.米切尔的形象理论研究[D].杭州：中国美术学院，2011.

许渊冲.文学与翻译[M].北京：北京大学出版社，2003.

叶澜.融通"教""育"，深度开发学科的育人价值[J].今日教育，2016(3).

伊塔洛·卡尔维诺.为什么读经典[M].黄灿然，李桂蜜，译.南京：译林出版社，2006.

银艳琳.区校协力·名师引领：成就区域空中新课堂[J].中小学管理，2020(3).

于波.读懂学生的智慧与技巧[M].长春：东北师范大学出版社，2010.

于慧.乡村名师专业发展获得感的样态与启示——基于自我觉察的视角[J].教育发展研究，2021(18).

余文森.论名师的教学主张及其研究——以福建省为例[J].教育研究，2015(2).

雨果.巴黎圣母院[M].陈敬容，译.北京：人民文学出版社，1982.

约翰·D. 布兰思福特，等. 人是如何学习的：大脑、心理、经验及学校[M]. 程可拉，孙亚玲，王旭卿，译. 扩展版. 上海：华东师范大学出版社，2013.

约翰·杜威. 民主主义与教育[M]. 王承绪，译. 北京：人民教育出版社，2001.

斋藤孝. 深阅读：信息爆炸时代我们如何读书[M]. 程亮，译. 南昌：江西人民出版社，2016.

詹姆斯·保罗·吉. 话语分析导论：理论与方法[M]. 杨炳钧，译. 重庆：重庆大学出版社，2011.

张聪，韩爽. 名师工作室与教师专业发展——基于名师工作室成员的调查[J]. 教育理论与实践，2014(17).

张化万. 一线教师如何听名师的课[J]. 教育理论与实践，2008(6).

张建. 名师基地培养模式之缘由、理念及路径[J]. 教育研究，2015(4).

张景焕，张广斌. 中学生创造性思维发展特点研究[J]. 当代教育科学，2004(5).

张英进，于沛. 现当代西方文艺社会学探索[M]. 福州：海峡文艺出版社，1987.

章熊. 思索·探索：章熊语文教育论集[M]. 北京：人民教育出版社，2002.

郑克鲁. 外国文学史（下）[M]. 北京：高等教育出版社，1999.

郑乐安. 初中思想品德课"读懂学生"的思与行[M]. 杭州：浙江大学出版社，2017.

周春花. 美术学科核心素养的图像识读教学内涵与方法[J]. 课程·教材·教法，2021(3).

周勇. 孔子与中国名师的专业传统——以《论语》开篇话语为基础[J]. 全球教育展望，2012(11).

周作宇. 民间教育学：泛在的教育学形态[J]. 教育研究，2021(3).

朱宁波，严运锦. 名师工作室中名师身份解析：回归、拓展和超越[J]. 教育科学，2019(2).

朱旭东，廖伟，靳伟，等. 论卓越教师培训课程的构建[J]. 课程·教材·教法，2021(8).

后　记

为适应新时代教师队伍建设的新要求，2019年北京教育学院批准立项重大课题"新时代中小学教师学习状况与策略研究"。此课题以教师学习为切入点，综合运用量化和质性研究方法，系统研究中小学教师的学习状况、影响因素和促进策略，旨在探索提升中小学教师专业素养的有效机制、合理路径和实施策略。课题由北京教育学院汤丰林教授主持，学院各学科教师以及中小学一线教师共同参与完成。

《大阅读学习路径与策略》是"新时代中小学教师学习状况与策略研究"课题的研究成果之一。如果教师作为阅读者是阅读的主体，文本则是阅读的客体，并且这个客体应该有多种不同的存在形态。从教师职业的角度出发，本书沿用了文艺理论"范文本"的概念，确定了与教师教育教学工作息息相关的"文本"作为阅读的客体或对象，具体包括七大"文本"，分别是学生、课例、名师、名著、时事、艺术、教育数字化。另外，从大阅读的实践操作来看，本书确定了两个层面的分析路径：其一是内部结构路径，重点从符号、结构、意义三个层面进行分析；其二是外部结构路径，从作者、背景、读者三个方面进行分析。这一总体的分析路径并不要求研究者生套公式，而是要充分体现不同"文本"的特点、研究者的专业取向和相应的话语体系要求，最后的案例分析，则是希望在必备知识与分析路径的基础上，为一线教师提供不同文本"大阅读"的学习现场。

本书总序由北京教育学院汤丰林教授撰写；引言"教师大阅读的理论探讨"由北京教育学院人文与外语教育学院胡春梅副教授撰写；第一章"读懂学生"由北京教育学院学前教育学院孙美红副教授撰写；第二章"读懂课例"由北京教育学院人文与外语教育学院卢杨副教授撰写；第三章"读懂名师"由北京教育学院教育管理与心理学院靳伟博士撰写；第四章"读懂名著"由胡春梅副教授撰写；第五章"读懂

时事"由北京教育学院思想政治教育与德育学院石双华博士撰写；第六章"读懂艺术"由北京教育学院体育与艺术教育学院吕鹏教授撰写；第七章"读懂教育数字化"由北京教育学院信息科学与技术教育学院于晓雅副教授撰写。在撰写的过程中，大家展现了对于"教师大阅读"不同的研究视角，贡献了各自的专业智慧，希望能够为我们心中所描绘的教师形象铺设一条以阅读促进其成长之路。在讨论、写作、修改的过程中，参加课题研究的教师找到了与自身专业的结合点以及最佳的切入点，深化了对于教师阅读的认知，获得了自身的成长。

  本书的撰写离不开一些专家学者、教师同人的指导与帮助。真挚感谢认真思考的作者，感谢参与课题的所有成员，大家在一个目标之下虽分工不同却相互启发；深深感谢课题的负责人汤丰林教授，其深邃的思想与创新的做法，常常为我们指点迷津，指引和推动着学院教师将所学专业与教师培训紧密结合、将个人的专业发展融于学院的事业发展之中；郑重感谢北京师范大学出版社将此研究成果列入出版计划，将研究成果送到广大一线教师的面前。